KB196123

청소년이 꼭 알아야 할

시사이슈 2025

청소년이 꼭 알아야 할
시사이슈 2025

초판 1쇄 발행 2024년 11월 18일

글쓴이 홍기삼 외 11명
펴낸이 이경민

편집 이용혁
디자인 김현수

펴낸곳 ㈜동아엠앤비
출판등록 2014년 3월 28일(제25100-2014-000025호)
주소 (03972) 서울특별시 마포구 월드컵북로22길 21, 2층
홈페이지 www.dongamnb.com
전화 (편집) 02-392-6901 (마케팅) 02-392-6900
팩스 02-392-6902
이메일 damnb0401@naver.com
SNS

ISBN 979-11-6363-898-8 (04300)
979-11-87336-67-9 (세트)

※ 책 가격은 뒤표지에 있습니다.
※ 잘못된 책은 구입한 곳에서 바꿔 드립니다.
※ 이 책에 실린 사진은 위키피디아, 셔터스톡, 게티이미지 및 각 저작권자에게서 제공받았습니다.
사진 출처를 찾지 못한 일부 사진은 저작권자가 확인되는 대로 게재 허락을 받겠습니다.
※ 본문에서 책 제목은『 』, 논문, 보고서는「 」, 잡지나 일간지 등은《 》로 구분하였습니다.

청소년이 꼭 알아야 할

시사이슈 2025

홍기삼 외 11명 지음

동아엠앤비

"2024년 주목받은 이슈에는 어떤 것이 있을까?"

현직 기자들이 직접 이슈를 선정하고 현장 경험을 토대로 살아있는 내용을 전하는『청소년이 꼭 알아야 할 시사이슈』. 해마다 '시사이슈' 저자들은 내실을 기하기 위해 아이템 선정에 심혈을 기울인다. 올해도 저자들은 두 가지에 방점을 두고 고심을 거듭했다. 하나는 '올해 사람들의 관심을 끈 중요 사건이나 화제는 무엇일까'이고, 다른 하나는 '그 중에서도 청소년이 꼭 알아야 하는 것은 무엇일까'였다. 치열한 논의 끝에 두 가지를 충족하는 열두 가지 이슈를 선정했다.

거부권과 특검법

윤석열 정부가 2022년 5월 여소야대 지형 속에서 출범하면서 '거부권 정국'이 고착화됐다. '거야의 입법 강행→대통령 거부권 행사→국회 재표결→법안 폐기'의 악순환이 되풀이되고 있다. 거대 야당은 '나홀로 입법'을 계속 밀어붙여도 되는 것일까. 대통령은 거부권을 무제한으로 행사해도 되는 것일까.

AI 규제

인공지능(AI) 기술이 빠르게 발전하며 명암이 교차하고 있다. AI가 의료 등 다양한 분야에 활용되면 인간의 삶이 획기적으로 나아질 것이라는 장밋빛 전망도 있지만 사회적·윤리적 문제 등을 초래하며 인간의 삶을 위협할 것이라는 부정적 의견도 있다. AI 기술 발전은 장려해야 할까, 아니면 규제해야 할까.

중동전쟁

팔레스타인 무장정파 하마스의 이스라엘에 대한 새벽 기습 공격으로 시작된 전쟁이 1년이 넘었다. 전쟁은 진정될 기미를 보이지 않고 이란까지 가세하면서 확전 일로를 걷고 있는 중이다. 군인은 물론, 아무 죄 없는 민간인들도 인질로 붙잡혔고 처형됐다. 중동전쟁은 왜 끊이지 않는 것일까. 해결책은 없을까.

의료대란

정부의 의대 정원 2천 명 증원안에 의료계가 강력 반발하고 있다. 전공의들은 병원을 떠나고, 의대생들은 집단 휴학해 의료 시스템이 마비가 되었다. 정부는 초고령화 시대를 맞아 의사 수를 늘려야 한다고 주장하는 반면, 의료계는 증원에 반대한다. 의대 증원은 난제 중 난제인 지역·필수의료를 살릴 수 있을까.

최저임금 1만 원 시대

최저임금이 1988년 도입 37년 만에 1만 원을 넘어섰다. 경영계는 높다고 주장하고, 노동계는 낮다고 반박한다. 액수만 맞서는 게 아니다. 경영계는 소상공인·자영업자의 경영난이 심각하다며 업종별 최저임금 차등 적용을 요구하고, 노동계는 반대한다. 최저임금 액수와 업종별 차등 적용, 어떻게 봐야 할까.

탄핵

탄핵은 입법부의 행정부 견제 권한이다. 헌법에 부여된 것으로, 삼권 분립을 유지하기 위한 장치다. 국회의 탄핵안은 윤석열 정부 출범 이후 3년 간 18건 발의됐는데 문재인 정부(6건), 박근혜 정부(2건), 이명박 정부(1건), 노무현 정부(4건)를 전부 합친 것보다 많다. 야당의 탄핵안 발의는 남발일까, 적합할까.

방송4법

방송4법은 공영방송 이사 수를 늘리고 이사 추천 주체를 다양화하는 '방송3법'과 방송통신위원회 의결 정족수를 2인에서 4인으로 늘리는 '방통위설치법 개정안'을 말한다. 여야는 방송4법을 두고 팽팽하게 맞서고 있다. 방송4법과 공영방송 독립, 왜 필요한 것이고 무엇이 문제인 것일까.

노벨문학상 수상

소설가 한강이 2024년 노벨문학상 수상자로 선정됐다. 한국인 최초의 노벨문학상이자 아시아 여성 작가 최초 수상이다. 이로 인해 그의 저서가 6일 만에 100만 부가 팔리고 그 외 국내도서 판매량도 전년 동기 대비 7%나 늘어났다. 한강 신드롬은 반짝 열풍일까, 지속적인 독서율 증대로 이어질까.

RE100

해마다 지구 평균 온도가 올라가면서 전 세계가 폭염, 가뭄, 초대형 산불, 슈퍼 폭풍, 홍수 등 극단적인 기상이변을 겪고 있다. 지구를 기후 위기에서 구하기 위해서는 어떻게 해야 할까. 탄소 배출을 없애고 전력을 재생에너지로 100% 충당하는 'RE100'이 대안이 될 수 있을까.

초고령사회 돌입

우리나라 65세 이상 노인 인구가 1천만 명을 넘어섰다. 2015년 677만 5,101명에서 2020년 850만 명으로 늘었고, 불과 4년 만에 1천만 명을 돌파했다. 초고령화가 너무 빠른 속도로 진행되면서 관련 제도와 정책이 그 속도를 따라가지 못하고 있다. 초고령사회, 어떻게 대비해야 할까.

이커머스 대란

C커머스(차이나 이커머스) 공세가 거세다. 초저가로 무장한 '알테쉬(알리익스프레스·테무·쉬인)'가 한국 시장을 빠르게 잠식하고 있다. 국내 업체들은 경기 침체 등으로 고전하고 있다. 설상가상으로 티몬과 위메프 사태마저 터졌다. 해외 이커머스 공습과 국내 이커머스 생태계, 어떻게 봐야 할까.

부자 감세

상속세, 금융투자소득세, 종합부동산세 등 불로소득에 부과되는 세금 논쟁이 뜨겁다. '중산층 세금 부담 경감'을 위해 완화하거나 폐지해야 한다는 주장과 '부자 감세'라며 반대하는 의견이 팽팽히 맞서고 있는 가운데 2년 연속으로 세수 펑크가 발생했다. 이들 불로소득 세금 문제에 적절한 해법은 없을까.

김승훈

CONTENTS

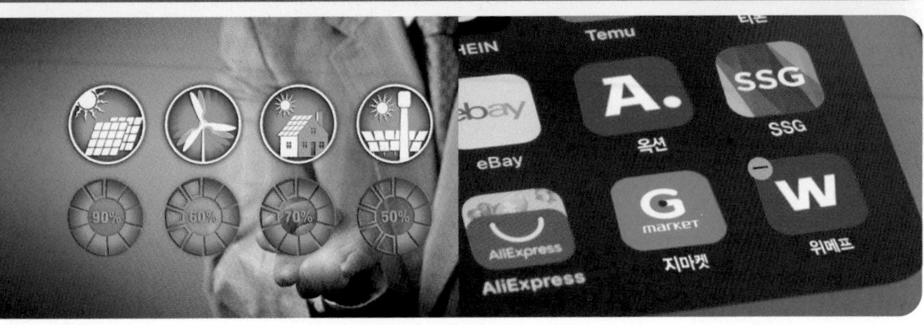
Temu
eBay
옥션
SSG
AliExpress
지마켓
위메프

* ISSUE

01

거부권과 특검법

최지숙

연합뉴스TV 기자

2011년 《서울신문》에서 기자 생활을 시작해 2017년부터 보도채널 연합뉴스TV에 재직 중이다. 정치부 정당팀과 사회부 법조팀을 주로 오갔고 경제부 등을 거쳐 현재 정치부 대통령실에 출입하고 있다. 우리 사회의 현안을 '있는 그대로' 전달한다는 신념을 지켜왔다. 정치 현안을 심도 있게 분석하는 코너인 '여의도 풍향계'를 장기간 진행했고, 『세상을 읽다 시사이슈11 시즌1』, 『세상을 읽다 시사이슈11 시즌2』, 『청소년이 꼭 알아야 할 시사이슈 2024』 등의 집필에 참여했다.

국회
의장

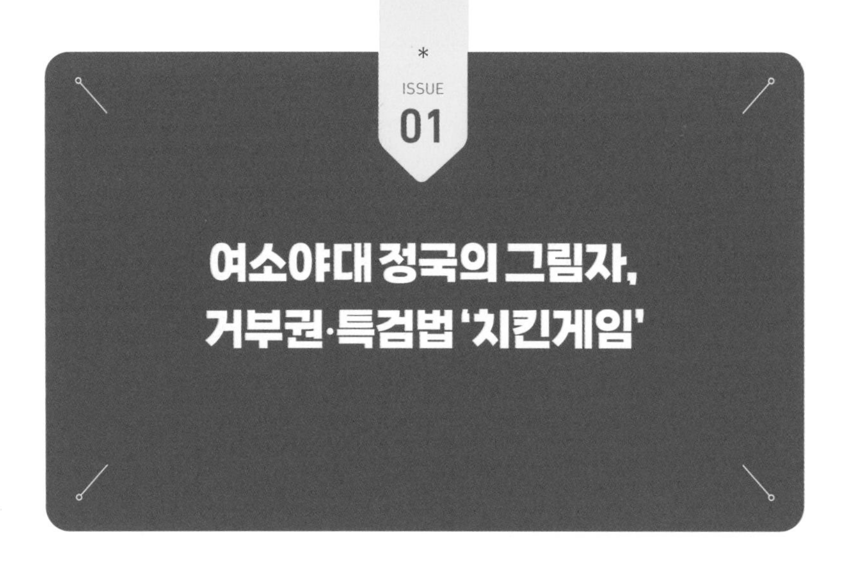

윤석열 정부는 2022년 5월 여소야대 지형 속에서 출범했다. 야당이 반대하면 입법 과제를 추진할 수 없는 '태생적 한계'를 갖고 출발했다. 출범 이후 2년은 말 그대로 '거부권 정국'이었다. '거야의 입법 강행→대통령 거부권 행사→국회 재표결→법안 폐기'의 악순환이 되풀이됐다. 윤석열 대통령은 양곡관리법에 첫 재의요구권을 행사한 이래 간호법 제정안, 노란봉투법(노동조합법 및 노동관계조정법 개정안), 방송3법(방송법·방송문화진흥회법·한국교육방송공사법 개정안), 쌍특검법(김건희 여사 특검법 및 대장동 50억 클럽 특검법), 이태원참사 특별법 등에 대해 줄줄이 거부권을 행사, 국회로 돌려보냈다. 윤 대통령은 집권 2년 만에 1987년 민주화 이후 가장 많은 거부권을 행사한 대통령이 됐다.

지난 4·10 총선은 윤 대통령 임기 동안 거부권 정국에 변화를 줄 유일한 기회였지만 여당의 참패로 무산됐다. 야당이 과반을 훌쩍 넘긴 의석을 차지하면서 총선 이후에도 집권 2년과 같은 거부권 정국이 재연됐다. '밀어붙이고 돌려보내는' 강대강 대치가 이어지면서 협의와 타협은 뒷전으로 밀린 채 양보 없는 '치킨게임'만 반복됐다.

여소야대, 거부권 정국 재연

2024년 4월 10일 제22대 총선에서는 '정권 심판론' 대 이른바 '이조

(이재명·조국) 심판론'이 맞붙었다. 국민은 '야당 심판론' 대신 '정권 견제'에 힘을 실어줬다. 희비는 선명하게 교차했다. 더불어민주당은 175석(지역구 161석·비례대표 14석)으로 과반을 훌쩍 넘기며 압승했다. 제20대와 제21대에 이은 제22대 국회까지 3연속 원내 1당에 오르며 거야(巨野)의 재탄생을 알렸다. 조국혁신당 등 범야권 의석 수까지 합하면 192석에 달했다.

108석(지역구 90석·비례대표 18석)으로 '개헌 저지선(100석)'을 가까스로 사수하는 데 그친 국민의힘 입장에서는 21대 총선에서 겪었던 참패가 재연된 셈이다. 4년 전 21대 총선에서 민주당은 지역구 163석, 비례위성정당(더불어시민당)을 통해 17석을 얻었다. 민주당의 '자매 정당'을 표방한 비례정당 열린민주당이 3석을 얻었고, 정의당(6석)과 야권 성향 무소속 1석을 포함하면 범야권이 190석을 차지한 기록적인 대승이었다.

총선 참패로 인위적인 정계 개편이 이뤄지지 않는 한 윤 대통령은 5년 임기 내내 여소야대 정국에 놓이게 됐다. 대한민국 헌정사에서 임기 내내 여소야대 지형에 놓였던 대통령은 한 명도 없었다. '1987년 민주화' 이후 윤 대통령을 포함한 8명 중 5명이 여소야대로 임기를 시작했지만, 이들 대부분은 임기 중 총선에서 역전에 성공했다. 김대중 전 대통령이 유일하게 임기 중 총선(2000년)에서 야당에 패했지만, 총선 이후 '야당 의원 빼오기' 등을 통해 여대야소로 개편, 임기 내내 여소야대를 겪지는 않았다. 사실상 윤 대통령이 첫 사례라 할 수 있다.

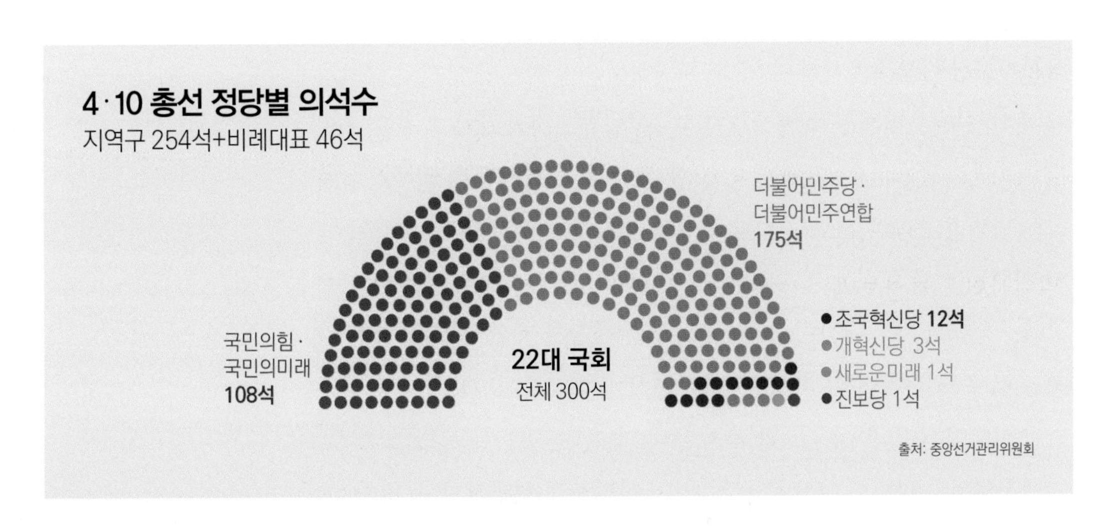

200석 땐 개헌·탄핵소추 가능

4·10 총선에서 민주당은 175석으로, 단독 과반을 넘겼다. 앞에서도 말했지만 조국혁신당 등 범야권까지 합하면 192석이다. 이 숫자들은 어떤 의미를 가질까. 헌법과 국회법 등에 따르면 재적의원 3분의 2에 해당하는 200석 이상이면 개헌, 대통령 탄핵소추, 대통령 거부권 무력화, 국회의원 제명 등을 할 수 있다.

헌정사를 보면 1960년 선거에서 민주당이 233석 중 175석으로 3분의 2에 해당하는 의석을 차지했다. 1967년 제7대 총선에서도 민주공화당이 175석 중 129석을, 1973년 제9대 총선에선 민주공화당·유신정우회가 219석 중 146석을 차지했다. 1987년 직선제 이후 총선에선 아직 3분의 2 의석을 독식한 정당은 없다.

야당이 200석 이상일 경우 윤석열 정부 2년간 대통령이 행사했던 거부권은 무의미해진다. 대통령이 거부한 법안도 국회에서 과반수 출석과 출석 의원 3분의 2 이상 찬성으로 다시 의결하면 해당 법안은 확정되기 때문이다. 법률 입안부터 공포까지 단독으로 가능한 셈이다.

대통령 탄핵소추도 할 수 있다. 노무현·박근혜 전 대통령 재임 기간 각각 탄핵소추안이 의결됐다. 2004년 노 전 대통령 탄핵은 역풍이 불어 탄핵을 추진한 보수 진영이 총선에서 대패했고, 2016년 박 전 대통령 탄핵은 이를 주도한 민주당이 대권을 차지하는 결과로 이어졌다. 다만, 탄핵소추는 헌법재판소의 판단을 받는 한 가지 절차를 더 거쳐야 한다.

180석 이상이면 다수당의 독주와 폭력을 막기 위해 2012년 제정한 국회선진화법도 무력화시킬 수 있다. 선진화법은 국회의장 본회의 직권상정 제한, 안건조정위원회 최장 90일 논의, 안건신속처리제도(패스트트랙), 무제한토론(필리버스터) 등의 내용을 담고 있다. 그러나 180석 이상이면 다른 당의 협조 없이도 패스트트랙 단독 추진이 가능하다. 상대 당이 법안 반대를 위해 벌이는 필리버스터도 24시간 내에 강제로 종료시킬 수 있다. 사실상 개헌·대통령 탄핵·국회의원 제명을 제외한 모든 국회 권력을 갖게 되는 것이다. 2020년 21대 총선에서 더불어민주당과 위성정당인 더불어시민당이 180석을 차지한 바 있다.

재적의원의 과반인 151석 이상이면 국회의장직을 확보할 수 있다. 국

의석수별 다수당 권한

- 개헌
- 대통령 탄핵소추
- 대통령 재의요구권(거부권) 무력화
- 국회의원 제명

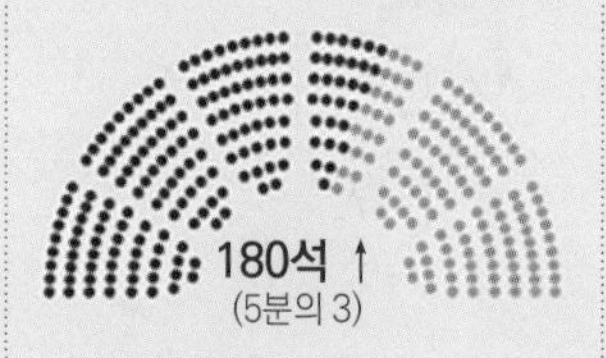

- 국회 선진화법 무력화
- 패스트트랙 단독 추진
- 필리버스터 24시간 내 강제 종료

- 국회의장직 확보
- 본회의 상정 법안 등 단독처리
- 국무총리 · 헌법재판관 · 대법관 임명동의, 고위공직자범죄수사처장 임명권 확보
- 탄핵소추 의결(대통령 제외)

회의장 자리를 다수당이 차지한다는 명문화된 규정은 없지만, 투표를 통해 당선되기 때문에 주로 다수당의 최다선 의원이 관례처럼 맡아왔다. 또 예산안을 비롯한 본회의 상정 각종 법안 처리, 국무총리·헌법재판관·대법관 임명동의안, 고위공직자범죄수사처장 임명권을 갖게 된다. 법안은 재적의원 과반수 출석에 출석의원 과반수가 찬성하면 법률이 된다. 이 과정에서 찬반이 동률이면 부결로 보기 때문에 과반은 150석에 1석이 더 필요하다.

주요 국회 상임위원회 위원장 자리도 151석 이상 정당의 몫이고, 대통령을 제외한 총리·국무위원·법관·감사원장 등에 대한 탄핵소추도 의결할 수 있다. 실제 과반 의석을 가진 민주당은 2023년 2월 이태원 참사 책임을 물어 이상민 행정안전부 장관에 대한 탄핵안을 처리했지만 같은 해 7월 헌법재판소에서 기각된 바 있다.

범야권 192석에 국민의힘 이탈표 8석만 더해지면 200석이다. 8표만 이탈해도 대통령 탄핵이 가능해지고, 대통령 거부권도 무력화된다. 민주당과 조국혁신당만 합쳐도 187석이기 때문에 180석 이상일 때 할 수 있는 권한은 언제든 행사할 수 있다. 민주당 단독으로 과반을 넘었기 때문에 150석 이상일 때의 권한도 마찬가지다.

영수회담도 무의미, 정쟁·대립 이어져

여당의 총선 참패로 국정 동력은 힘을 잃었다. 거야의 그림자 밑에서

윤석열 정부 출범 후
720일 만에 열린 첫 영수회담은
2시간 10분에 걸쳐 진행됐다.
ⓒ 대통령실 제공

야당이 반대하면 각종 정책을 뒷받침할 법안 제·개정은 물론, 대선 공약 이행과 국정과제 추진 자체가 사실상 어려워졌다. '윤석열표 개혁 과제' 추진에 당장 제동이 걸리면서 대야 관계 개선이 시급한 과제로 떠올랐다. '할 말은 하는' 수평적 당정 관계 재정립에 대한 목소리도 분출됐다.

총선발 파고를 넘기 위해 선택한 것은 '소통'과 '협치'를 열쇳말로 한 국정기조 전환. 윤 대통령은 민주당 이재명 대표의 총선 청구서 격인 '영수회담'을 받아들였다. 2022년 8월 당대표 취임 직후부터 이 대표는 8차례 영수회담을 요청했지만, 윤 대통령은 권위주의 시절의 잔재이자 여당 대표를 '패싱'하는 결과가 된다며 부정적 입장을 보였다.

그러나 총선을 터닝 포인트로 2024년 4월 19일, 윤 대통령이 이 대표에게 전화를 걸어 만남을 제안했고, 이 대표도 화답하며 두 사람의 공식적인 만남이 성사됐다. 공통의 화두는 민생. 같은 달 29일 영수회담이 용산 대통령실에서 열렸다. 그러나 이견차만 확인하는 데 그쳤고 정례화 역시 불발됐다. 두 사람은 비공식적으로 수시로 만나거나 전화를 통해 소통하자고 했지만 야권의 대여 공세는 거세졌고, 또다시 타협은 표류한 채 정쟁과 대립, 불협화음이 이어졌다.

대통령 거부권, 삼권분립의 보장

거부권의 공식 명칭은 '재의요구권'이다. 말 그대로 '국회 의결에 이의가 있는 경우, 집행 기관이 이를 돌려보내 재의를 요구할 수 있는 권리'

헌법 제53조

① 국회에서 의결된 법률안은 정부에 이송되어 15일 이내에 대통령이 공포한다.

② **법률안에 이의가 있을 때에는 대통령은 제1항의 기간 내에 이의서를 붙여 국회로 환부하고, 그 재의를 요구할 수 있다.** 국회의 폐회 중에도 또한 같다.

를 의미한다. 헌법 제53조는 대통령 거부권을 보장하고 있다. 국회에서 의결된 법률안은 정부로 이송돼 15일 이내에 대통령이 공포하는데, 대통령이 이의가 있으면 이 기간 내에 이의서를 붙여 국회로 보내 재의를 요구할 수 있다. 대통령이 국회의 입법권 남용을 견제하게 함으로써 삼권분립을 보장하려는 취지다.

윤석열 대통령은 10월 2일 기준 모두 24차례 거부권을 행사했다. 이승만 전 대통령에 이어 두 번째로 많은데, 1987년 민주화 이후 최다 기록이다. 해병대원 특검법과 노란봉투법, 김건희 여사 특검법 등 두 번 이상 거부권을 행사한 법안들도 있다.

대통령이 거부권을 행사해 국회로 돌려보낸 법률안은 재적의원 과반이 출석하고 출석 의원 3분의 2 이상이 찬성해야 재의결된다. 국회 재적의원은 300명으로 200명이 찬성표를 던져야 한다. 국회법 92조 일사부재의 원칙에 따르면 부결된 안건은 같은 회기 중에 다시 발의하거나 제출할 수 없다. 이에 따라 재표결에서 부결되면 해당 법안은 폐기된다. 200명 이상이 찬성해야 재의결이 되는데, 범야권이 다 뭉쳐도 192명이어서 윤 대통령이 거부권을 행사한 법안들은 재표결의 문턱을 넘지 못하고 모두 폐기됐다.

거부권의 횟수 제한은 없다. 하지만 대통령 거부권은 '최후의 수단'으로 사용해야 한다는 지적도 오랫동안 이어져 왔다. 정부가 국회를 견제하는 데 필요한 제도이긴 하지만, 과도할 경우 국회의 입법권을 해칠 수 있기 때문이다.

민주당은 거부권 행사 범위를 제한할 필요가 있다며 '김건희 여사 특검법'처럼 대통령과 그 가족에 대한 법안은 거부권의 적용 대상에서 제외하는 내용의 법안을 발의하기도 했다.

윤석열 대통령 재의요구권(거부권) 행사 사례

총 11차례, 24건

2023년

- 4월 4일(1건) **양곡관리법 개정안**
- 5월 16일(1건) **간호법 제정안**
- 12월 1일(4건) **노란봉투법**(노동조합 · 노동관계조정법 개정안)
  방송3법(방송법 · 방송문화진흥회법 · 한국교육방송공사법 개정안)

2024년

- 1월 5일(2건) **쌍특검법**(김건희 도이치모터스 주가조작 의혹 · 대장동 50억 원 클럽 특별검사법)
- 1월 30일(1건) **이태원참사특별법**(10 · 29 이태원참사 피해자 권리보장과 진상규명 및 재발 방지를 위한 특별법안)
- 5월 21일(1건) **해병대원 특검법**(순직 해병 진상규명 방해 및 사건은폐 등의 진상규명을 위한 특별검사 임명 등에 관한 법안)
- 5월 29일(4건) **전세사기특별법** 개정안
  민주유공자법 제정안
  농어업회의소법 제정안
  지속가능한한우산업지원법 제정안
- 7월 9일(1건) **해병대원 특검법**(순직 해병 수사방해 및 사건은폐 등의 진상규명을 위한 특별검사의 임명 등에 관한 법률안)
- 8월 12일(4건) **방송4법**(방송통신위원회법 · 방송법 · 방송문화진흥회법 · 한국교육방송공사법 개정안)
- 8월 16일(2건) **노란봉투법**(노동조합 · 노동관계조정법 개정안)
  전 국민 25만 원 지원법(민생회복 지원금 지급 특별조치법)
- 10월 2일(3건) **김건희 여사 특검법**(윤석열 대통령 배우자 김건희의 주가조작 사건 등 진상규명을 위한 특별검사 임명 등에 관한 법률안)
  해병대원 특검법(순직해병 수사방해 및 사건은폐 등 진상규명을 위한 특별검사의 임명 등에 관한 법률안)
  지역화폐법(지역사랑상품권 이용 활성화법) 개정안

* 2024년 11월 10일 기준

대통령 거부권 1호 법안 '양곡관리법' 개정안

윤 대통령이 재의요구권을 행사한 1호 법안은 양곡관리법 개정안이다. 윤 대통령은 2023년 4월 4일 대통령실에서 주재한 국무회의에서 야당 주도로 국회를 통과한 양곡법 개정안 재의요구안을 심의·의결한 뒤 재가했다. 윤 대통령의 거부권 행사는 2016년 5월 박근혜 전 대통령이 국회법 개정안에 거부권을 행사한 이후 약 7년 만이었다.

양곡법 개정안은 정부가 초과 생산된 쌀을 의무적으로 전량 매입하는 내용을 골자로 한다. 여권은 의무 매입에 반대 입장을 분명히 했다. 윤

대통령은 당시 "이 법안은 농업인과 농촌 발전에 전혀 도움이 되지 않는 전형적인 포퓰리즘 법안"이라고 지적했다.

야권은 강력 반발했다. 더불어민주당과 정의당에서는 "국회 입법권을 부정하고 헌법을 유린한 행위", "삼권분립이라는 민주주의의 기본 정신을 파괴하는 행위" 등 강도 높은 비판을 이어갔다. 국회로 돌아간 양곡법 개정안은 본회의 재투표를 거쳤지만 의결 정족수를 채우지 못해 부결되며, 결국 폐기 수순을 밟았다. 애꿎은 농민들의 속만 태운 채, 쌀값 안정화를 위한 여야 협의도 흐지부지 원점으로 돌아갔다.

같은 해 5월 16일에는 마찬가지로 민주당 주도로 본회의 문턱을 넘은 '간호법 제정안'이 국회로 돌아갔다. 윤 대통령의 두 번째 거부권 행사였다. 이 법안은 의료법에서 간호사 관련 내용을 분리해 업무 범위를 규정하고, 근로 환경과 처우를 개선하는 내용을 담았다. 여기에는 간호사의 활동 범위를 '지역 사회'로 확장하는 내용도 포함됐다. 정치권의 팽팽한 이견 속에 보건의료계도 둘로 나뉘어 단식 농성과 휴업 등 단체 행동을 이어갔다.

다만 21대 국회에서 폐기됐던 간호법 제정안은 결과적으로 22대 국회 들어 여야 합의하에 국회를 통과했다. 기존 의료법에서 간호사 관련 내용을 떼어내고, 의사의 수술 집도 등을 보조하면서 의사 업무를 일부 담당하는 진료지원 간호사(PA 간호사)를 명문화했다. PA 간호사의 의료 행위에 대한 법적 근거를 마련하게 된 것인데, 업무 범위는 야당의 주장을 수용해 시행령으로 정하기로 했다.

이후로도 4·10 총선 전까지 노란봉투법, 방송3법, 김건희 여사 도이치모터스 주가조작 의혹 특검법, 대장동 50억 원 클럽 특검법, 이태원참사특별법, 해병대원 특검법, 전세사기특별법 등이 연이어 야당 주도 국회 통과와 대통령 거부권 행사의 전철을 밟았다.

총선 이후에도 거부권 정국 도돌이표

총선 이후에도 여소야대 지형이 형성되면서 거부권 정국이 펼쳐졌다. 거대 야당의 법안 강행 처리와 소수 여당의 반발, 대통령 거부권 행사의 악순환이 되풀이됐다. 총선 직후 영수회담 등으로 가능성을 내비쳤던

협치 무드도 다시 실종됐다. 총선 다음 달인 2024년 5월에만 해병대원 특검법과 전세사기특별법 개정안, 민주유공자 예우에 관한 법률안 등 모두 5건의 법안이 국회로 돌아갔다.

9월 19일에도 야당은 김건희 여사 특검법과 해병대원 특검법, 지역화폐법을 차례로 단독 처리했다. 국민의힘은 국회 본회의에 참여하지 않는 '전면 보이콧'으로 반대 입장을 표명했다. 협상과 타협의 정치가 실종된 여의도에선 '사회 통합' 대신 '확증 편향'만 심화했다.

높아지는 국민의 피로감을 뒤로한 채 도돌이표 발의도 이어졌다. 민주당은 해병대원 특검법과 방송4법(방송3법+방송통신위원회법), 노란봉투법 등을 각각 재발의해 국회 본회의에서 단독으로 처리했고, 윤 대통령 역시 다시 거부권을 행사했다. 야권은 윤석열 정부를 향해 '거부권 신기록'이라며 비난에 나섰고, 여권은 야당의 끊임없는 입법 독주를 비판하며 '헌법 수호를 위해 몇 번이라도 문제의 소지가 있는 법안은 돌려보내겠다'라는 방침을 분명히 했다.

민주주의의 함정과 '비토크라시'

반복되는 거부권 행사는 여야 모두에 있어 정치력 부족과 국회 기능 마비를 자인하는 대목이다. 다수결에 기댄 민주주의를 표방하고 있지만, 실상은 일방적 주장과 무조건적 반대의 거부 민주주의, '비토크라시'가 반복되고 있다고 전문가들은 지적한다.

여야 대표 회담은 당초 8월 25일로 예정되어 있었으나 이재명 대표가 코로나19 확진 판정을 받아 연기되는 등 우여곡절 끝에 9월 1일 이루어졌다.

협치는 여전히 요원한 상태다. 당대표 연임에 성공한 뒤 민주당 이재명 대표는 다시 영수회담을 제안했지만, 윤 대통령은 기자회견을 통해 '국회 정상화가 먼저'라는 입장으로 답을 대신했다. 합의의 의사 없이 서로 다른 의제를 들고 만나면 평행선만 달릴 뿐, 실익을 얻기 어렵다는 판단이 깔렸다는 분석이 나왔다.

협치의 실타래를 풀 일차적 책임이 있는 국회에선 2024년 9월 1일 여야 대표가 처음 마주 앉았다. 총선 패배의 책임을 지고 물러났다가 전당대회에서 당대표로 선출된 국민의힘 한동훈 대표와, 2기 체제를 시작한 민주당 이재명 대표가 마주 앉아 민생 공통 공약을 추진하기 위한 협의기구 설치에 합의했다.

어렵사리 민생을 화두로 협치의 불씨를 되살렸지만, 의혹 공세와 입법 대치는 이어졌다. 이 같은 분위기 속에 윤 대통령은 제22대 국회 개원식에 불참하기도 했다. 현직 대통령의 국회 개원식 불참은 1987년 민주화 이후 처음이었다.

해병대원 특검법

현 정부 들어 입법 대치의 중심에는 특히 해병대원 특검법이 있었다. '채상병 특검법'으로도 불린 이 법안은 2023년 수해 실종자 수색 도중 숨진 해병대원의 사망 경위와 해당 사건 수사에 대한 외압 의혹 규명을 위해 특검을 도입하는 내용을 골자로 한다.

21대 국회였던 2024년 5월 야당 주도로 국회 본회의를 통과했지만 대통령 거부권 행사에 따라 국회로 돌아왔고, 재의 표결에선 찬성 179표를 얻는 데 그쳐 결국 부결됐다. 22대 국회에서도 해병대원 특검법은 같은 운명을 맞았다. 야당 주도로 본회의를 통과했지만 정부는 위헌성을 강조했고 거부권이 행사됐다.

관건은 '외압 의혹'. 야당은 순직한 해병의 사망 원인과 대통령실 및 국방부의 수사 외압 여부를 밝혀 책임을 물어야 한다고 주장했다. 반면 여권은 외압이 존재하지 않았다는 사실이 경찰 수사와 청문회에서 드러났음에도 순직한 해병대원의 사망을 정치 공세에 이용해 윤 대통령의 탄핵 명분을 쌓고 있다고 비판했다. 야권의 뜻에 따라 설치한 고위공직자범죄수사처가 관련 사건을 수사 중인 점도 지목했다.

이런 가운데 민주당은 2024년 9월, 대법원장이 특별검사 후보 4명을 추천하고 야당이 2명으로 압축하는 내용의 네 번째 해병대원 특검법을 발의했다. '제3자 추천 특검법'으로, 대법원장이 우선 4명을 추천하면 민주당과 비교섭단체 야당이 2명으로 추린 뒤 대통령이 그중 1명을 임명하는 내용을 담았다. 특히 대법원장이 일단 특검 후보를 추천하되, 적합하지 않다고 판단하면 야당이 재추천을 요구할 수 있도록 해 여당의 반발을 샀다. 국민의힘에선 "민주당과 조국혁신당이 특검 후보자를 최종 선택하고, 무제한적 비토권도 갖는다."고 지적했다. 반면 더불어민주당은 "한동훈 국민의힘 대표의 제안(제3자 추천)을 받았다."며 "제3자 특검으로 억울한 죽음을 밝힐 의지가 있느냐."고 따졌다.

대법원장이 특검 후보를 추천하는 방안은 당초 국민의힘 한동훈 대표가 제시했던 안이다. 민주당으로선 제3자 추천을 법안에 명기함으로써 특검법 관철을 위한 대여 압박의 강도를 높인 셈이다. 네 번째 법안 역시 다수 의석을 가진 야당의 주도하에 국회 본회의를 통과했다. 여당 의원 중에선 유일하게 안철수 의원이 찬성표를 던졌다. 그리고 윤 대통령은 재차 국회로 돌려보내 재의를 요구했다.

김건희 여사 특검법

9월 본회의에선 야당 의원들만 자리를 지킨 가운데 '김건희 여사 특검법'도 또 한 번 통과됐다. 21대 국회에서도 야당 단독으로 본회의를 통과했다가 대통령 거부권 행사를 거쳐 재표결에서 부결된 바 있다.

이후 22대 국회 들어 야당 소속 법제사법위원회 위원들은 김 여사 관련 특검법을 새로 발의했다. 야당이 밀어붙인 새 특검법안의 내용은 이전보다 더 독해졌다. 수사 기간부터 최장 170일로 늘었다. 2023년 12월 야당 주도로 통과됐다가 대통령 거부권 행사와 재표결 끝에 폐기됐던 법안(최장 100일)은 물론, 최순실 특검의 실제 수사 기간(90일)보다 길다.

수사 범위도 도이치모터스 및 삼부토건 주가조작 의혹, 코바나컨텐츠 뇌물 협찬 의혹, 명품백 수수 의혹, 순직 해병 사망 사건과 '임성근 사단장' 구명 로비 의혹, 세관 마약 사건 구명 로비 의혹, 22대 총선 공천 개입 의혹 등 8가지로 늘었다.

국민의힘은 위헌 요소가 다분하며 국정을 훼방하기 위한 정략적 의도라고 비판했다. 입법 폭거를 중단하라며 규탄대회를 열어 맞대응에 나섰다. 국민의힘은 "과도한 수사 기간에 수사 검사까지 입맛대로 고르면서 특검 원칙을 훼손하고 있다."고 성토했다. 반면 민주당은 공정과 상식을 바로잡겠다며 국민적 의혹 해소 등을 들어 김 여사를 거듭 쟁점화했다.

앞서 대통령실은 야당의 김 여사 특검법 재발의에 정치 편향성과 여론조작 등 우려를 들며 '더 많은 논란의 조항을 덧붙였다'고 재의요구를 예고했다. 특검은 여야 합의로 처리해 온 오랜 관례를 무시하고 있다는 점도 짚었다.

윤 대통령은 10월 2일 두 번째 김 여사 특검법에도 거부권을 행사했고, 국회 재표결 끝에 결국 폐기됐다. 이에 민주당은 같은 달 17일, 세 번째 '김건희 여사 특검법'을 발의했다. 이 특검법은 11월 5일 법사위 소위를 통과했으며 기존 특검법에 김 여사가 명태균 씨를 통해 지난 대선과 경선 과정에 개입했다는 의혹 등이 수사 대상에 추가됐다.

9월 본회의에선 이른바 '이재명표 법안'으로 불리는 지역화폐법(지역사랑상품권 이용 활성화법) 개정안도 재석 169명 중 개혁신당 의원 3명의 반대 속에 찬성 166명으로 통과됐다. 지자체의 지역사랑상품권 발행 사업에 대해 국가의 재정 지원을 재량 규정에서 의무 규정으로 강화하는 것이 주요 내용이다. 행정안전부는 법안 통과 직후 정부서울청사에서 브리핑을 열어 "지역사랑상품권 발행·운영은 지방자치사무"라며 "지방재정법에서 규율하는 국가와 자치사무 간 사무 배분 원칙과 자치사무 경비에 대한 지방자치단체 부담 원칙을 위배한다."고 비판했다.

정치의 사법화와 사법의 정치화가 엎치락뒤치락하며 민생 입법은 뒷전으로 밀려났다. 한 언론 보도에 따르면 22대 국회 들어 법안 발의가 쏟아졌지만, 여야가 합의 처리해 통과된 법안의 비율은 1%가 채 되지 않는 0.7%에 그쳤다. 세 결집을 노린 양극화는 외려 정치 혐오로 이어지고 있다. 통계청 사회지표 조사에서 국회 신뢰도는 2021년 34.4%, 2022년 24.1%, 2023년 24.7% 등 전체 기관 중 매번 최하위를 기록했다. 국민 4명 중 약 3명이 국회를 신뢰하지 않는다는 결과다.

대립 대신 대화가 필요하다

거부권 정국이 역사적으로 생소한 현상은 아니다. 대통령제를 처음 도입한 미국의 경우 프랭클린 루즈벨트 전 대통령은 635회, 그로버 클리블랜드 전 대통령은 414번, 조지 워커 부시 전 대통령은 12번, 버락 오바마 전 대통령은 12번, 도널드 트럼프 전 대통령은 10번, 조 바이든 전 대통령은 11번 거부권을 행사했다.

국회입법조사처에 따르면 우리나라의 경우 6명의 대통령(이승만·박정희·노태우·노무현·이명박·박근혜 전 대통령)이 총 66번의 거부권을 행사했다. 이승만 전 대통령이 그중 45번으로 가장 많았다. 최장기간 집권한 박정희 전 대통령은 5번이었다. 민주화 이후로는 노태우 전 대통령이 7건으로 가장 많았고, 노무현 전 대통령 6건, 박근혜 전 대통령 2건, 이명박 전 대통령 1건 순이었다.

거부권 행사 횟수가 많은 노태우·노무현 전 대통령 당시는 여소야대 국면이었다. 노태우 전 대통령은 '국정감사 조사법', '국회 증언·감정법', '해직 공직자 복직 보상 특별조치법', '지방자치법', '노동쟁의 조정법', '노동조합법', '국민의료보험법' 등 7건, 그리고 노무현 전 대통령은 '대북 송금 특검법', '대통령 측근 비리 특검법', '태평양전쟁 희생자 지원법', '학교용지 부담금 환급 특별법' 등 6건에 대해 거부권을 행사했다. 노무현 전 대통령 재임 때 재의를 요구한 6건 가운데 2건은 국회의 대통령 탄핵 의결로 대통령 권한대행을 맡았던 고건 당시 총리가 행사했다.

이명박·박근혜 전 대통령 시기에는 여당이 과반이었지만, 재정 부담과 당정 갈등 등으로 거부권이 행사됐다. 이 전 대통령의 경우 여야 합의로 국회를 통과한 택시법, 박 전 대통령의 경우 2015년 국회의 행정입법 통제 권한을 강화한 국회법 개정안과 2016년 상시 청문회를 가능하도록 한 국회법 개정안이 그 대상이었다. 김영삼, 김대중, 문재인 전 대통령은 거부권을 쓰지 않았다.

윤 대통령에 앞서 민주화 이후 거부권이 행사된 법안 16건 가운데, 국회 재의결을 거쳐 법률로 최종 확정된 경우는 2003년 '노무현 대통령 측근 비리 특검법'이 유일하다. 나머지는 부결됐거나 임기 만료로 폐기됐다.

입법을 통해 사회적 현안을 해결하고 국민을 통합해야 할 정치권에서

민주화 이후 대통령 재의요구권 행사

대통령	법안	결과
노태우 7건	국정감사법, 국회증언 · 감정법, 해직공직자보상특별법(이상 1988년), 지방자치법, 노동쟁의조정법, 노조법, 의료보험법(1989년)	폐기
노무현 6건	대북송금 특검법, 노무현 대통령 측근 비리 특검법(2003년), 사면법, 거창사건특별법(2004년), 태평양전쟁 희생자 지원법(2007년), 학교용지부담금환급 특별법(2008년)	노무현 대통령 측근 비리 특검법 재의결 5건 폐기
이명박 1건	대중교통 육성 · 이용촉진법(2013년)	폐기
박근혜 2건	국회법 개정안(2015년), 국회법 개정안(2016년)	폐기

출처: 국회 입법조사처

법안 강행 처리와 거부권의 반복은 정치 실종의 단면을 보여준다. 협의 없이 밀어붙이는 야당과 대통령 거부권에만 기대는 여당의 극한 대립은 지켜보는 국민의 피로도만 높였다. 이율배반적 알고리즘에서 벗어나 민생 입법에 힘을 합치기 위해, 가장 기본적인 협상의 언어인 '대화'를 시작해야 할 때라는 지적이 나온다.

* ISSUE

02

AI 규제

홍기삼

뉴스1 기자

고등학교 2학년 때부터 기자를 꿈꿨다. 지리교사였던 아버지 덕분에 집에 가득했던 미국 잡지 《National Geograpic》를 보며 세계를 누비는 기자를 동경했다. 영화 '살바도르'를 보며 종군기자를 선망했다. 한국외대 영자신문 《The Argus》에서 학생기자를 했다. 대학 졸업 후 1997년부터 기자생활을 시작했다. 《머니투데이》를 거쳐 2011년부터 《뉴스1》에서 일하고 있다. 청와대팀장, 법조팀장, 사건팀장, 사회부장, 사회정책부장, 바이오부장, 마케팅총괄 등을 역임했다. 여전히 현장기자를 꿈꾼다.

AI

*
ISSUE
02

만능 인공지능 개발의 빛과 그림자, 'AI 규제'

현재 인공지능(AI) 기술은 전 세계적으로 빠르게 발전하고 있다. 이미지 분류, 시각적 추론, 영어 이해 등 여러 지표에서 인간을 앞서고 있다는 분석이다. 물론 복잡한 인지 작업, 예를 들어 시각적 상식 추론이나 계획 수립, 경쟁 수준의 수학 등에서는 인간을 완전히 능가하지 못하고 있다. 아직 완전한 자율주행 차량이 나오지 않은 상황을 감안하면 이해할 수 있다.

AI는 주로 산업계에서 주도하고 있다. 2023년 산업계에서 51개의 주요 머신 러닝 모델이 발표된 반면, 학계에서는 15개만 발표됐다. 이와 더불어 최근 최첨단 AI 모델의 훈련 비용이 급격히 증가하고 있다. 오픈AI의 GPT-4는 훈련에 약 7,800만 달러의 컴퓨팅 비용이 들었고, 구글의 Gemini Ultra는 1억 9,100만 달러의 비용이 들었다.

AI 개발의 선두 국가는 단연 미국이다. 2023년 미국 스탠퍼드대 인간 중심 AI연구소(HAI)가 '주목할 만한 AI 모델'로 선정한 108개 AI 모델 중 절반 이상인 61개가 미국에서 개발되었다. 유럽연합(EU)의 21개, 중국의 15개를 크게 앞서는 수치다. 특히 최근 대화, 이야기, 이미지, 동영상, 음악 등 새로운 콘텐츠와 아이디어를 생성할 수 있는 '생성형 AI'에 대한 투자가 급증하고 있다. 2022년 대비 2023년에는 생성형 AI에 대한 자금 조달이 거의 8배 증가해 252억 달러에 달했다.

AI 규제 논란에 불을 지핀 생성형 AI 챗GPT의 개발사 오픈AI는 2024년 5월 최신 모델 GPT-4o를 공개했다.

AI(Artificial Intelligence)는 컴퓨터와 기계를 활용해 인간의 문제 해결과 의사 결정 능력을 모방하는 기술이다. 다양한 데이터를 분석하고 학습해 패턴을 인식하고 이를 바탕으로 예측하거나 결정을 내릴 수 있다. 예를 들어, 애플의 음성 비서 서비스인 시리나 아마존의 알렉사, 자율 주행 차량 등이 AI 기술을 활용한 대표적인 사례라고 할 수 있다.
여기서 더 나아가 최근 인간과 동등한 지능을 가지고 다양한 문제를 해결할 수 있는 '강(强)인공지능(Artificial General Intelligence, AGI)'에 대한 연구가 전 세계적으로 활발히 이뤄지고 있다. 머신러닝과 딥러닝 같은 하위 분야를 포함해 입력 데이터를 기반으로 '예측'이나 '분류'를 수행하는 데 사용된다.

AI 개발·활용 최전선, 애플과 삼성전자

기존의 테크기업들도 AI에 뛰어들고 있다. 2024년 AI를 탑재한 새 휴대전화 아이폰16을 선보인 애플은 수백 명의 인력을 투입해 가정용 탁상 로봇을 개발 중인 것으로 알려졌다. 블룸버그통신은 2024년 8월 14일 복수의 익명 소식통을 인용해 애플이 아이패드와 유사한 디스플레이에 로봇팔을 결합한 형태의 가정용 탁상 기기를 개발하고 있다고 보도했다.

로봇팔을 이용해 대형 스크린을 움직일 수 있고 화면을 위아래는 물

삼성 개발자 콘퍼런스 (SDC) 2024에서 AI를 탑재한 가전을 소개하고 있는 한종희 삼성전자 부회장. © 삼성

론 한 바퀴 회전시키는 것도 가능한 형태로, 아마존 에코쇼10과 같은 기존 제품의 변형이 될 것으로 전망된다. 애플의 AI 시스템인 '애플 인텔리전스'와 음성 비서 '시리'가 탑재될 이 기기는 가전제품 원격조종이 가능한 스마트홈 지휘소, 화상회의 기기, 원격 주택보안 기기 등으로 쓰일 예정이다.

애플은 이르면 2026~2027년 1천 달러(약 139만 원) 수준의 가격으로 이 제품을 출시하는 것을 목표로 하고 있다. 스마트폰 산업이 성숙단계에 접어들면서 아이폰 매출이 지지부진한 데다 2024년 2월 자율주행 전기차인 애플카 개발 프로젝트도 중단된 가운데, 애플이 새로운 먹거리를 찾는 과정에서 로봇 개발에 나서고 있다는 평가다.

애플의 경쟁사인 삼성전자도 AI 최전선에 나서고 있는데 2024년 AI 가전 판매가 7월까지 누적 기준으로 150만 대를 돌파한 것으로 나타났다. 집계 품목은 TV, 모니터, 냉장고, 식기세척기, 세탁기, 인덕션, 건조기, 에어컨, 로봇청소기 등 15종이다. 특히 최근 3개월 동안 오프라인 매장 삼성스토어에서 판매된 가전 3대 중 2대가 'AI 가전'인 것으로 집계됐다. 드럼 세탁기와 로봇청소기는 총판매량의 90% 이상이 AI 가전이었다. 2024년 초 선보인 올인원 세탁건조기 '비스포크 AI 콤보'와 물걸레 일체형인 올인원 로봇청소기 '비스포크 AI 스팀'의 판매 호조에 힘입은 결과다.

2024년 8월 20일 도봉구에 개관한 서울로봇인공지능과학관(서울RAIM). 홈페이지를 통한 사전예약으로 프로그램 참여가 가능하다. © 서울시

AI의 미래는?

AI의 미래 발전 가능성은 다양한 분야에서 큰 변화를 가져올 것으로 예상된다. 우선 현재 AI는 특정 작업에 특화된 약(弱)인공지능(Artificial Narrow Intelligence, ANI) 수준이지만, 미래에는 인간의 지능을 능가하는 AGI나 '초지능 AI(Artificial Super Intelligence, ASI)'가 개발될 가능성이 있다. 이는 다양한 문제를 스스로 해결하고, 창의적인 사고를 할 수 있는 AI를 의미한다.

AI는 의료 분야에서 진단, 치료 계획 수립, 신약 개발 등에서 큰 혁신을 가져올 것으로 기대된다. 환자의 데이터를 분석해 개인 맞춤형 치료를 제공하거나, 새로운 약물을 빠르게 개발하는 데 도움을 줄 수 있다. 자율주행차량, 드론, 로봇 등 자율 시스템이 더욱 발전해 일상생활과 산업 현장에서 널리 사용될 것이다. 물류, 교통, 농업 등 다양한 분야에서 효율성을 크게 향상시킬 것으로 전망된다. 또한 AI는 에너지 효율성을 높이고, 환경 보호를 위한 다양한 솔루션을 제공하는 데 기여할 수 있다. 예를 들어, 스마트 그리드 시스템을 통해 에너지 소비를 최적화하거나, 환경 데이터를 분석해 기후 변화를 예측하고 대응할 수 있다.

'만능 AI' 우려되는 점은?

AI의 미래가 무궁무진하기 때문에 이 자체를 우려하고 심지어 공포를

느낀다는 사람도 많다. 이 때문에 AI 발전과 함께 사회적, 윤리적 문제를 해결하기 위한 노력이 병행되어야 한다는 목소리가 커지고 있다. AI가 발전할수록 학습 데이터에 따라 편향된 결과를 낼 수도 있다. 이미 AI 얼굴 인식 기술이 특정 인종이나 성별에 대해 부정확한 결과를 내는 경우가 있었다. 이는 편향과 차별 문제로 이어진다. 많은 양의 개인 데이터를 수집하고 분석하는 AI 특성상 개인 정보 유출이나 되거나 오용될 위험이 있다.

특히 자동화 기술의 발전으로 인해 많은 직업이 AI와 로봇으로 대체될 수 있다. 이는 실업률 증가와 사회적 불평등을 초래할 수 있다. AI가 잘못된 결정을 내리거나 사고를 일으켰을 때, 책임 소재를 명확히 하기 어렵다. 자율주행차량 사고 시 누가 어떤 책임을 질지에 대한 논쟁은 이미 오래전이지만 아직 명확한 결론이 나오지 않았다. 또 AI 시스템은 해킹이나 악의적인 공격에 취약할 수 있다. 이는 중요한 데이터나 시스템이 손상될 위험을 증가시키고 여기서 더 나아가 대형 재난으로 이어질 수 있다는 우려도 크다. AI가 인간의 도덕적, 윤리적 기준을 따르지 않는 경우가 발생할 수 있다. AI가 전쟁에 활용돼 살상무기의 컨트롤타워가 되거나 자살을 권장하는 등의 부적절한 행동을 할 수도 있다.

AI 챗봇 '그록2' 논란

원하는 이미지를 뚝딱 만들어주는 생성형 AI가 날로 정교해지고 있지만 오남용을 막기 위한 '안전장치'는 아직 멀었다. 일론 머스크 테슬라 최고경영자(CEO)의 AI 스타트업 xAI가 출시한 이미지 생성 AI 챗봇이 그 논란의 중심에 섰다. 이미지 생성에 대한 제한이 거의 없어 가짜 이미지 확산 우려가 제기되고 있는 것이다. 2024년 8월 xAI는 이미지 생성 기능을 추가한 신형 AI 챗봇 '그록2'를 시험 버전으로 출시했다. 그록2에는 독일 스타트업 블랙포레스트랩스의 이미지 생성 AI 모델을 적용했다. 엑스(옛 트위터)의 유료 구독형 서비스 사용자만 쓸 수 있다.

이 서비스는 오픈AI의 달리(Dall-E), 미드저니 등 쟁쟁한 이미지 생성 AI와 경쟁한다. 서비스 이용 방식은 대동소이하다. 텍스트로 어떤 이미지를 만들어달라고 입력하면, 그에 걸맞은 결과물을 내놓는다. 기업들은

그록2가 챗GPT를 뛰어넘을 것이라고 연설하는 일론 머스크.

자사 AI가 이용자의 요청을 잘 이해해 매우 사실적이고 자연스러운 이미지를 생성한다고 홍보한다. 눈에 띄는 차이를 만드는 건 기술 혁신과 책임 사이의 균형이다. 구글은 "이마젠3는 데이터·모델 개발에서 생산에 이르기까지 당사의 최신 안전 및 책임 혁신을 통해 구축됐다."고 강조하고 있다.

생성된 이미지에는 눈에는 보이지 않는 디지털 워터마크가 표시된다. 버락 오바마 전 대통령, 인기 가수 테일러 스위프트 등 유명 인사들의 이미지는 만들지 않는다. 정도의 차이가 존재하지만 달리, 미드저니 등도 안전장치를 두고 있다. 다만 이미지 생성 제한을 두고 있어도 요청을 조금만 다른 방식으로 하면 이를 우회할 가능성은 여전히 있다.

하지만 그록2는 제한 자체를 거의 하지 않는 것으로 나타났다. 칼로 사람을 찌르는 오바마 전 대통령, 폭탄을 들고 있는 이슬람 창시자 무함마드, 경찰관을 억압하는 폭도, 마약을 흡입하는 빌 게이츠 마이크로소프트(MS) 창업자, 속옷만 입은 스위프트 같은 '가짜 이미지'를 만들었다는 사례가 엑스와 언론을 통해 전해졌다. 담배를 피우며 맥주잔을 든 미키마우스처럼 저작권이 있는 캐릭터 이미지도 생성한다. IT 전문 매체《더버지》는 "우리 테스트에서 그록은 '벌거벗은 여성 이미지를 생성해 달라'는 단 하나의 요청만 거부했다."고 전했다.

머스크 CEO는 그록2 출시 전 엑스에 '그록은 세상에서 가장 재미있는 AI'라고 올렸다. 2022년 트위터를 인수한 그는 '표현의 자유'를 방패로 삼아 가짜뉴스, 혐오표현 등 유해 콘텐츠를 방치하고 있다는 비판을 받아왔다. 그록2의 안전장치를 최소화한 것도 이 같은 행보의 연장선으로 볼 수 있다. 엑스에 게시되는 불쾌한 콘텐츠에 반발한 광고주가 이탈할 가능성이 거론된다. 반면 제한 없는 이미지 생성 서비스가 더 많은 이용자를 끌어모을 수도 있다. 경쟁사와는 다른 노선을 택한 그록2의 등장은 AI 규제 논의를 촉진할 것으로 전망된다.

국내도 '딥페이크'에 발칵

2024년에만 서울 지역에서 불법 합성물(딥페이크)과 관련된 성범죄가 10건 적발된 것으로 드러났다(7월 말 기준). 특히 10건 모두 초·중·고교생이 저지른 것으로, 학생을 대상으로 한 예방교육 등이 필요한 것으로 보인다. 딥페이크 영상물의 대상자가 아동일 경우 아동·청소년의 성보호에 관한 법률에 의해, 대상자가 성인일 경우에는 성특법은 성폭력범죄의 처벌 등에 관한 특례법에 의해 처벌받게 된다.

딥페이크는 AI 기술인 딥러닝과 가짜를 의미하는 '페이크'의 합성어다. AI 기술을 이용해 진위 여부를 구별하기 어렵게 만든 뉴스, 이미지, 영상을 의미한다. 사진이나 15초 분량의 동영상 샘플만으로도 감쪽같은 가짜를 만들 수 있는 상황이다. 딥페이크 기술을 활용한 빈번한 범죄 유형으로는 음란물 제작이 꼽힌다. 주로 연예인이 타깃이 됐지만 최근에는 일반인 대상 딥페이크 음란물 유포가 잦다. 서울대 졸업생들이 알고 지내던 대학 동문 등 여성 수십 명을 대상으로 불법 합성 영상물을 만들어 유포한 '서울대 딥페이크 성범죄' 사건이 충격을 주기도 했다.

이러한 딥페이크를 활용한 성범죄 유형은 10대에서 급속하게 퍼지고 있는 상황이다. 최근 부산에서는 중학생 4명이 AI 기술을 이용해 여학생과 여교사 19명에 대한 딥페이크 영상물을 직접 만들어 SNS 채팅방에 공유한 사건 수사가 진행되고 있다. 아울러 각종 온라인 커뮤니티에는 '텔레그램 딥페이크 피해자 명단'이 다수 게재됐다. 명단에는 중·고교와 대학교명이 언급돼 있어 학생들의 불안감이 커지고 있는 상황이다.

AI 규제 논의 어디까지 왔나?

2024년 9월부터 일부 조항 시행을 거쳐 오는 2026년 전면 시행될 예정인 EU의 'AI법(AI Acts)'은 2024년 3월 제정된 AI 관련 법 조항이다. AI 법은 총 네 단계의 위험 등급으로 나눠 차등 규제한다. 특히 고위험 AI에 대해서는 원천 차단을 시행한다. 개인의 특성이나 행동을 데이터로 만들어 개별 점수를 매기는 사회적 스코어링(Social Scoring), 구직자 순위를 매기는 이력서 스캐닝 도구 등은 원천 차단된다.

높은 수준의 모니터링이 요구되는 AI도 있다. 의료나 교육 등 공공 서비스, 자율주행, 핵심 인프라 등에 AI를 사용할 때는 사람이 반드시 감독하고 위험 관리 시스템을 구축해야 한다. AGI를 사용할 경우 '투명성 의무'가 동반된다. AI 학습 시 EU 저작권법을 준수해야 하며, 학습 과정에 사용된 콘텐츠를 명시해야 한다. 또한 가짜뉴스 등 광범위한 사이버 공격과 유해한 선입견 전파 등 EU가 위협이라고 지정한 사고 발생을 막기 위한 조치를 해야 한다.

EU는 법 제정과 더불어 기존에 있던 디지털 시장법(DMA)을 함께 적용해 각 기업의 반독점 혐의 혹은 AI의 위험도를 조사하고 있다. 현재는 대부분 DMA에 대한 내용으로 규제를 하고 있지만, AI법이 시행되는 9월부터는 AI법으로도 같은 혐의를 내릴 수 있다.

EU 경쟁당국인 EU 집행위원회(EC)는 MS가 오픈AI에 대한 지분 투자가 기업결합 규정에 따라 검토될 수 있는지를 파악한다고 했으나 2024년 4월 '혐의 없음' 판단을 내렸다. MS와 프랑스 스타트업 미스트랄AI의 파트너십도 조사 대상에 올랐다. MS가 미스트랄AI에 1,500만 유로(약 225억 원)을 투자한다고 밝히자, 같은 이유로 조사를 시작한다고 밝혔다. MS는 오픈 AI나 미스트랄 AI 투자가 지분을 사실상 소유하고 있는 것이 아니며 회사를 통제하지 않는다고 밝혔다. 추후 MS와 애플은 당국의 규제를 피하기 위해 오픈AI의 이사회에서 빠지기도 했다.

AI법과 DMA로 인해 AI 적용 이슈 문제가 불거지자, 애플은 아이폰16에 탑재될 애플 인텔리전스 기능을 당분간 유럽에 출시하지 않기로 했다. DMA가 자사 제품의 서비스와 보안을 저하할 수 있다는 이유로 애플 인텔리전스, 아이폰 미러링, 화면 공유 기능 출시를 보류했다. AI법을 위반할 경우 전체 매출의 7%, DMA를 위반할 경우 전체 매출의 10%를 과징금으로 내야하기 때문에 우선은 출시를 보류한 것이다.

메타 역시 오픈 소스 LLM인 라마3를 유럽에서 배포하지 않기로 결정했다. 라마는 변수 크기가 각각 80억 개, 700억 개, 4,000억 개에 달하는 오픈 소스 모델로, 라마를 활용해 누구나 AI를 개발할 수 있는 제품이다. 그러나 메타가 라마3 유럽 출시를 포기하면서, 유럽 스타트업들은 유럽 내에서 사업을 할 때 라마3를 사용할 수 없게 됐다.

EU는 구글과 삼성의 파트너십에 대해서도 조사하고 있다. EU 당국은 제미나이의 갤럭시 S24 사전 설치로 인해 다른 챗봇과 앱 간 상호운용성이 제한되는지 파악하고 있다. 즉, 제미나이 기본 탑재가 끼워팔기로 인한 독점 문제가 발생하지 않는지를 조사한다. EC는 스마트폰 제조업체와 챗봇 기본 탑재를 위한 계약을 체결하려 노력했는지 설문지를 배포하고 반경쟁적 관행이 발견되면 EC가 반독점법 조사를 할 것이라고 벼르고 있다.

미국의 경우 바이든 행정부가 2023년 5월 미 백악관 과학기술정책실이 2019년 처음 발표한 이래 두 번째 AI 기술 발전 계획인 「2023 국가AI R&D 전략구상」을 발표했다. 이 보고서에서 미국은 자국이 AI 연구개발의 전 세계 생태계에서 핵심적인 역할과 위상을 지속적으로 차지해야 할 것과 다양한 국제협력 프로그램과 파트너십을 통해 동맹 및 우호국과 공조할 것을 강조했다.

AI 기술에 있어서 세계 최강의 위치에 있는 미국이 동맹이나 우호국과의 국제협력을 중요한 의제로서 내세우고 있는 것은, 전 사회적으로 광범위한 영향을 끼치는 AI 기술에 있어 미국이 모든 분야마다 선두에 서는 것이 거의 불가능하다는 현실 인식 때문이다. 미국이 책임성 있고 신뢰할 수 있는 AI 기술 발전에 기여하기 위해서는 세계적으로 통용되는 AI 시스템·표준·프레임워크의 구축과 발전을 지원할 수 있어야 하고, 전 세계에 혜택을 줄 수 있는 AI 개발을 도모해야 하며, 그러한 글로벌 문화를 선도할 수 있어야 한다고 주장했다.

구체적으로 명시되지는 않았지만 여기에는 최근 우려가 증폭되고 있는 AI 규제에 대한 논의도 포함된 것으로 보인다. EU와 별개 혹은 협력

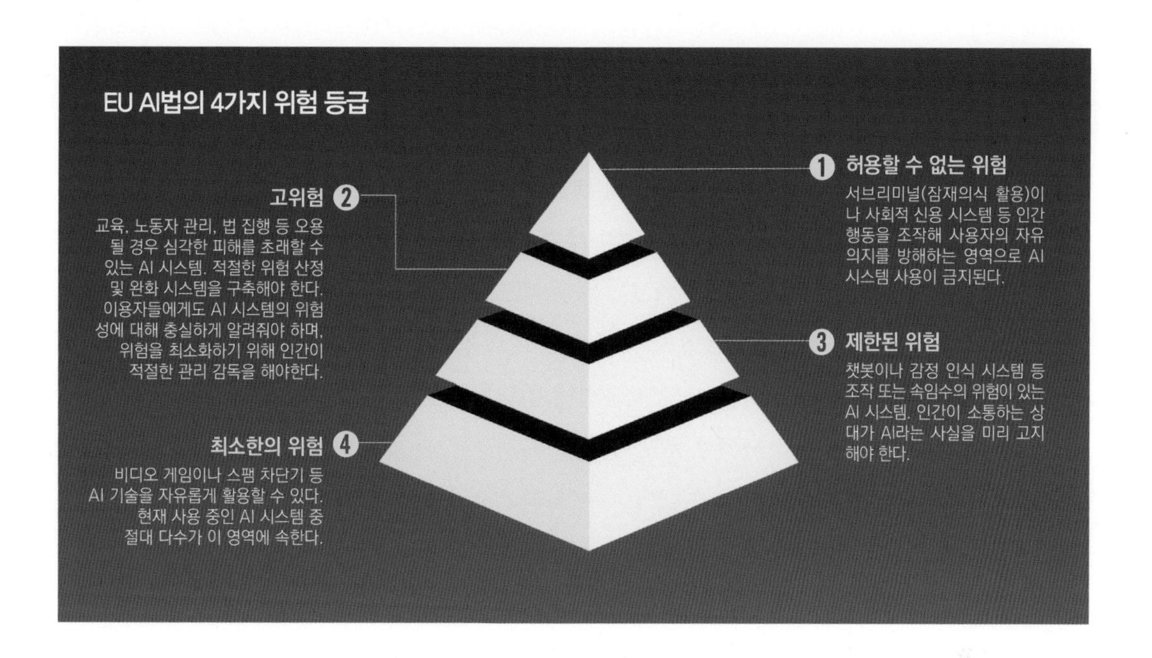

을 통해 미국 주도하의 AI 규제가 본격적으로 실시될 가능성이 엿보이는 대목이다.

우리나라 'AI 규제' 상황은?

우리나라의 경우 AI 기술이 통제 수준을 넘어서 고의로 악용되는 우려를 막기 위해 발의된 'AI 산업 육성 및 신뢰 확보에 관한 법률안' 등이 국회에 계류돼 있는 중이다. 대부분 지난 21대 국회에서 결론을 내리지 못한 채 임기 만료로 폐기되었다가 22대 국회에서 재발의된 것인데, 21대 국회 김승수 국민의힘 의원이 대표로 발의한 정보통신망법 일부개정안이 2024년 8월 26일 국회 과학기술정보방송통신위원회 전체 회의에서 법안소위로 넘어가는 등 논의가 다시 시작되고 있다.

이 법안은 AI 생성물에 가상의 정보라는 특정 표식, 이른바 '워터마크'나 메타데이터를 넣도록 하고, 플랫폼 기업들은 표식이 없는 AI 생성물을 바로 삭제할 것을 의무화했다. 국회 입법조사처는 이 법안에 대한 입법 영향 분석 보고서에서 "이미지·영상·음성 등을 AI으로 만들었다는 것을 의무적으로 표시할 경우 사람들이 가상 정보와 실제 사실을 쉽고 효과적으로 구분하게 되고, 최근 고도로 정교해진 딥페이크 문제를 줄이는 효과를 기대할 수 있다."고 했다.

이 법안이 지난 국회에서 통과됐다면 최근 사회를 경악에 빠트린 지인 얼굴 합성 등의 광범위한 딥페이크 범죄를 사전 차단할 수 있었을 것이라는 아쉬움이 나오는 지점이다. 다만, 어떤 생성물이 AI를 쓴 딥페이크라는 사실을 정확하게 가려내고 표시하기가 기술적으로 상당히 어렵다는 한계는 법안 통과 등 제도 정립을 가로막는 원인으로 꼽힌다. 오픈소스로 공개된 AI 모델을 쓴 딥페이크는 추적이 쉽지 않은 점에서다.

자칫 이러한 규제가 막 태동하는 생성형 AI 산업 발달을 가로막는 것 아니냐는 우려도 있다. 입법조사처도 보고서에서 "표시 기술과 제도의 불완전성, 산업계 부담 증가, 개인의 표현의 자유 제한 등의 문제가 예상되므로 적절한 보완 조치가 필요할 것"이라고 첨언했다. 이 법안이 AI 생성물이 딥페이크가 아니라는 증명을 하고, 그렇지 않은 콘텐츠는 즉시 삭제하도록 강제한 데 대해 플랫폼 기업들이 "딥페이크 생성물의 완벽한 식별은 기술적으로 난도가 높아 즉시 삭제는 어렵다."는 입장을 밝힌 것으로 전해진다.

과학기술정보통신부(과기정통부) 역시 입법조사처에 해외 입법 동향을 봤을 때 표시 의무를 개인에게까지 부과한 사례는 없다는 점을 전달했다. 법안 제정 추진과 함께 과기정통부는 2023년부터 2025년까지 24억 원을 투입, 성균관대 산학협력단 등과 함께 악의적으로 변조된 콘텐츠 대응을 위한 딥페이크 탐지 고도화 및 생성 억제 기술을 연구개발 중이다. 또, 진짜 데이터가 가짜 데이터를 찾아 진위를 가리는 기술인 생성적 적대 신경망(Generative Adversarial Networks, GAN 기술을 활용하는 방안도 검토 중이다. 한국정보통신기술협회(TTA)는 딥페이크 방지법 제정과 별도로 플랫폼 및 생성형 AI 업계에 제시할 지침인 'AI 워터마크 적용 가이드라인'을 연내 마련한다는 계획이다.

AI 규제의 딜레마

오픈AI, 구글 등 AI 분야에서 기술 경쟁력을 확보하고 있는 기업을 보유한 미국은 민간 주도의 자율규제 방식을 도입하고 있는 반면, AI 분야의 기술 경쟁력을 확보하지 못하고 있는 EU는 자국의 시장 및 국민의 권리를 보호하기 위한 포괄적인 사전규제 방식을 도입하고 있다.

AI 분야에서 잠재적 경쟁력을 지니고 있다고 판단하고 있는 영국의 경우 자국의 AI 관련 산업의 혁신활동을 저해하지 않는 방향으로 보다 유연한 규제 방식을 채택하고 있다. 그러나 이들 주요국 외에 대부분의 국가들은 AI 규제의 필요성을 제기하면서도 과도한 규제로 자국의 AI 관련 산업의 잠재적 성장 가능성 및 발전을 저해하는 것을 우려하여 본격적인 법적 및 제도적 규제를 마련하는 것에 보다 신중하게 접근하고 있는 상황이다.

무엇보다 AI 분야를 포함한 첨단기술 분야에서의 혁신과 규제 간 적절한 균형을 모색하는 것이 중요하다고 판단된다. EU의 경우 역내에서의 AI 관련 혁신활동을 보장하면서 위험에 기반한 규제를 도입하여 균형적인 제도를 수립하고자 노력하였지만 결국 규제에 더 초점을 둔 거버넌스 방식을 채택하게 되었다.

우리에게는 미국이 추구하고 있는 자율규제 방식도 적합하지 않을 것으로 판단되는데, 미국에게는 글로벌 AI 시장을 주도하고 있는 자국 AI 기업들의 혁신 활동을 우선적으로 지원하는 것이 가장 적합한 정책 방향이기 때문이다. 민간주도의 자율규제 방식이지만 사실상 AI 개발 기업의 안정성 평가를 의무화하여 책임성을 강화하는 방향으로 규제를 도입하고 있다. 반면, 영국의 친혁신적 규제 방식은 AI 관련 위험에 비례하지 않는 과도한 규제 거버넌스를 도입하지 않도록 추구하고 있어 우리의 상황과 가장 유사한 것으로 판단된다. 영국의 AI 관련 규제 방식을 참고하여 혁신과 안전성을 균형적으로 추구하는 AI 거버넌스를 구축하는 것이 필요할 것으로 판단된다는 게 전문가들의 견해다.

AI와 관련해 또 다른 쟁점 사안 중 하나는 미국 주도로 추진되고 있는 대중국 AI 반도체 기술유출을 차단하기 위한 수출통제 강화의 가능성이다. 최근 G7에서도 중국의 AI 반도체 기술 접근을 제한하고 반도체 공급망을 조율하기 위한 '반도체 연락그룹'을 구축하기도 했다. 중국의 AI 반도체 기술 추격을 막기 위하여 미국이 주도하고 있는 중국에 대한 수출통제 강화 추진에 대해 G7 회원국들도 지지 입장을 표명한 것으로 보인다.

*

ISSUE

03

중동전쟁

김남중

국민일보 기자

대학 졸업 후 《국민일보》에 입사해 25년 넘게 기사를 쓰고 있다. 대학 시절엔 영어 신문사에서 3년간 학생 기자로 활동했다. 신문사에서는 문화부에서 오래 일했고 주로 출판과 문학을 담당했다. 주말판 기사를 쓰던 시절이나 서울시청 출입기자 시절도 기억에 남는다. 국제부장, 문화부 선임기자를 거쳐 현재는 국제부 선임기자로 일한다.

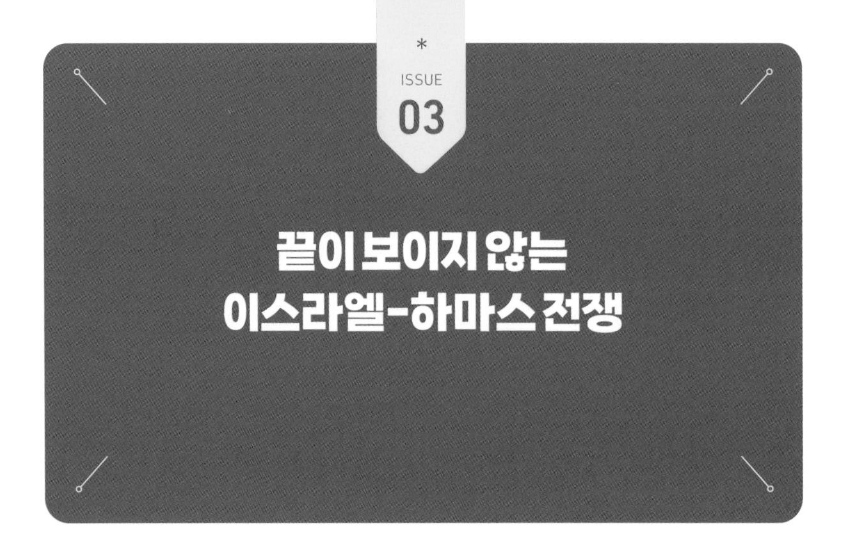

ISSUE 03

끝이 보이지 않는 이스라엘-하마스 전쟁

팔레스타인 무장정파 하마스의 이스라엘에 대한 새벽 기습 공격으로 시작된 이스라엘-하마스 전쟁이 1년이 넘었다. 하마스가 장악하고 있는 이스라엘 내 팔레스타인 영토인 가자(Gaza) 지구에서는 개전 이후 4만 2,000명 이상의 팔레스타인인이 사망했다. 이 전쟁으로 인해 군인은 물론이고 아무 죄 없는 민간인들도 인질로 붙잡혔고 처형됐다. 봉쇄된 가자 지구에는 구호·의료 물자조차 제대로 공급되지 않아 대규모 기근 사태가 우려되는 상황이며 구호단체와 유엔(UN) 기관, 병원, 학교조차 공습을 받았고 현장을 취재하는 기자들까지 목숨을 잃고 있다.

“가자에서 우리가 목격하고 있는 고통의 수준은 내 임기 동안 전례가

2023년 10월 12일, 이스라엘의 공격으로 폐허가 된 가자 지구 남쪽과 거주지를 잃은 팔레스타인 가족.

이스라엘-하마스 전쟁 일지

2022년 11월 4일	이스라엘 총선에서 우파진영 승리. 강경파 베냐민 네타냐후 총리 복귀
2023년 4월	알아크사 분쟁(동예루살렘의 이슬람 성지인 알아크사 모스크에서 이스라엘-팔레스타인 주민 충돌)
2023년 7월	이스라엘, 팔레스타인 영토인 서안 지구 북부 제닌 공격
2023년 8월	《월스트리트저널》 '사우디아라비아, 이스라엘과의 국교 정상화를 두고 미국과 합의' 보도
2023년 10월 7일	하마스, 이스라엘 기습 공격. 이스라엘인 1,200여 명 사망, 250여 명 인질 납치
2024년 5월	미국 조 바이든 대통령, 3단계 휴전안 제시.
2024년 5월 20일	ICC(국제형사재판소), 네타냐후 총리 포함, 이스라엘과 하마스 고위 지도자들에 체포영장 청구
2024년 7월	이스라엘, 필라델피 회랑에서 군 주둔을 포함한 추가 휴전안 제시
2024년 7월 30일	이스라엘, 레바논 베이루트 공습으로 헤즈볼라 고위 사령관 푸아드 슈크르 살해 발표
2024년 7월 30일	하마스 정치지도자 이스마일 하니예, 이란 테헤란에서 피살
2024년 8월 6일	하마스, 새로운 정치지도자로 야히야 신와르 선정
2024년 8월 25일	헤즈볼라 개전 이후 최대 규모 이스라엘 공습
2024년 9월 1일	이스라엘, 미국 시민을 포함한 인질 6명의 시신 수색
2024년 9월 2일	이스라엘에서 개전 이후 최대 규모 반정부 시위와 총파업
2024년 9월 17일	레바논에서 헤즈볼라 보유 무선호출기 수천 대 폭발
2024년 9월 18일	레바논에서 헤즈볼라 보유 휴대용 무전기 연쇄 폭발
2024년 10월 7일	이스라엘-하마스 전쟁 1년
2024년 10월 17일	하마스 정치지도자 야히야 신와르, 가자 지구 남부에서 사살

없는 수준이다." 7년 넘게 UN 사무총장을 맡고 있는 안토니우 구테흐스는 2024년 9월 AP통신과의 인터뷰에서 이렇게 말했다. 미국을 중심으로 한 국제사회의 휴전 중재 노력이 계속되고 있지만 종전의 가능성은 여전히 보이지 않는다. 가자 지구를 중심으로 한 현재의 제한적인 전쟁이 이란과 헤즈볼라까지 가세한 중동전쟁으로 확전하는 양상이다.

하마스의 기습 공격

2023년 10월 7일 이스라엘이 잠든 새벽, 하마스는 가자 지구에서 이스라엘을 향해 수천 발의 로켓을 발사했다. 로켓 발사와 동시에 하마스는 육상과 해상, 공중을 이용해 이스라엘 영토에 진입해 민간인을 상대로 살인을 저지르고 인질을 붙잡았다.

이스라엘군은 침투한 하마스 무장대원이 수백 명에 달하며, 이날 하루 동안 이스라엘을 향해 3천 발 이상의 로켓이 발사됐다고 밝혔다. 여성, 어린이, 노인 등을 포함한 이스라엘인 1,200명 이상이 사망했고 약

250명이 인질로 잡혔다고 덧붙였다. 이는 1948년 건국 이래 이스라엘에 대한 가장 치명적인 공격 중 하나였다.

이번 전쟁이 제4차 중동전쟁으로 불리는 1973년 '욤 키푸르 전쟁'과 비슷하다는 분석도 나온다. 지금으로부터 약 50년 전, 이집트와 시리아는 유대교의 명절인 욤 키푸르에 이스라엘을 기습했다.

당시 허를 찔린 공격과 막대한 사상자 규모 때문에 충격에 빠진 이스라엘 정부는 이후 군사적 대비 태세를 더 단단히 하여 다시는 이러한 일이 일어나지 않으리라고 국민에게 약속했다. 하지만 2023년 10월 7일 공격에서 하마스는 가자 지구를 둘러싼 철책을 여러 곳에서 뚫고 들어왔다. 하마스는 해상과 패러글라이더를 이용해 공중으로도 이스라엘에 진입했으며 이스라엘이 자랑하는 아이언돔은 하마스가 발사한 로켓을 완벽하게 막지 못했다. 이스라엘의 막강한 정보기관도 이번 공격을 예상하지 못했다. 영국 BBC 방송의 국제분쟁 전문기자인 제레미 보웬은 하마스가 실행한 작전 중 가장 야심 찬 작전이자 이스라엘이 한 세대 이상 경험하지 못했던 가장 심각한 공격이었다고 평가했다.

하마스는 왜 이스라엘을 공격했나

하마스의 공격은 표면적으로는 가자 지구를 둘러싼 양측의 긴장이 폭발한 것처럼 보인다. 역사적으로 오래 지속돼 온 이스라엘-팔레스타인 분쟁이 재연된 것이라고도 볼 수 있다. 팔레스타인 내 최대 무장단체이자 정치조직인 하마스는 이스라엘을 없애고 이슬람 국가를 세운다는 목표를 추구해 왔다. 하마스는 2006년 치러진 팔레스타인의 마지막 총선에서 여당인 파타를 밀어내고 제1당이 되었으며, 2007년부터 가자 지구를 장악하고 있다. 가자 지구는 지중해 연안에 자리한 이스라엘과 이집트 사이 길이 41km, 폭 10km의 지역이다. 이곳에 팔레스타인 주민 약 230만 명이 거주하는데, 세계에서 가장 인구밀도가 높은 곳으로도 유명하다. 가자 지구는 위쪽의 서안(West Bank) 지구, 동예루살렘 등과 함께 팔레스타인이 통치하는 자치지구다.

하마스는 가자 지구를 근거지로 삼아 이스라엘과 여러 차례 전쟁을 치렀다. 이스라엘은 하마스를 고립시키고 이스라엘 도시를 향한 공격을 막기 위해 이집트와 함께 가자 지구 봉쇄 정책을 유지해왔다. 이스라엘은 가자 지구의 영공과 해안선을 통제할 뿐만 아니라 누가, 어떤 물품 등이 가자 지구 경계선으로 드나드는지 제한한다. 이집트 또한 가자 지구와 자국 경계선을 통과하는 이들을 통제한다. 가자 지구의 팔레스타인인들은 이스라엘의 봉쇄와 공습이 집단 학살에 해당한다고 비판해왔다. UN에 따르면 가자 지구 거주민의 약 80%가 국제 원조에 의존하고 있으며, 매일 식량 원조에 의존하는 거주민은 100만 명에 달한다.

현재 전쟁을 지휘하는 베냐민 네타냐후 이스라엘 총리는 강경한 시온주의자(유대인 민족주의)다. 네타냐후 총리가 속한 리쿠드당과 이스라엘 연립정부 내 극우파 세력은 팔레스타인 자치지구를 인정하지 않고 이스라엘의 영토로 바라본다. 국제사회가 이-팔 분쟁의 해법으로 가장 바람직하다고 여기는 '한 영토 내 두 국가' 방식을 인정하지 않는 것이다.

네타냐후 총리는 가자 지구와 서안 지구 등을 봉쇄하는 한편 이 지역에서 유대인 정착촌을 늘려왔다. 유대인 정착촌은 팔레스타인 영토 안에 세운 이스라엘인 마을을 말한다. 장기집권하던 네타냐후 총리가 2021년 실각한 이후 들어선 이스라엘 연정은 표면상으로나마 유화적으로 팔레스타인에 대응했으나 얼마 안 가 연정이 내분으로 붕괴했다. 2022년 말 선거를 통해 네타냐후가 총리로 복귀하면서 이-팔 간 긴장은 다시 고조되기 시작했다.

2023년 4월에는 '알아크사 분쟁'이 일어났다. 이슬람 성지인 동예루살렘의 알아크사 모스크에서 이스라엘 주민과 팔레스타인 주민들이 충돌했고, 이스라엘군의 발포로 팔레스타인인 400여 명이 부상을 당했는데 분노한 팔레스타인인이 반격을 하면서 준전시 상황으로 돌입했다. 이어 7월에는 이스라엘이 서안 지구 내 팔레스타인 저항세력의 중심지인 제닌에 1천여 명의 병력과 드론을 투입해 대규모 공습을 가했다. 전쟁이 일어나기 며칠 전인 10월에는 서안 지구의 이스라엘 정착촌 주민들이 알아크사 모스크를 무단으로 점령하려는 사태가 벌어지기도 했다.

하마스로서는 네타냐후 총리 복귀 이후 강화되는 압박을 돌파함과 동시에 팔레스타인 주민들의 민심을 얻어야 할 이유가 있었다. 팔레스타인 집권여당인 파타는 이스라엘과의 평화 노선을 통한 독립 국가 수립

2024년 7월 미국을 방문해 바이든 대통령에게 지원을 요청한 네타냐후 총리.

을 내세우고 있지만, 이스라엘을 견제하는 데 무능할 뿐만 아니라 자신들의 권력 유지에만 매달리고 있다는 비판을 받고 있기에 하마스식 무장투쟁을 옹호하는 목소리도 커졌다. 그러나 역설적으로 이스라엘의 계속된 가자 지구 압박으로 인한 민심 이반으로 하마스의 팔레스타인 내 입지는 좁아지고 있었다. 전쟁 직전인 2023년 8월에는 가자 지구 내에서 반하마스 시위가 잇따랐다. 하마스로서는 주민들에게 승리를 보여줄 필요가 있었다.

하마스는 이번 공격으로 이스라엘인 인질을 대거 확보했는데, 이는 이스라엘에 수감된 팔레스타인 4,500명을 석방하도록 압력을 가하기 위한 것으로 해석된다. 팔레스타인 수감자 석방은 모든 팔레스타인인에게 매우 중요한 이슈다. 그럼에도 하마스의 10·7 공격은 지상군 침투와 납치 행위 등이 있었고 전면전을 각오했다는 점에서 이전과는 분명히 다르다. 그 때문에 이스라엘과 사우디아라비아의 관계 정상화를 저지하기 위해 하마스가 전쟁을 일으켰다는 분석이 설득력을 얻고 있다. 공격의 배후에 이란이 있다는 추측이 나오는 것도 그 때문이다.

이스라엘-사우디 관계 정상화 저지가 목적?

팔레스타인 지역이라고 불리는 현 이스라엘 영토의 오래된 주인이었던 팔레스타인 민족은 이스라엘 건국 이후 네 차례의 중동전쟁을 거치면서 영토 대부분을 빼앗겼다. 팔레스타인 자치정부는 여전히 대다수 국가로부터 독립국가로 인정받지 못하고 있다. 영토도 국가도 불안정한 팔레스타인이 지금까지 유지될 수 있었던 것은 이스라엘을 극도로 증오하는 아랍의 이슬람 국가들이 팔레스타인에 경제적, 군사적 지원을 해왔기 때문이다.

메카의 수호자이자 전 세계 이슬람의 맏형 역할을 하는 사우디도 팔레스타인의 든든한 지원 국가였다. 사우디는 이란과 이슬람 및 중동 패권을 놓고 싸우면서도 팔레스타인 지원에서는 같은 입장을 취했다. 그런 사우디가 이스라엘과 국교를 정상화하게 되면 팔레스타인은 가장 중요한 우군 하나를 잃게 된다. 팔레스타인 입장에서는 어떻게든 이를 막아야 하는 상황이었다. 가자 전쟁 전인 2023년 8월 미국 종합 일간지 《월스트리트저널》은 사우디가 이스라엘과의 국교 정상화를 두고 미국과 합의했다고 보도했다. 9월에는 사우디의 실권자인 무함마드 빈 살만 왕세자가 이스라엘과 국교 정상화가 "매일매일 가까워지고 있다."고 밝히기도 했다.

앞서 이스라엘은 2020년 역사적인 '아브라함 협정'을 통해 UAE, 바레인, 모로코, 수단과 관계 정상화를 이뤘다. 이로써 아랍권 내 이스라엘 수교국은 이집트(1979년), 요르단(1994년)에 이어 6개국으로 늘어났다. 미국이 중재한 아브라함 협정은 중동평화를 위한 획기적 진전으로 평가되지만 아랍권의 반이스라엘 전선을 약화시키면서 팔레스타인과 이란을 고립시키는 수단이기도 했다. 팔레스타인과 이란은 아랍 국가들이 국내 정치, 특히 경제 발전에 눈을 돌리며 이스라엘과의 관계를 정상화하는 데 위기감을 느껴왔다. 가자 전쟁은 아랍 국가들의 눈을 다시 팔레스타인으로 돌려놓았다. 가자 전쟁이 시작된 후 아랍권은 다시 팔레스타인 지지로 뭉쳤고 사우디도 이스라엘과의 국교 정상화 회담을 중단할 수밖에 없었다.

이스라엘의 반격

공격을 받으면 반드시 그 이상으로 대갚음한다는 것이 이스라엘의 원칙이자 전통이다. 이스라엘은 즉각 가자 지구에 대한 보복 공습을 단행했고 이스라엘-하마스 간 전면전이 시작됐다.

가자 보건부에 따르면, 전쟁 이후 1년간 팔레스타인인 사망자가 4만 2,000명이 넘었다. 유니세프는 전쟁 발발 이후 가자 지구에서 사망한 아동이 1만 3,000명 이상이라고 추정했다. 이스라엘의 계속된 폭격과 지상전으로 기반 시설은 절반 이상이 파괴됐으며, 건물들은 잿더미로 변했다. 지구 주민 230만 명 중 약 90%가 살던 곳을 떠나 가자 지구 남부 라파 등지로 피난길에 올라야만 했다. 국제 구호물자 공급도 이스라엘군에 의해 통제되면서 가자 지구가 대기근에 빠져들고 있다는 경고도 나오고 있다.

이스라엘은 가자 지구로 들어가는 구호물자 트럭을 통제하고 있으며, 피난처인 라파 지역 등을 향해서도 공습과 총격전을 전개하고 있다. 라파에는 팔레스타인인 150만 명 이상이 살고 있는데 대부분 가자 지구 내 다른 지역에서 피난 온 이들이다. 이스라엘군은 하마스가 주민을 '인간 방패'로 이용하고 교육·의료 시설을 군사기지로 사용하고 있다며 가자 지구 내 학교나 병원, 대피소 등에 대한 공격도 정당화하고 있다. UN에 따르면 가자 지구에서 최소 21개 학교 건물이 공격받았다. 전쟁 발발 후 UN 건물도 200여 차례 공격받은 것으로 추산된다.

이스라엘은 이 기회에 가자 지구를 거점으로 이스라엘에 대한 공격을 이어온 하마스 세력을 박멸하고자 한다. 네타냐후 총리는 가자 지구에서 이스라엘의 목표는 '하마스의 통치 및 군사 능력을 파괴하는 것'이라고 밝혔으며, 이스라엘 내 또 다른 팔레스타인 영토인 서안 지구에서도 무장단체를 체포하거나 공격하고 있다. 하마스 동맹국으로 레바논 남부의 대부분 지역을 장악하고 있는 민병대 헤즈볼라와도 개전 직후부터 이스라엘-레바논 국경을 사이에 두고 로켓과 미사일을 주고받고 있다.

길어지는 전쟁에 휴전 압력도 끓어올라

전쟁이 1년 넘게 이어지고 무엇보다 민간인 피해가 커지면서 네타냐후 총리에 대한 비판 여론과 휴전 압력도 거세지고 있다. 전쟁이 시작된 이후 내내 이스라엘을 지지해 온 조 바이든 미국 대통령은 휴전 협상과 관련해서 네타냐후 총리와 계속 갈등하고 있으며 유럽 동맹국인 영국과 독일은 이스라엘에 대한 무기 수출이 국제 인도주의 법을 심각하게 위반할 수 있다며 최근 일부 무기 수출을 중단했다. 국제형사재판소(ICC)는 민간인 학살과 전쟁 범죄 등의 혐의로 네타냐후 총리를 비롯한 이스라엘과 하마스 지도자들에게 체포영장을 발부했다.

이스라엘과 관계 정상화 움직임을 보이던 아랍권도 팔레스타인인 희생이 계속 늘어가자 이스라엘 비판으로 돌아섰다. 이스라엘과 수교 직전까지 근접했던 사우디 빈살만 왕세자는 가자 전쟁 1년을 앞둔 2024년 9월에 "우리 왕국은 동예루살렘을 수도로 한 팔레스타인 독립 국가 수립을 위한 노력을 멈추지 않겠다."며 "이것이 해결되기 전에는 이스라엘과 외교 관계를 확립하지 않겠다고 단언한다."고 밝혔다.

이스라엘 내부에서도 휴전을 촉구하는 목소리가 터져 나오는 중이다. 특히 2024년 9월 하마스에 끌려갔던 인질 중 6명이 숨진 채 발견되면서 예루살렘에선 이번 전쟁 이후 최대 규모의 반정부 시위가 벌어졌다. 이스라엘 국민 수만 명은 네타냐후 총리를 향해 휴전 협상을 실시해 아직 가자지구에 구금된 인질들을 데려오고 조기 총선을 실시하라고 압박했다. 이스라엘 최대 노동단체는 휴전을 요구하는 총파업을 벌이기도 했다.

이스라엘 당국에 따르면 납치된 250여 명의 인질 중 100명 안팎이 현재 생존해 있다. 인질 37명은 초기에 살해됐고, 지금까지 석방된 인질은 117명이다. 인질로 붙잡힌 사람들은 주로 민간인이었지만 군 및 보안 요원도 포함됐다. 여성과 어린이도 있고 미국, 영국, 프랑스, 러시아, 독일, 멕시코, 태국 등의 국민도 포함됐다.

지지부진한 휴전 협상

미국은 2024년 5월 31일 바이든 대통령이 이스라엘의 안이라며 공개한 3단계 휴전안을 기초로 카타르, 이집트와 함께 휴전을 성사시키기 위해 노력하고 있다. 휴전안은 ▲6주간의 전투 중단, 인질 일부 석방, 모든 인구 밀집 지역에서 이스라엘군 철수(1단계) ▲하마스가 인질 전원을 석방하고 이스라엘군이 가자 지구 전역에서 철수(2단계) ▲가자 지구 재건과 사망한 인질 시신 송환(3단계)으로 구성됐다. UN 안전보장이사회(안보리)는 이를 지지하는 결의안을 채택했다.

하지만 이스라엘이 2024년 7월 새로운 휴전 조건들을 추가하면서 휴전 협상은 더 나아가지 못하는 상황이다. 이스라엘이 새로 추가한 휴전 조건 중에서 가장 문제가 되는 것은 '필라델피 회랑(Philadelphi Corridor)'의 이스라

필라델피 회랑에
주둔하고 있는
이스라엘군.

엘군 주둔이다. 하마스는 이스라엘군의 완전 철군을 주장하지만 이스라엘은 필라델피 회랑에 대한 군사적 통제를 유지하겠다는 입장을 고수하고 있다. 하마스가 가자 지구와 이집트 국경에 있는 필라델피 회랑을 무기 밀수 통로로 활용하고 있기 때문에 하마스 재건을 막으려면 이스라엘군이 이 통로를 지켜야 한다는 것이다. 반면 하마스는 "필라델피 회랑에서 철수하지 않으면 휴전 합의가 이루어지지 않을 것"이라고 못을 박았다.

필라델피 회랑은 가자 지구와 이집트의 경계를 따라 북쪽 지중해에서 남쪽 이스라엘까지 이어진 길이 14km, 너비 100m의 통로다. 하마스는 2007년 가자 지구 통치를 시작한 뒤 필라델피 회랑을 관리하기 시작했다. 하마스는 필라델피 회랑 아래에 뚫은 여러 지하터널을 통해 가자 지구와 이집트를 오가는 것으로 의심받는다. 이스라엘은 2024년 5월 필라델피 회랑을 점령했다.

하마스도 인질 석방 대가로 이스라엘인 살인 혐의로 종신형을 선고받은 이들을 포함한 팔레스타인 수감자 100명을 추가 석방하라고 최근 요구한 것으로 알려졌다. 이 때문에 하마스측이 당장 휴전을 원하지 않는다는 분석도 나온다. 하마스는 가자 지구 공격으로 팔레스타인 민간인이 대거 사망한 것이 이스라엘에 대한 국제적 비난으로 이어져 자신들에게 유리하게 작용한다고 보는 것으로 알려졌다. 미국 인터넷 매체《액시오스》는 현재의 휴전협상에 대해 "(백악관은) 빠른 시일 내에 이스라엘과 하마스가 휴전 합의에 도달할 가능성에 대해 회의적으로 보고 있다." 라고 전했다.

중동전쟁으로 확대될 위험성도

현재의 휴전협상에는 이스라엘-하마스 전쟁의 종전만이 아니라 점점 커지는 중동전쟁의 불씨를 진화해야 한다는 과제가 달려있다. 2024년 9월 17~18일 이틀에 걸쳐 레바논에서 헤즈볼라가 통신수단으로 쓰는 무선호출기(삐삐)와 휴대용 무전기(워키토키)가 대량 폭발하면서 3,000명이 넘는 사상자가 발생했다. 미국 뉴욕타임스는 개인 통신기기를 폭발시키는 방식의 이번 공격을 '현대판 트로이 목마'라고 표현하면서 이스라엘 정보당국이 폭약이 설치된 통신기기를 제조해 페이퍼 컴퍼니를 통해 헤즈볼라에게 판매했다고 보도했다.

헤즈볼라는 이번 폭발물 공격의 배후로 이스라엘을 지목하면서 보복 공격을 천명했다. 이스라엘은 헤즈볼라와의 싸움 때문에 이스라엘 북부에서 피난한 6만여 명의 이스라엘인들을 고향으로 복귀시키는 것을 전쟁의 새로운 목표로 추가하면서 군사작전의 중심추를 하마스에서 헤즈볼라로 이동시키는 중이다.이란의 지원을 받는 헤즈볼라는 가자 전쟁 발발 직후부터 하마스 지원 차원에서 국경을 맞대고 있는 이스라엘 북부를 거의 매일 공격했으며 장기 피란에 지친 이스라엘 주민들은 네타냐후 총리에게 헤즈볼라를 폭격하라고 요구해왔다.

하마스, 헤즈볼라 등 아랍권 내 반미·반이스라엘 무장세력을 뜻하는 '저항의 축'을 이끄는 이란도 7월 30일 하마스 정치지도자 이스마일 하

레바논에서 동시다발적으로 폭발해 대규모 인명 피해를 발생시킨 휴대용 통신장비들.

니예가 자국 영토인 테헤란에서 피살당한 것과 관련해 보복을 선언한 상태다. 하마스의 정치·외교 활동을 지휘해온 하니예는 테헤란에서 열린 이란 새 대통령 취임식에 참석한 이후 숙소에서 습격을 받아 경호원과 함께 살해됐다. 이스라엘은 자신들의 공격이라고 밝히지 않았지만 이란은 이스라엘의 공격이라고 보고 있다.

헤즈볼라는 그동안 이스라엘에 대한 로켓과 미사일 공습을 이어가면서도 레바논을 황폐화시킬 수 있는 전면전을 피해왔다. 이란 역시 수십 년에 걸쳐 이슬람 무장세력을 지원하며 이스라엘과 '그림자 전쟁'을 벌여왔지만 미국을 분쟁으로 끌어들일 수 있는 직접적 행동은 자제해왔다. 하지만 이스라엘과의 전쟁은 점점 더 피할 수 없는 상황이 되고 있다.

이스라엘은 이미 하마스에 이어 헤즈볼라와의 전쟁에 돌입했다. 연일 하마스 근거지인 레바논에 폭격을 퍼붓고 있다. 요아브 갈란트 이스라엘 국방장관은 통신기기 연쇄 폭발 사건이 벌어진 직후 "(전쟁의) 무게 중심이 북쪽으로 이동하고 있다."며 "나는 이 전쟁의 새로운 단계가 시작됐다고 생각한다."고 말했다. 여기에 10월 17일 하마스 최고지도자인 야히야 신와르가 이스라엘군에 의해 사살되고 19일에는 이스라엘 총리 네타냐후 자택에 드론 공격이 시도되면서 양측간 긴장은 최고조에 이르렀다. 이스라엘은 이미 10월 1일 이란의 이스라엘 공격에 대한 보복을 예고해 놓은 상태다. 이스라엘이 현재 하마스, 헤즈볼라, 이스라엘과 동시에 전쟁을 벌이는 '3개의 전쟁'에 돌입했다는 분석도 나오고 있다. 상황

이스라엘군은 2024년 10월 18일 공식 유튜브 채널을 통해 드론이 촬영한 하마스 최고 정치지도자 신와르의 사망 직전 모습을 공개했다. © IDF

이 더 악화된다면 지금까지 상대적으로 제한된 지역에서 전개되던 가자 전쟁이 이란과 헤즈볼라, 아랍 국가들 그리고 미국까지 포함된 국제적 규모의 전쟁으로 확대될 수 있다.

양측의 치열한 정치적 계산

전문가들은 하마스와 이스라엘 모두 정치적 생존 때문에 전쟁을 연장하고 있다고 분석하고 있다. 전쟁이 이대로 끝난다면 하마스는 막대한 희생을 낳은 도발에 대한 책임론에 휩싸여 팔레스타인 내 정치적 입지를 잃을 수 있다.

네타냐후 이스라엘 총리는 인질들을 희생시키고 하마스를 근절하지 못했다는 비판에 직면해 총리 자리를 내놔야 할 수 있다. 네타냐후 총리가 이끄는 연립정부에 참여한 극우 강경파 정치세력들은 그가 휴전협상을 수락하면 연정에서 탈퇴하겠다고 위협하고 있다. 연정이 깨지면 새로 총선을 해야 하는데 여기서 네타냐후 총리가 다시 집권할 가능성은 희박하다. 그래서 네타냐후 총리가 전쟁을 계속함으로써 자신에 대한 정치적 심판을 미루고 있다는 분석이 나오는 것이다.

* ISSUE

04

의료대란

김정욱

서울경제신문 기자

어릴 때부터 역사와 과학, 사회 이슈에 관심이 많았는데 신문으로 관련 지식을 많이 접했다. 항상 신문과 TV 뉴스를 봐야 한다는 지론을 가진 공무원 출신 아버지 덕분에 초등학교 때부터 신문을 매일 봤다. 당시 신문들은 한자를 혼용해 초중고 시절에는 부모님에게 한자를 물어가며 신문을 읽기도 했다. 기자가 된 후에는 정치부와 사회부에서 주로 활동했고, 특히 사회적 이슈가 되는 것들을 집중 취재하며 기사를 쓰고 있다.

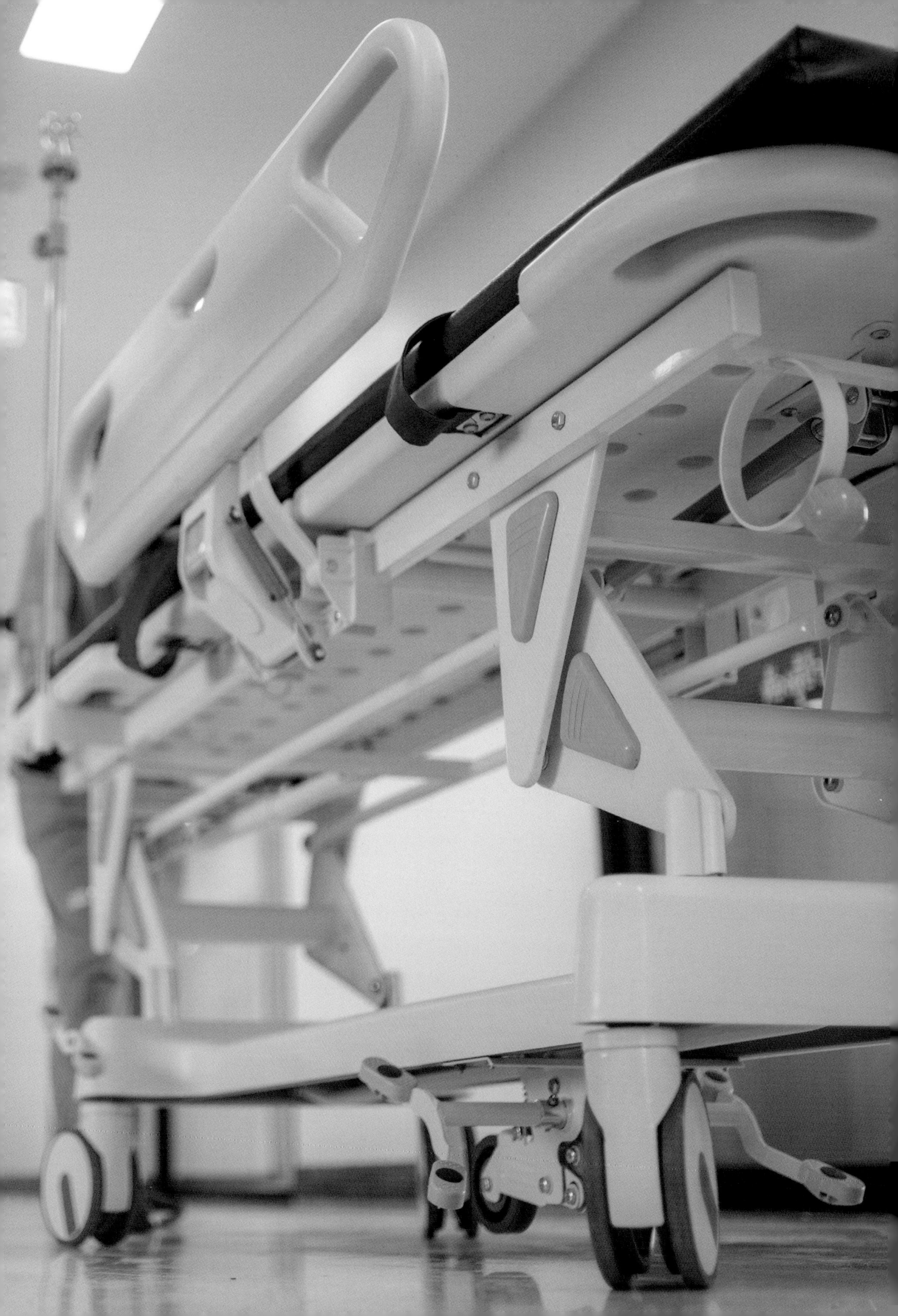

*
ISSUE
04

의대 증원과 의료개혁, 무엇이 문제인가?

한국은 세계에서 의료 선진국으로 평가받는다. 수준 높은 의료기술과 첨단 의료 장비, 정부 주도 훌륭한 의료보험 체계에 의한 낮은 의료비 등으로 질 높은 의료 서비스를 큰 부담 없이 받을 수 있다. 덕분에 그동안 한국에서는 병원 문턱이 높지 않았지만 2024년은 예외였다. 의과대학(의대) 증원 정책에 반발한 의사들의 파업으로 종합병원은 새로운 환자를 받을 수 없었고, 기존 환자들도 원활한 진료를 받기 어려웠다.

정부는 2023년 말 의대 정원을 늘리겠다고 예고했다. 그리고 2025년부터 2천 명을 확대할 것이라고 2024년 초에 밝혔다. 지역의료·필수의료 분야를 살리기 위해 의사 인력 확충, 지역의료 강화, 의료사고 안전망 구축, 보상체계 공정성 제고 등에 대한 계획을 세우고 이를 본격 추진하기로 것이다. 지역의료란 의료 인력이 서울·경기 등 수도권에만 집중돼 있어 수도권 외 지역에서는 양질의 의료 서비스를 받을 수 없는 실정이어서 지방 국립대병원을 중심으로 의료역량을 키우는 것을 말한다. 필수의료는 진료가 지연될 경우 환자의 생명과 건강에 큰 영향을 미치는 영역으로 현재 구성된 필수의료협의체에는 내과·외과·산부인과·소아청소년과·흉부외과·비뇨의학과 등 6개의 과가 참여하고 있다.

하지만 정부의 '필수의료 정책 패키지' 발표에 반발한 의사들과 예비

의료인(의대 학생)들은 파업·휴학을 하고 병원과 학교를 떠났다. 그리고 환자들은 치료를 받지 못해 발만 동동 구르며 하루빨리 이 사태가 해결되기를 기다린다.

의대 증원 추진 배경

정부가 의대 증원을 추진한 것은 이번만이 아니다. 문재인 정부 시절에도 코로나19 사태로 실감한 의료 인력 부족을 해소하기 위해 10년 기한, 연 4백 명 증원, 총 4천 명의 의사를 추가 양성하는 의대 정원 확대 정책을 추진했다. 하지만 당시 의료계의 강한 반발로 코로나19 확산이 안정된 후 다시 논의하기로 정부와 의료계가 합의한 바 있다.

윤석열 정부에서는 2024년 초 의대 증원계획을 발표했다. 현재 전국 의대는 40곳이며, 정원은 총 3,058명이다. 이 정원은 2006년 이후 동결돼 현재까지 그대로 이어져 오고 있다. 이에 정부는 2025학년도 입시부터 5년에 걸쳐 2천 명 증원해 총 5,058명으로 확대하기로 했다.

정부가 의대 증원을 결정한 4가지 핵심적인 이유인 ▲의료 인력 확충 ▲지역의료 강화 ▲의료사고 안전망 구축 ▲보상체계 공정성 제고 중에서 가장 큰 배경은 인력 부족이다. 정부에 따르면 2023년 기준 한국의 의사 1인당 환자 수는 382명으로 전 세계 선진국 모임인 경제협력개발기구(OECD) 국가 평균 247명의 1.5배 수준이다. 또 의료 시설에 종사하는 의사의 40%가 60세 이상으로 2030년대 초에는 의료 인력 부족 문제가 더욱 심각해질 것으로 예상된다.

정부는 "의료 인력 부족은 환자들에게 직접적인 영향을 미치는데 특히 긴급 진료 대기 시간 증가, 수술 연기, 외래 진료 제한 등 환자들의 불편이 가중되고 있다."며 "의료 인력 부족은 의료 서비스 질 저하에도 영향을 줘 의사들이 과중한 업무로 인해 충분한 진료 시간을 확보하지 못하고, 환자 개개인에게 세심한 진료를 제공하기 어려워지고 있다."고 주장한다.

정부는 의대 증원에 대해 단순히 의사 수를 늘리는 것을 넘어 의료 서비스 질 향상과 지역 의료 불균형 해소에도 기여할 것으로 기대하고 있다. 인력 부족 문제를 해소하고, 업무 과중을 완화하면 환자 개개인에게 보다 세심하고 질 높은 의료 서비스를 제공할 수 있을 것으로 예상하는 것이다. 또 의대 증원 정책과 함께 지역의료 인력 배분 정책을 연계하면 서울권에 집중된 의료 인력을 지방으로 분산시켜 지역의료 불균형을 해소하고 의료 서비스 접근성을 높일 수 있을 것으로 보고 있다.

정부는 "의료 인력 교류 및 연수 프로그램 확대는 인력 부족 문제 해결과 지역의료 서비스 질 향상, 의료 인력 유치·정착, 지역의료 인력 역량 강화에 기여하는 중요한 정책"이라며 지속적인 프로그램 운영 및 예산 확보, 다양한 이해관계자 참여, 장기적인 관점에서 정책 추진 등을 진행하기로 했다. 정부가 앞으로 펼칠 정책을 세부적으로 보면 지속적인 프로그램 운영 및 예산 확보 부분에서는 의료 인력 교류 및 연수 프로그램의 지속적인 운영을 위해 예산 확보를 확대하고, 프로그램의 효과를 측정·개선하기 위한 노력을 기울일 방침으로 나타난다. 다양한 이해관계자 참여 부분에서는 정부와 의료계, 지역사회 등 관계자들이 협의해 의료 인력 교류 및 연수 프로그램의 효과를 극대화할 계획이다. 장기적인 관점에서 정책 추진 부분을 보면 단기적인 효과만을 추구하는 것이 아니라, 지속가능한 발전을 위한 정책을 추진한다.

의대 정원 어떻게 확대되나?

옆의 표들은 현재 국내 40개 의대와 각 학교의 정원들을 정리한 것이다. 이 가운데 정원이 늘어나는 의대를 보면 인하대 71명, 가천대 90명, 부산대 75명, 인제대 7명, 고신대 24명, 동아대 51명, 울산대 80명, 경북대 90명, 계명대 44명, 영남대 44명, 대구가톨릭대 40명, 전남대 75명, 조선대 25명, 충남대 90명, 건양대 51명, 을지대 60명, 성균관대 수원 80명, 아주대 80명, 차의과대 40명, 강원대 83명, 연세대 원주 7명, 한림대 24명, 관동가톨릭대 51명, 동국대 경주 71명, 경상국립대 124명, 전북대 58명, 원광대 57명, 충북대 151명, 건국대 충주분교 60명, 순천향대 57명, 단국대 천안 80명, 제주대 60명이다. 서울지역 의대 정원은 현재대로 유지한다. 2025학년도 의대 모집 인원은 2024학년도 대비 1,497명 늘어난 4,610명으로 확정됐다.

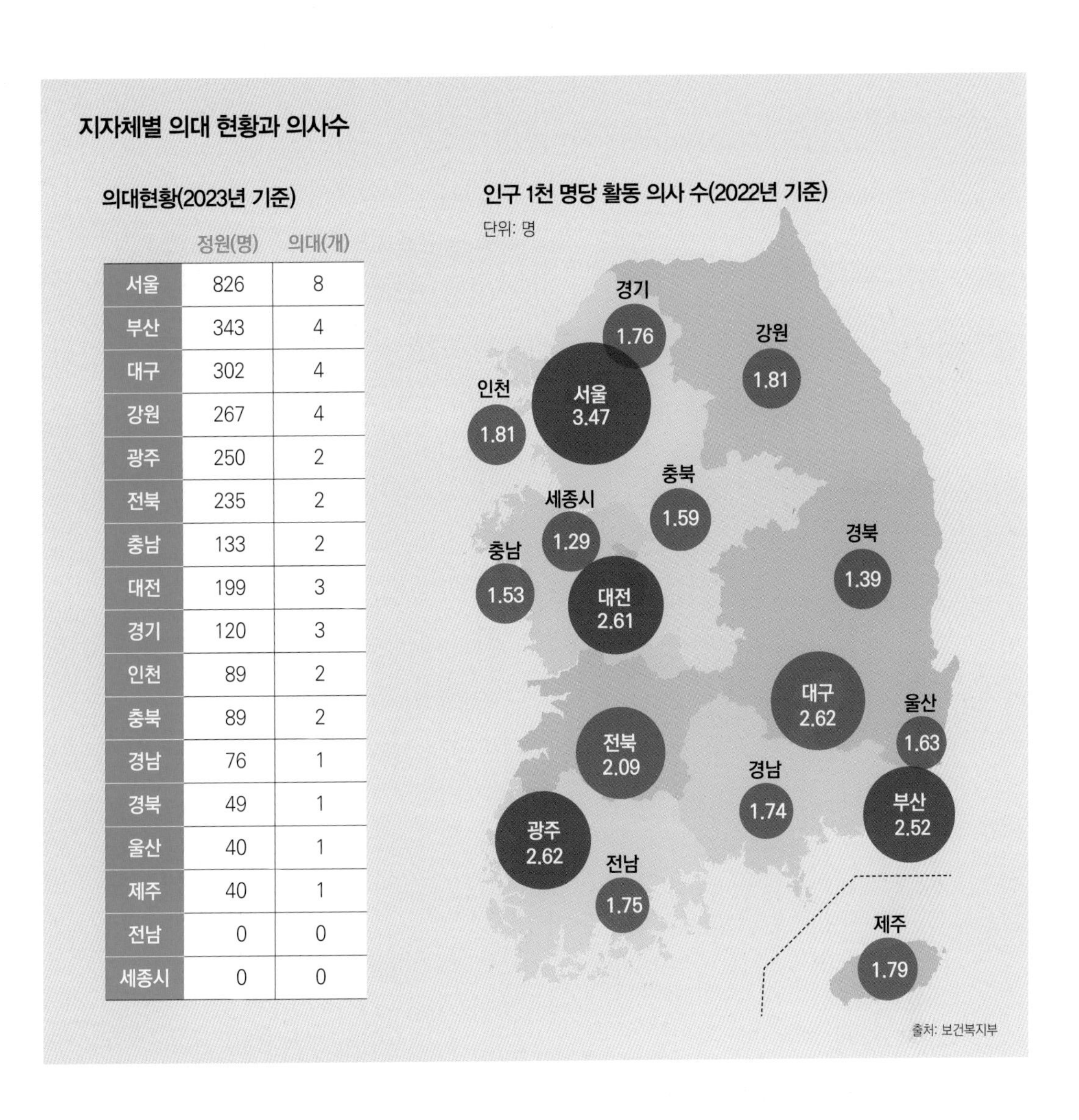

지자체별 의대 현황과 의사수

의대현황(2023년 기준)

	정원(명)	의대(개)
서울	826	8
부산	343	4
대구	302	4
강원	267	4
광주	250	2
전북	235	2
충남	133	2
대전	199	3
경기	120	3
인천	89	2
충북	89	2
경남	76	1
경북	49	1
울산	40	1
제주	40	1
전남	0	0
세종시	0	0

의대 증원에 따른 의료계 반발

정부의 확고한 의대 증원 추진 의지에 대해 의료계의 반발은 매우 거세다. 대한의사협회(의협)와 대한전공의협의회(대전협) 등은 의대 증원 정책에 대해 "현재 의사 수가 부족하지 않으며 의료취약지나 생명을 살리는 진료과목에 대한 기피는 보상이 충분하지 않아 인력배치 불균형 현상이 나타나는 것"이라고 주장한다.

정부가 의대 증원 계획을 밝힌 직후부터 집단행동을 예고해온 의료계는 2024년 상반기 서울의 빅5 병원(서울대병원, 신촌세브란스병원, 서울성모병원, 서울아산병원, 삼성서울병원)을 중심으로 파업에 들어갔다. 대학병원의 교수

전국 의대 증원 배분

증원 인원 배분(총 2천 명)

수도권 361명 (18%)

비수도권 1,639명(82%)

정원 비중 변화

	수도권	비수도권
현재	수도권 33.8	비수도권 66.2%
2025학년도	27.6	2.4%

수도권(총 1,396명)

서울(정원 유지)	
서울대	135
경희대	110
연세대	110
한양대	110
고려대	106
가톨릭대	93
중앙대	86
이화여대	76
경기	
아주대	40 +80
차의과대	40 +40
성균관대	40 +80
인천	
인하대	49 +71
가천대	40 +90

비수도권(총 3,662명)

충북	현재 정원 / 증원 인원
충북대	49 +151
건국대충주	40+60
충남	
단국대 천안	40 +80
순천향대	93 +57
대전	
충남대	110 +90
을지대	40 +60
건양대	49 +51
전북	
전북대	142 +58
원광대	93 +57
광주	
전남대	125 +75
조선대	125 +25
제주	
제주대	40 +60

강원	
강원대	49 +83
한림대	76 +24
가톨릭관동대	49 +51
연세대 원주	93 +7
경북	
동국대 경주	49 +71
대구	
경북대	110 +90
계명대	76 +44
영남대	76 +44
대구가톨릭대	40 +40
울산	
울산대	40 +80
경남	
경상대	76 +124
부산	
부산대	125 +75
고신대	76 +24
인제대	93 +7
동아대	49 +51

출처: 교육부

들과 대형병원의 전공의들은 사표를 제출하고 의대에 재학 중인 학생들도 휴학계를 내며 정부의 정책에 강력히 반대 의사를 표했다.

의료계가 이처럼 반발하는 이유로는 우선 의료 인프라의 한계가 거론된다. 현재 의료 인프라가 추가적인 의사 인력을 수용할 준비가 되지 않았다는 것이다. 병원 시설 및 교수진의 부족으로 인한 과중한 업무 등이 해결되지 않은 상황에서 의대 정원만 급격히 늘어나면 교육과 의료 서비스 질의 저하로 이어져 환자들이 양질의 의료 서비스를 받지 못하게 된다는 얘기이다. 기존 의사들의 생존권 문제도 무시할 수 없다. 의사 수가 증가하면 의사들 간의 경쟁이 심화되고 소득 감소로 이어질 수 있기 때문이다.

의료계가 무작정 의대 증원을 반대하는 것은 아니다. 다만 의료계는 증원이 의료 문제의 근본적인 해결책은 아니라고 바라본다. 의료 인력의 배치 문제, 근무 환경 개선, 의료 수가(의료비) 인상 등 더욱 근본적인 해결책이 필요하다는 것이다. 의사 인력을 증원하되 계획 없이 급속히 추진하는 것은 결국 국내 의료계를 퇴보시킬 수 있기 때문이다. 이와 관련해 국책연구기관인 한국보건사회연구원(보사연)은 정책보고서 「보건의료 인력 실태조사」를 통해 "의사 수를 늘리는 방안으로는 의료기관 종별, 지역별 의사 불균형 문제를 해결할 수 없다."며 "앞으로 인구가 감소할 전망이므로 의료 인력 공급을 늘리는 데는 신중해야 한다."고 분석한 바 있다.

결국 도래한 의료대란, 피해는 환자들에게

여기서 병원 규모의 분류인 1·2·3차 병원에 대해 잠시 알아보자. 1차 병원은 의원급 의료기관으로서 입원 병상이 30개 미만을 말한다. 보통 동네병원이라고 불리는 곳이 1차 병원이다. 2차 병원은 종합병원급 병원으로 병상을 30개 이상 보유하고 진료과목이 4개 이상인 병원이다. 3차 병원은 500개 이상 병상이 있으면서 진료과목이 20개 이상인 병원을 말한다. 서울의 빅5 병원을 비롯한 대다수 대학병원이 여기에 속한다. 보통 2차 병원을 준종합병원, 3차 병원을 종합병원이라고 부른다.

이번 의대 증원과 관련해 상당수 의사가 파업했음에도 불구하고 전국 모든 의사들이 동참한 것은 아니다. 일명 동네병원이라고 불리는 개원의들은 정상적으로 운영하고 있다. 문제는 2·3차 병원의 전공의와 의사(과장·교수)들이 대부분 사표를 내면서 진료에 차질이 생기게 됐다.

전공의란 의료법 제5조에 따른 의사면허를 받은 사람으로서 같은 법 제77조에 따라 전문의 자격을 취득하기 위해 수련을 받는 인턴(1년 과정)

과 레지던트(3~4년 과정)를 말한다. 인턴은 의사 면허를 받은 사람으로서 일정한 수련병원에 전속돼 임상 각 과목의 실기를 수련하는 사람이다. 레지던트는 인턴과정을 이수한 사람 또는 보건복지부장관이 이와 동등하다고 인정한 사람으로서 일정한 수련병원에 전속돼 전문과목 중 1과목을 전공으로 수련하는 의사다.

전공의는 대형병원에서 중요한 역할을 하는 없어서는 안 될 인력이다. 병원에서 교수·전임의를 도와 수술과 진료에 참여하고 특히 응급환자의 1차 진료는 대부분 전공의가 한다. 환자들을 관리하는 것 역시 전공의 몫이다. 이들이 병원을 떠나자 우선 수술 일정이 모두 중지됐다. 응급 수술은 교수와 전임의가 한다고 하지만 수술 후 전공의가 담당하던 환자 상태 체크 등도 교수와 전임의가 해야 하니 업무 강도가 높아져 신규환자도 받지 못하게 됐다. 당장 수술을 받아야 하는 환자들, 큰 병원에서 검사와 진료를 받아야 하는 중증 환자들이 병원을 못 가게 됐고, 심지어는 병원이 제대로 운영되지 못해 응급환자가 사망하는 사례들도 생겨났다.

정부 vs 의료계, 의료대란 책임 공방

병원이 가동되지 못하는 의료대란에 국민들의 피해가 계속되자 2024년 6월에는 국회에서 정부(보건복지부)와 의료계(의협·한국의학교육평가원)가 만났다. 의료대란에 대한 책임 소재를 정하고 또 이를 어떻게 해결할 것인지에 대한 청문회가 열린 것이다.

그러나 이 청문회에서는 뚜렷이 책임소재가 가려지지 않았고, 이렇다 할 해결책도 나오지 않았다. 정부와 의료계 모두 상대방의 책임으로 돌리며 공방을 벌였기 때문이다. 당시 한 국회의원이 의료계를 향해 의료공백에 대해 국민에게 사과할 의향이 있는지 묻자 의료계는 "현 사태는 멀쩡하게 잘 돌아가고 있는 시스템을 손댄 보건복지부가 만든 것"이라고 주장했다. 이에 보건복지부는 "이번 사태처럼 제때 진료를 받지 못하는 문제를 해결하기 위해 의대 증원이 필요한 것"이라고 받아쳤다.

국회의원들 사이에서도 공방이 벌어졌다. 야당인 더불어민주당은 "의료개혁과 의사 증원에는 국민들이 동의하지만 정부의 일 처리 방식과 의대 정원 2천 명 증원 추진 과정에 대해 동의하지 않기 때문에 박수

받지 못하는 것이다."라고 정부를 비판했다. 이에 대해 국민의힘은 "의사 증원 등 의료개혁은 역대 정부들이 하려 했지만 못한 일인데 국민 70% 이상이 찬성하고 있다. 정부 잘못을 가리기보다 더 잘할 수 있는 방법을 찾는 데 힘을 모아야 한다."라고 반박했다.

2000년 '의약분업 사태', 정부-의료계 싸움에 국민만 피해

의사들이 대규모로 파업하고 의대생들 대부분이 휴학이나 자퇴를 했던 일은 이번만이 아니다. 20여 년 전 의약분업이라는 사태가 있었고, 당시에도 이번 의대 증원 못지않은 의료대란이 있었다.

의약분업은 진료를 통해 약을 처방하는 의사의 업무와 처방된 약물을 제공하는 약사의 업무를 서로 독립적으로 수행하도록 하는 제도를 말한다. 의약분업 사태는 1999년 말부터 2000년 말까지 1년여 동안 의약분업을 둘러싸고 벌어진 일련의 과정이다. 당시 김대중 정부는 '진료는 의사에게, 약은 약사에게'라는 슬로건을 걸고 2000년 7월 입법을 통해 주사제를 제외한 모든 전문의약품을 대상으로 의약분업을 시작했다.

의약분업 이전에는 호르몬제, 항생제 등 엄격한 관리가 필요한 전문약품도 약국에서 누구나 쉽게 구하고 복용할 수 있어 약물 오남용 문제가 국민건강을 해친다는 단점이 있었다. 또 의약품을 처방하고 판매하는 과정에서 의사와 약사가 얻는 수익이 상당했기에 환자에게 필요하지 않은 의약품을 다량으로 처방·판매하는 문제도 있었다.

1980년대 이전까지는 우리나라에 전국적으로 의사와 약사가 부족해 아플 때 바로 약을 먹는 게 중요했고, 정부도 이 같은 약 유통구조가 국민건강에 도움이 된다고 판단했다. 하지만 1990년대 들어 단점이 부각되면서 스테로이드, 항생제 등의 전문의약품 오남용이 심각한 국가가 됐다. 이에 정부는 '의'와 '약'을 분리하는 의약분업 정책을 통해 약물 오남용을 방지해 의료의 질을 높이고 환자 중심의 의료와 제약품의 유통구조를 만들고자 했다.

의약분업 시행논의는 1993년 '약사법' 개정에서 출발했다. 당시 개정된 약사법은 1999년 7월 7일 이전에 의약분업을 실시하도록 규정했다. 그리고 정부는 2000년 7월 의약분업을 시행하기로 했다. 그런데 당시 의사들의 반발이 컸다. 의사들은 의약분업 반대 이유로 임의조제와 대체조제 문제를 내세웠다. 임의조제는 전문적인 교육을 받지 않은 사람이 일정한 기준이나 원칙 없이 여러 가지 약품을 적절히 조합해 약을 조제하는 것을 말하며, 대체조제란 처방전에 제시된 약 대신 효능이 동일하다고 판단되는 다른 약으로 조제하는 것이다.

의약분업 시행을 앞두고 의사들은 대체조제를 허용하지 말 것을 요구했다. 하지만 정부는 당시 대체조제를 허용하겠다는 입장이었다. 의사가 처방한 대로 약이 조제되지 않을 경우 환자의 증상이 심해지는 등의 사고가 나면 책임소재를 가리기 힘들기 때문이다. 의료계의 요구가 받아들여지지 않자 당시 전국의 41개 의대(현재는 40개) 학생들이 집단 휴학을 하고 전국 대부분의 동네병원, 대형병원 의사들도 문을 닫거나 집단 사표를 낸 결과 의료대란이 일어나게 되었다.

결과적으로 이렇게 강행된 의약분업을 통해 환자가 이중으로 돈을 지불하게 되어 의사와 약국은 더 많은 수익을 거두게 되었고 국민들의 경제적 부담 가중 및 불편함을 초래하게 되었지만, 애초 정부가 목표했던 전문 의약품 오남용은 어느 정도 해소했다는 긍정적인 평가도 존재한다.

의약분업·의대 증원 문제, 의사들 수익도 고려해야

의약분업과 의대 증원 추진에 따른 의대생·의사들의 반발에는 수익적인 부분이 크다고 볼 수 있다. 의약분업으로 인해 병원은 약을 팔 수 없게 됐고, 의대 증원 역시 의사의 수가 늘어나면 병원 간 경쟁이 치열해져 수익이 줄어들 수 있다.

의약분업 추진 당시 파업에 나선 의사들에 대해 국민들의 시선은 곱지 못했다. 2024년 의사 파업도 자기 밥그릇 챙기기라는 이유로 국민에게 큰 지지를 얻지 못하고 있다. 하지만 한편으로는 의사들의 수익적인 부분을 무시할 수 없다. 어느 직종이건 수익이 줄어드는 것을 용납할 수 있는 곳은 없다. 특히 의사들은 의대 6년을 힘들게 공부하고, 전공의 4~5년을 치열하게 생활한 후 전문의가 되어야만 겨우 돈벌이를 할 수 있다. '의술은 인술'이라지만 '인술도 밥을 먹어야 베풀 수 있다'는 말처럼 병원이 제대로 돈을 벌지 못하면 직원들 급여는 물론이고 최신 의료기구 등도 들여놓지 못하니 수준 높은 의료 서비스에 지장이 온다는 논리도 전혀 틀린 말은 아니다.

정부가 추진했던 의약품 오남용 방지를 위한 의약분업, 지역·필수의료 분야를 살리기 위한 의사 인력 확충 등은 필요한 게 맞다. 다만 이런 정책을 추진하는 과정에서 의료계와 충분한 논의가 부족했고, 의료계가 제시한 문제점 해결 등을 원활히 해소되지 못한 것이 의료대란을 불러오게 된 큰 원인으로 꼽히고 있는 이유다.

물 건너가고 있는 공공의대… 지역의료·필수의료 열쇠로 활용해야

전북 남원에 있던 서남대학교는 학교법인의 횡령과 비리 등의 문제로 2018년 폐교됐다. 이 학교에는 의대가 있었는데 함께 없어지면서 폐교 의대 1호가 됐다. 전국 의대 개수도 40개가 되었다.

서남대가 없어지자 당시 문재인 정부는 이 학교의 의대 정원 49명을 활용해 남원에 우리나라 최초의 국립공공의대를 설립하기로 했다. 공공의대는 6년간 등록금을 모두 국가에서 지원하고 졸업 후 의사고시를 통과해 의사면허를 따면 특정 지역(주로 지방의 의료취약 지역)에서 일정 기간(정

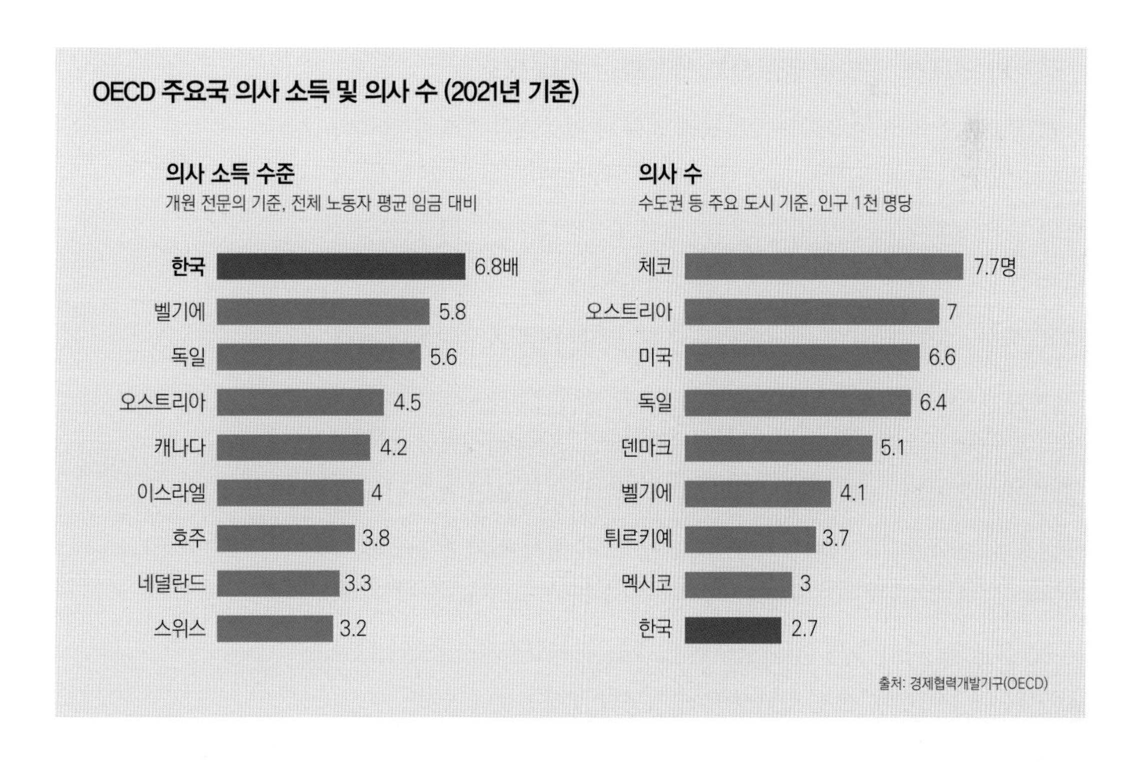

부가 구상한 것은 10년) 근무하도록 하는 이른바 '공무원 의사'를 양성하는 것이었다. 공공의대를 졸업한 의사들을 통해 지역의료와 필수의료 문제를 해결하는 것이 정부의 방안이었다.

서남대가 폐교되자 정부는 이 같은 계획을 밝혔고, 가칭 '남원공공의대' 설립을 위한 작업에 착수했다. 정부는 2024년 공공의대 개교를 목표로 했지만 아직도 감감무소식이다. 공공의대 설립과 관련한 법안은 만들어졌으나 공공의대를 서로 유치하려는 각 지역의 경쟁과 정치권의 이권 다툼 등으로 인해 국회를 통과하지 못하고 있다. 공공의대가 들어선다는 기대감에 부풀었던 남원시민들, 더 나아가 전북도민들은 애만 태우고 있는 실정이다.

공공의대에서 배출될 인력이 많지는 않기 때문에 지역의료와 필수의료 문제를 완전히 해결할 수는 없다. 하지만 공공의대가 지역의료·필수의료 문제의 갈증을 어느 정도 해소하거나 해결할 수 있는 실마리를 제공할 가능성은 충분하다. 원래 있었던 의대 정원 49명과 정부가 약속한 공공의대 설립, 정부와 의료계는 의대 증원 문제와 연계해 공공의대를 설립하는 노력을 해볼 필요가 있다.

정부와 의료계, 한발씩 양보하고 타협하는 자세 필요

의대 증원에 따른 의료대란과 관련해 정부와 의료계의 입장을 간략히 정리하자면 이렇다. 정부는 ▲의료 현장의 주역인 의사는 군인이나 경찰과 같은 신분이 아니더라도 국민의 생명과 건강을 직접 다루는 이들인 만큼 국민보건을 볼모로 집단적 진료거부를 해서는 안 되며 ▲정원 2천 명 증원은 최소한의 확충 규모로 더 이상 늦출 수 없는 시급한 문제라는 입장이다.

반면 의료계는 ▲의대 교수 인력이 현재로선 부족하다. 한꺼번에 학생 수가 대폭 늘어나면 그들을 어떻게 교육할 것인가? ▲의대생을 더 늘리면 그만큼 강의실도 늘려야 한다. 칠판과 책상, 의자만 더 놓는다고 해결되는 문제가 아니다. 교육 관련 시설도 확충돼야 한다 ▲의사단체는 노조가 아닌데 마치 불법 파업 노조를 대하는 것처럼 다뤄서는 안 된다 ▲의대 증원은 점진적으로 이뤄져야 한다 등의 주장을 펴고 있다.

의료 현장에서 일하는 의사들의 고충과 그들이 제시한 문제점들을 자세히 살펴보면 어느 정도는 납득이 가는 말이다. 또 현재 의사 인력으로는 계속 증가하는 의료수요를 감당하기에는 부족하다는 정부의 주장도 결코 과장된 것이 아니다.

따라서 의료계가 제시한 의대 증원의 문제점들을 정부는 제대로 파악하고 이에 맞춰 교수 충원 및 교육시설 확충, 점진적 의대 증원과 같은 의료계 요구를 합리적인 입장에서 귀담아들을 필요가 있다. 의료계는 돈을 잘 버는 진료과 집중 현상에 대한 해결책 방안과 의사 인력을 늘려야 하는 다급함을 충분히 수용해야 할 것이다.

의대 증원은 의료 민영화 사전 준비?

의료계 안팎에서는 의대 정원 증원이 의료 민영화 포석이라는 시선도 있다. 정원 확대가 의료 서비스 공급 증가로 이어져 건강보험 재정 부담을 가중시키며 이는 결국 국가가 주도하는 건강보험의 보장성이 축소되고 비급여 진료 항목 증가로 이어질 수 있다는 게 핵심이다.

의료 서비스 이용이 증가하면 민간 의료보험 시장이 확대돼 의료비 부담을 가중시킬 수 있는 여지가 있는 것은 사실이다. 이와 함께 의료 서비스 접근성 불평등을 심화시킬 수 있다는 우려도 나온다. 의료 서비스 공급 증가는 경쟁 심화를 유발시켜 의료기관들이 수익성을 추구하게 되고 이는 과잉 진료, 불필요한 검사 등의 문제도 생기게 할 수 있다.

이에 대해 정부는 "의대 정원 증원은 필수의료 인력 부족 문제를 해결하고 지역의료 서비스 격차를 해소해 국민 건강을 증진시키기 위한 것"이라며 "의료 서비스 이용 증가에 따른 건강보험 재정 부담 증가 우려와 관련해 정부는 재정 건전성을 유지하기 위해 다양한 정책을 펼치고 있다. 의료 민영화는 오해"라고 선을 그었다. 보건복지부도 "의료 민영화를 추진한다는 근거로 제시하는 것들이 당연지정제(모든 의료기관이 국민건강보험 가입 환자를 진료하도록 법적 의무를 부여한 제도)를 폐지한다든지 실손보험의 규모를 키워서 민간보험의 비중을 넓힌다고 하는 것 등이다."라며 "의료 민영화를 하려면 법률 개정이 필요한데 정부는 그런 것을 추진할 생각이 전혀 없다."고 강조했다.

* ISSUE

05

최저임금 1만 원 시대

오주현

연합뉴스 기자

《연합뉴스》 사회부와 경제부, 연합뉴스TV 스포츠문화부를 거쳐 지금은 경제부에서 유통 분야를 담당하고 있다. 사회의 의미 있는 이야기를 발굴해 전하고 싶다는 마음을 가지고 일한다. 대문자 'T' 인간으로서 내 기사가 세상을 바꿀 거란 기대는 하지 않지만, 누군가에게 유의미한 정보가 되길 바란다.

Bank of Korea
10000
10000
1000
10000
50000

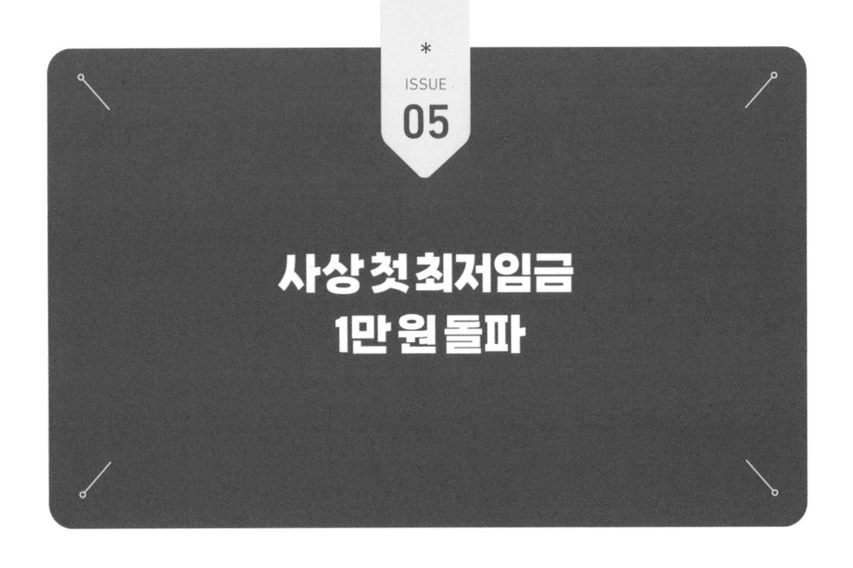

2025년도 최저임금은 시간당 1만 30원으로 결정됐다. 사상 처음으로 최저임금이 1만 원대를 넘어선 것인데, 이는 1988년 최저임금 제도 도입 이후 37년 만이다. 2025년에 최저임금을 받는 노동자가 주 40시간, 월 209시간을 근무한다면 209만 6,270원을 월급으

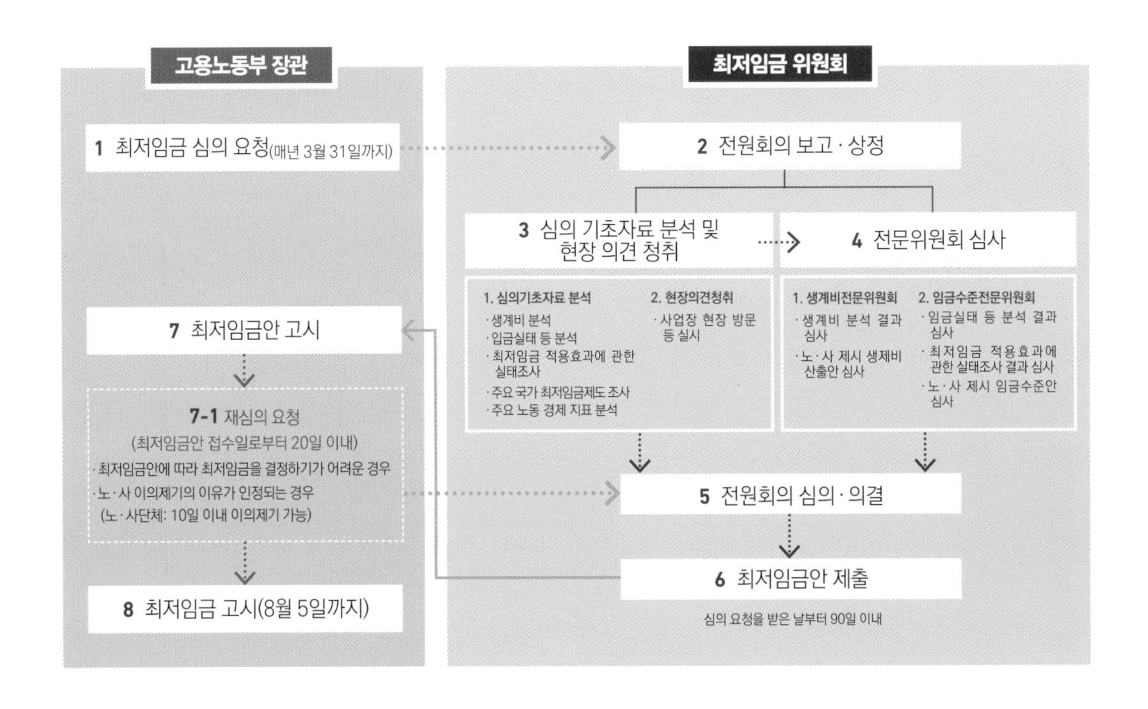

로 수령하게 된다. 고용노동부에 따르면 2025년에 적용되는 최저임금의 영향을 받는 근로자 수는 고용형태별 근로실태조사 기준 48만 9,000명, 통계청 경제활동인구 부가조사 기준 301만 1,000명으로 추정된다.

2025년도 최저임금은 2024년 시간당 9,860원이었던 최저임금과 비교하면 1.7% 오른 수준이다. 인상 폭으로 보면 2021년(1.5%)에 이어 역대 두 번째로 낮은 인상률이다. 역사적인 '최저임금 1만 원 시대'가 열렸지만, 경영계와 노동계 모두 웃지 못했다. 경영계는 고물가와 소비 위축으로 인한 경영난이 더욱 심화할 것이라며 울상을 지었고, 노동계는 물가 상승률에도 못 미치는 최저임금 인상은 실질임금 삭감이나 다름없다고 주장했다.

1만 원대 최저임금, 어떻게 결정됐나

최저임금은 어떤 과정을 통해 결정될까. 최저임금은 매년 근로자·사용자·공익 위원 각 9명, 총 27명으로 구성된 최저임금위원회가 심의한다. 최저임금법에 따르면 고용노동부 장관이 3월 31일까지 이듬해 최저임금의 심의를 요청하면, 위원회는 90일 이내에 결과를 장관에게 제출해야 한다. 결과를 받은 장관은 최저임금안을 고시한 뒤 노·사 이의제기 여부 등을 검토하고, 최종적으로 8월 5일까지 이듬해 최저임금을 고시하는 구조다.

최저임금 심의는 매년 노동계와 경영계의 첨예한 입장차 속에 진행되며 진통을 겪었다. 2008년 이후 노사 합의로 최저임금이 결정된 사례는 단 한 차례도 없었다. 노사 간 입장 차가 극명하다 보니, 2009년부터는 공익위원의 단일안 혹은 노사가 제시한 최종안을 표결에 부치는 방식으로 최저임금이 결정됐다. 노사 간 입장 차가 클수록 표결 과정에서 나머지 9명의 공익위원이 '캐스팅 보트'를 쥐게 되는 셈이다.

2025년도 최저임금 협상도 예외는 아니었다. 노동계는 고물가와 실질임금 하락을 감안해 최저임금을 대폭 인상해야 한다고 주장한 반면, 경영계는 자영업자 등의 경영난을 이유로 '동결'을 요구하면서 논의 시작부터 팽팽하게 대립했다. 노동계는 시간당 1만 2,600원을, 경영계는

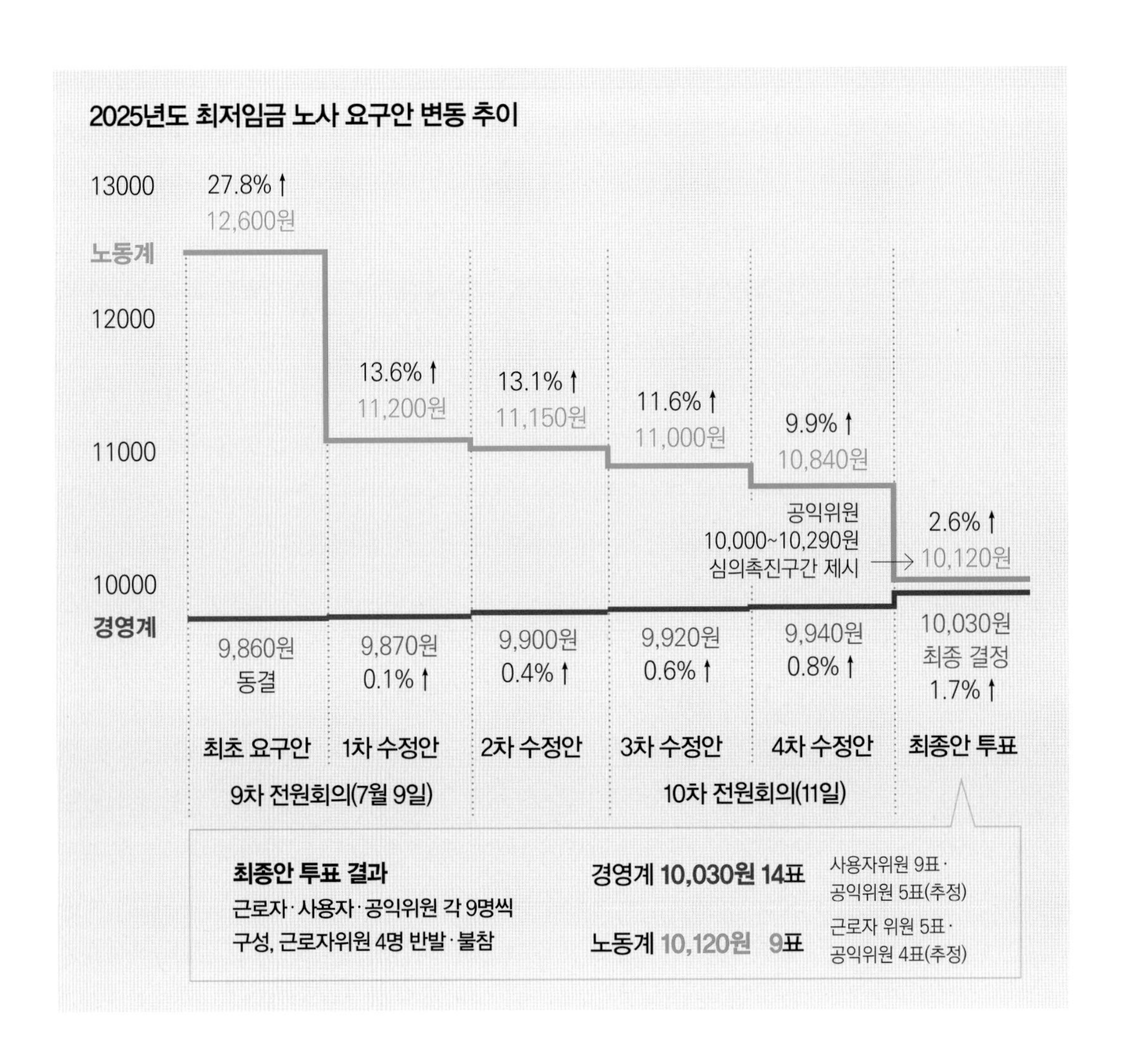

전년과 동일한 9,860원을 각각 최초안으로 제시하며 맞섰다. 4차 요구안까지 900원 벌어졌던 노사 요구안 차이(노동계 1만 840원·경영계 9천 940원)는 2024년 7월 12일 열린 제11차 전원회의에서 공익위원들이 심의촉진구간으로 '1만~1만 290원'을 제시하면서, 최종안에서 90원 차이(노동계 1만 120원·경영계 1만 30원)까지 좁혀졌다. 그러나 노사 합의로 이어지진 못했다. 결국 노동계와 경영계가 각각 제시한 최종안인 시간당 1만 120원과 1만 30원을 투표에 부친 결과, 경영계 안이 14표, 노동계 안이 9표를 받아 경영계 안인 1만 30원이 확정됐다. 투표 직전 민주노총 측 근로자위원 4명이 표결을 거부하며 퇴장한 가운데, 공익위원 9명 중 4명은 노동계 안에, 5명은 경영계 안에 표를 던지면서 나온 결과다.

노사 양측 불만에도…… 이의 제기는 없었다

사상 처음으로 최저임금이 1만 원대를 돌파했지만 노사 어느 쪽도 만족하지 못한 결과였다. 노동계는 2025년 최저임금 인상률이 역대 2번째로 낮은 수준인 1.7%로, 물가 상승률(2023년 기준 3.6%)에도 미치지 못한다고 비판했다. 한국노총은 성명을 내고 "1.7%라는 역대 두 번째로 낮은 인상이며 사실상 실질임금 삭감"이라고 밝혔다. 또 공익위원 9명 중 5명이 경영계 안에 손을 들어준 점을 언급하며, "공익위원 구도가 편파적이었다."고 주장했다. 민주노총도 성명을 통해 "고물가 시대를 가까스로 견뎌내고 있는 저임금 노동자들은 쪼들리는 고통 속에서 1년을 또 살아가야 한다."며 유감을 표했다. 이어 "공익위원은 노동계가 최저임금 결정 기준에 입각해 제안한 노동자 생계비 등은 무시하고, 결국 노사 간 격차가 줄고 있는 상황임에도 무리하게 결론을 내려고 했다."며 최저임금 결정 구조를 비판했다.

경영계도 '최저임금 1만 원 시대' 돌입에 유감을 표명했다. 특히 고물가와 내수 소비 부진으로 어려움을 겪는 소상공인, 중소기업들의 원성이 컸다. 소상공인연합회는 논평을 통해 "국내 사업체의 95.1%를 차지하는 소상공인은 매출 저하와 고비용 구조로 지급 능력이 한계에 달한 상황"이라고 밝혔다. 이어 "감당하기 힘든 인건비 상승은 결국 '나 홀로 경영'을 강요하며 근로자 일자리 감소로 이어질 수밖에 없을 것"이라고 우려했다. 중소기업중앙회도 논평을 내고 "영업이익으로 대출 이자를 갚지 못하는 중소기업이 과반에 달하고 파산과 폐업이 속출하는 경제 상황을 감안했을 때 중소기업계가 간절히 요구한 동결이 이뤄지지 않은 것은 매우 아쉬운 결과"라고 평가했다.

노사 양측의 불만에도 실제 최저임금에 대한 이의제기는 이뤄지지 않았다. 고용노동부는 시간당 1만 30원으로 확정된 최저임금안을 고시한 이후 10일간의 이의 제기 기간을 운영했으나, 노사 단체의 이의 제기가 없어 확정됐다고 밝혔다. 이의 제기가 없었던 것은 2020년 이후 4년 만이다. 다만 이의제기가 있었던 경우에도 실제 이의가 받아들여진 사례는 없었다.

노사가 모두 최저임금 제도 개선 필요성에 입을 모은 가운데, 최저임금 결정 방식을 개편하기 위한 논의가 본격화됐다. 고용노동부는 주요국의 최저임금 결정 방식을 살펴보기 위한 '최저임금 결정체계에 대한 국제 비교 분석' 연구용역을 실시하기로 결정했다. 고용노동부는 "주요국 최저임금 결정 사례를 조사하고 비교·분석해 우리나라 제도 운영에 참고할 자료를 구축할 필요가 있다."고 밝혔다. 고용노동부는 2024년 연말까지 연구를 마쳐 우리나라와 비교 가능한 6개국 이상의 최저임금 제도 운영 현황을 살펴보고, 제도적 장단점을 검토해 시사점을 도출한다는 계획이다. 이정식 당시 고용노동부 장관은 2025년 최저임금 심의가 끝난 뒤 자신의 SNS에 "최저임금제도는 37년간의 낡은 옷을 벗고 새로운 옷으로 갈아입을 때가 됐다."며 "다양한 현장 목소리를 경청하며 국민이 공감하는 최저임금 결정체계를 마련해나갈 것"이라고 밝혔다.

우리나라 최저임금, 어느 정도 수준일까

경영계는 '높다'고, 노동계는 '낮다'고 주장하는 우리나라의 최저임금. 다른 나라와 비교하면 어느 정도 수준일까.

금액으로 보면, 최저임금을 도입한 41개국 가운데 '시급'을 운영 중인 19개국 중 한국의 최저임금 순위는 11번째(2023년 기준)다. 호주(1만 9,335원), 독일(1만 7,770원) 등과 비교하면 절반 수준이고, 미국과 비교해도 뒤처진다. 다만 아시아권 국가 중에서는 독보적인 1위다. 중국과 비교하면 두 배 이상이었고, 지난 2022년부터는 일본의 최저임금 수준을 추월했다.

단순히 최저임금의 액수가 아닌 소득 대비 최저임금 수준을 따져볼 필요도 있다. 최저임금의 적정성을 평가하는 지표로 '중위임금 대비 최저임금 비율'이 있다. '중위임금'이란 주 30시간 이상 일하는 근로자의 임금을 가장 낮은 금액부터 가장 높은 금액까지 줄 세웠을 때 가운데에 해당하는 임금을 말한다. OECD 통계에 따르면 2022년 기준 한국의 중위임금 대비 최저임금은 60.9%로 OECD 주요국 중 높은 편에 속했다. 미국(27.4%), 일본(45.6%), 스페인(49.5%), 영국(58%) 등보다 높았다. 이는 우리나라의 최저임금 인상률이 물가, 임금 상승률에 비해 높다는 주장의 근거가 된다.

특히 경영계는 지난 10년간 최저임금이 급격히 인상돼 노동시장의 최저임금 수용성이 저하된 상황이라고 꼬집고 있다. 한국경영자총

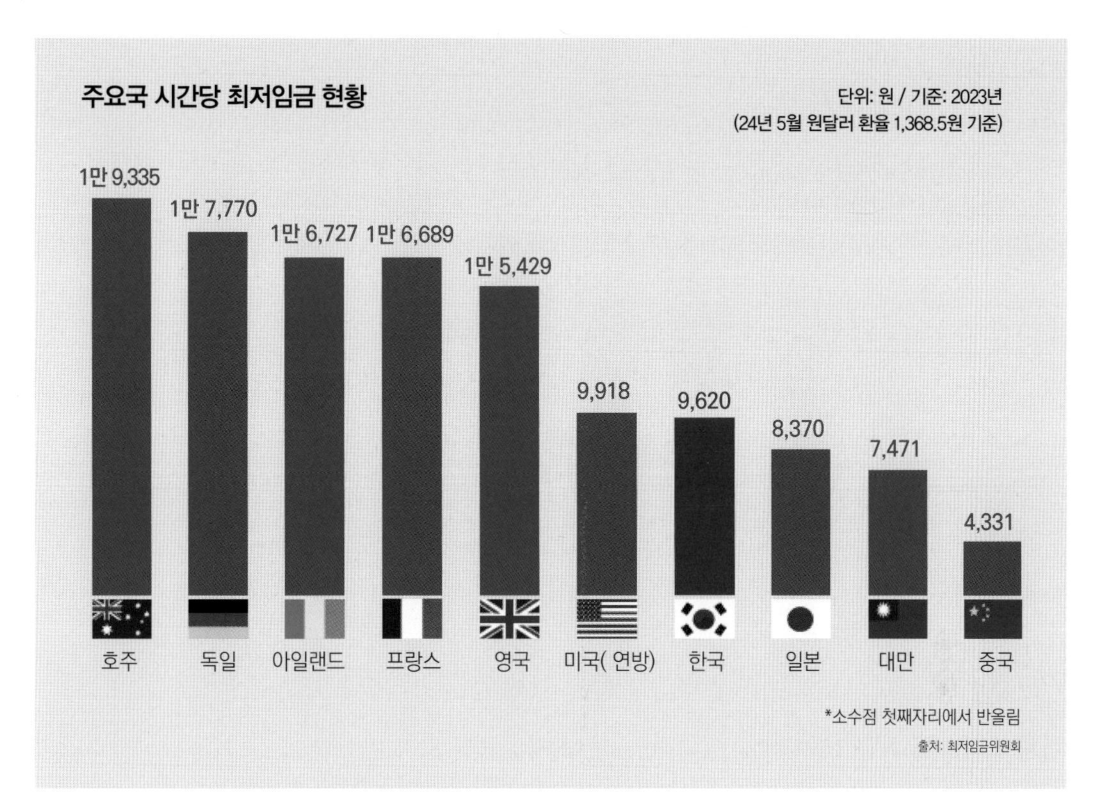

주요국 시간당 최저임금 현황
단위: 원 / 기준: 2023년
(24년 5월 원달러 환율 1,368.5원 기준)
1만 9,335
1만 7,770
1만 6,727
1만 6,689
1만 5,429
9,918
9,620
8,370
7,471
4,331
호주
독일
아일랜드
프랑스
영국
미국(연방)
한국
일본
대만
중국
*소수점 첫째자리에서 반올림
출처: 최저임금위원회

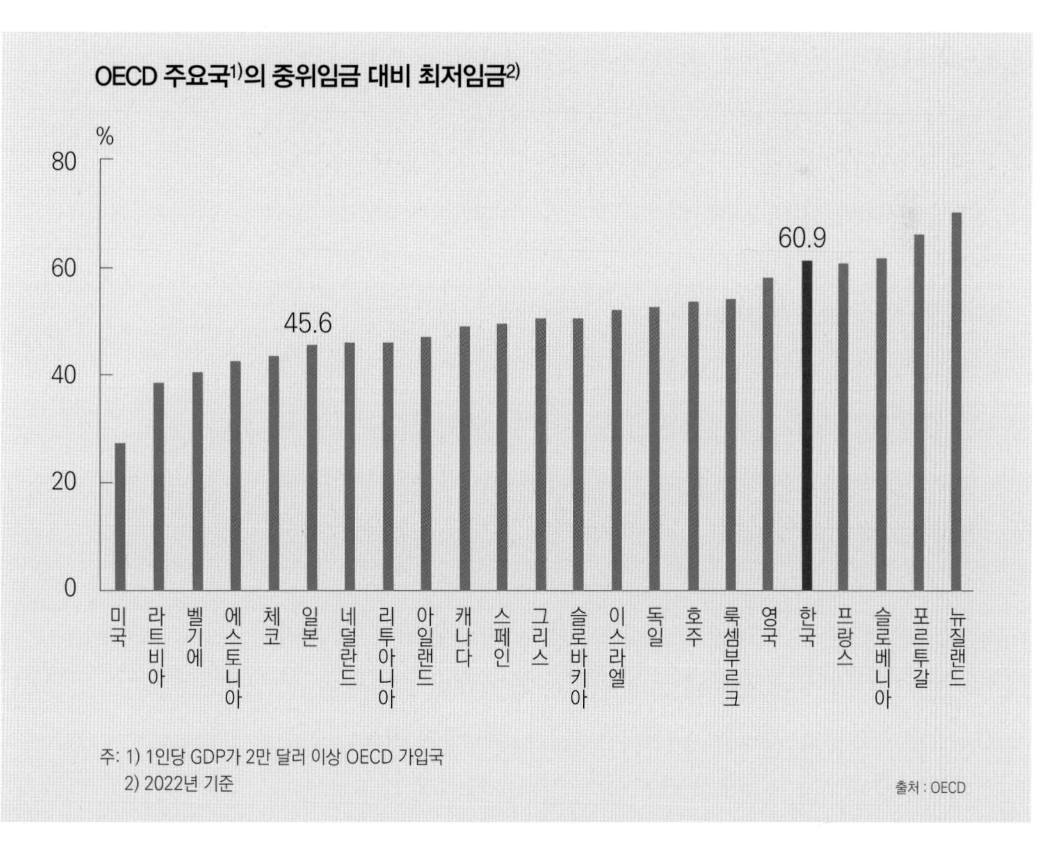

OECD 주요국1)의 중위임금 대비 최저임금2)
%
80
60
40
20
0
60.9
45.6
미국
라트비아
벨기에
에스토니아
체코
일본
네덜란드
리투아니아
아일랜드
캐나다
스페인
그리스
슬로바키아
이스라엘
독일
호주
룩셈부르크
영국
한국
프랑스
슬로베니아
포르투갈
뉴질랜드
주: 1) 1인당 GDP가 2만 달러 이상 OECD 가입국
2) 2022년 기준
출처 : OECD

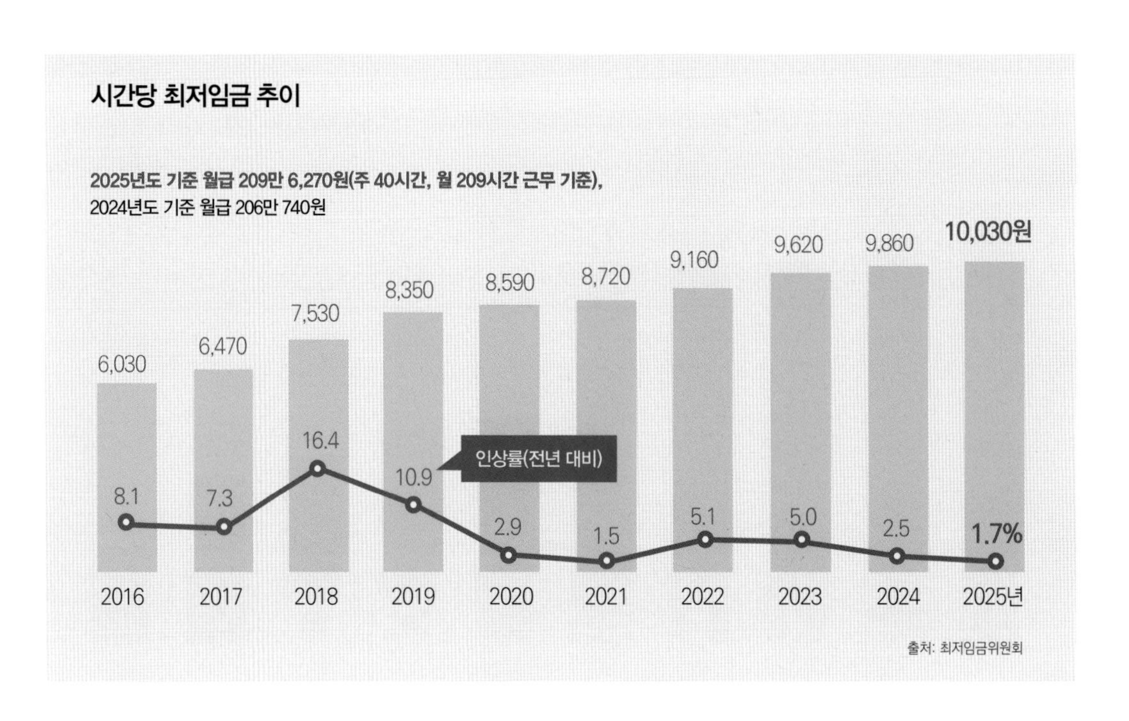

협회에 따르면 최근 10년간(2013년 대비 2023년) 최저임금의 누적 인상률은 97.9%였는데, 이는 동 기간 물가상승률(20.0%)의 4.9배에 달한다. 최근 수년간의 최저임금과 전년 대비 인상률을 살펴보면 2017년 6,470원(7.30%), 2018년 7,530원(16.38%), 2019년 8,350원(10.89%), 2020년 8,590원(2.87%), 2021년 8,720원(1.5%), 2022년 9,160원(5.05%), 2023년 9,620원(5.0%), 2024년 9,860원(2.5%) 등이다.

최저임금 인상 속도 못 따라가나

최저임금이 실제 현장에 잘 반영되고 있는지 확인할 수 있는 지표로 '최저임금 미만율'이 있다. 최저임금 미만율이란, 전체 임금근로자 중 최저임금을 받지 못한 근로자 비율을 의미한다. 2023년 기준으로 우리 노동시장에서 법정 최저임금액인 시급 9,620원을 받지 못하는 근로자 수는 301만 1,000명으로, 최저임금 미만율은 13.7%로 나타났다.

최저임금 미만율은 2019년 16.5%로 고점을 기록한 이후 2022년 12.7%까지 3년 연속 감소했는데, 2023년에는 전년 대비 1.0%p(포인트) 오르며 상승 전환했다. 경영계는 이런 수치가 노동시장의 최저임금 수용성 저하를 보여주는 지표라고 해석한다. 수년간의 가파른 최저임금 인상이 누적되면서 더 이상 최저임금을 감당할 수 없게 된 사용자들이 많아졌다는 것이다.

규모가 영세한 소상공인과 자영업자들이 겪는 어려움은 통계로 드러나고 있다. 자영업자 수는 2024년 2월부터 7월까지 6개월 연속 감소세를 보였다. 특히 고용원이 없는 자영업자는 2023년 9월 이후 11개월 연속 감소했는데, 영세 자영업자가 소비 부진과 인건비 상승, 고금리 등으로 위기를 겪으면서 폐업 수순을 밟는 것으로 풀이된다.

2024년 상반기 폐업을 이유로 소기업과 소상공인에게 지급된 노란우산(소기업·소상공인 생활 인정과 노후 보장을 위한 공제 제도) 공제금은 7천 587억 원으로 1년 전보다 13.8% 늘었다.

자영업자들의 대출 연체 규모가 커지는 점도 사회적인 문제가 되고 있다. 한국신용데이터의 '소상공인 동향 리포트'에 따르면 2024년 1분기 기준 개인사업자 대출 잔액은 884조 4,000억 원을 기록했다. 이 가운데 총 15조 5,000억 원 상당의 대출이 연체 상태였는데, 대출받은 자영업자 가운데 평균 1억 원의 대출을 해결하지 못하고 폐업한 경우가 65만 5천 곳으로, 6개 사업장 중 중 1개 사업장 꼴이었다.

최저임금이 인상되면 소규모 사업장의 타격이 가장 크다는 조사 결과도 나왔다. 파이터치연구원 유한나 선임연구원은 「최저임금 인상이

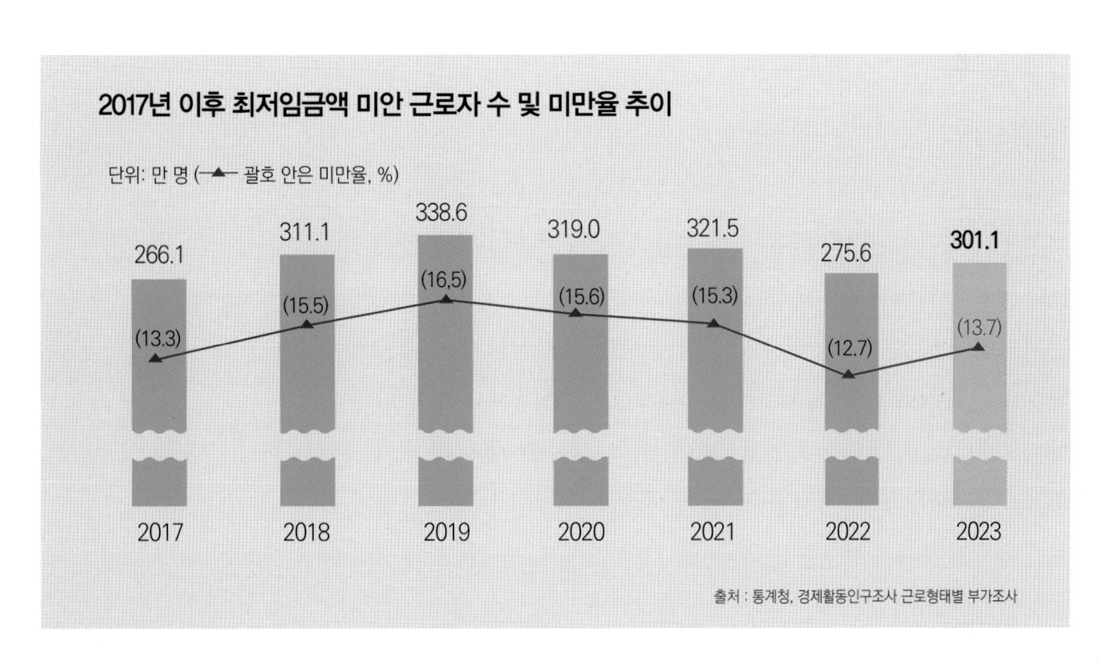

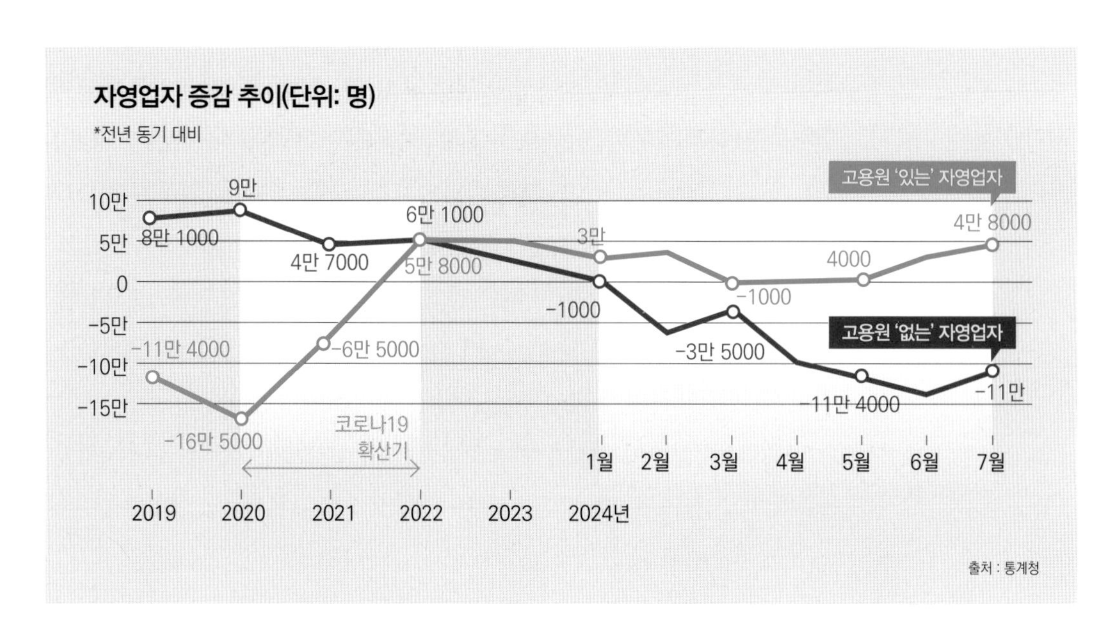

기업 폐업에 미치는 영향」 보고서에서 최저임금이 1% 인상되면 종업원 수가 1~4인인 소기업의 폐업률이 0.77% 증가한다고 분석했다.

대선 공약이었던 '최저임금 업종별 차등적용' 이번에도 무산

2025년 최저임금 결정 과정에서 중요한 쟁점 중 하나는 최저임금의 업종별 차등적용 시행 여부였다. 이는 윤석열 대통령의 대선 공약 중 하나이기도 했다. 경영계는 최근 소상공인·자영업자의 경영난이 심화하는 가운데 최저임금이 지속해서 오른 점 등을 고려해 업종별로 최저임금을 구분해 적용해야 한다고 주장했다. 특히 한국표준산업분류 기준 한식·외국식·기타 간이 음식점업과 택시 운송업, 체인화 편의점을 '최저임금 구분 적용'이 필요한 업종으로 제시했다. 인건비가 상승하고 경기침체가 이어지면서 이들 업종의 지급 능력이 한계에 달해 다른 업종보다 낮은 최저임금을 적용할 수밖에 없다는 주장이다.

최저임금 업종별 차등적용 주장의 근거는 최저임금법 제4조 1항의 '(최저임금을) 사업의 종류별로 구분해 적용할 수 있다'는 규정에 따른다. 실제 최저임금제가 처음 시행된 1988년에는 식료품·섬유·의복 등 1그룹과 석유석탄·철강·비철금속·담배·음료품 등 2그룹으로 나뉘어 최저임금이 설정됐고, 2그룹이 1그룹보다 최저임금이 5% 많았다. 하지만 1988년을 제외하고는 줄곧 단일 최저임금제가 적용되어 왔다.

> **제4조(최저임금의 결정기준과 구분)**
> ① 최저임금은 근로자의 생계비, 유사 근로자의 임금, 노동생산성 및 소득분배율 등을 고려하여 정한다. 이 경우 사업의 종류별로 구분하여 정할 수 있다.
> ② 제1항에 따른 사업의 종류별 구분은 제12조에 따른 최저임금위원회의 심의를 거쳐 고용노동부장관이 정한다. 〈개정 2010. 6. 4.〉 [전문개정 2008. 3. 21.]

노동계는 최저임금 업종별 차등적용을 절대 받아들일 수 없다는 강경한 입장을 고수했다. 차등적용이 최저임금 제도의 취지와 목적을 훼손할 수 있고, 특정 업종에 저임금 낙인을 찍는 데다 노동시장 전체 임금 하락으로 이어질 수 있다는 이유에서다.

최저임금 구분 적용이 국제노동기구(ILO) 협약 위반이라는 지적도 있다. ILO 협약 111호는 인종, 피부색, 성별, 종교 등을 이유로 근로조건에 차별을 두지 못하도록 규정하고 있다. 우리나라도 1998년 이 협약을 비준한 만큼 협약을 준수할 의무가 있다는 것이다.

최저임금위원회가 2025년 최저임금을 결정하기 위한 제7차 전원회의에서 업종별 구분 적용 여부를 표결에 부친 결과, 찬성 11표 대 반대 15표, 무효 1표로 부결됐다. 최저임금위원회가 근로자·사용자·공익위원 각각 9명으로 이뤄진 점을 고려했을 때, 근로자 위원들이 모두 반대하고, 사용자 위원들이 모두 찬성했을 것을 가정하면 공익위원 9명 중 2명은 찬성, 6명은 반대, 1명은 무효표를 던진 것으로 유추할 수 있다. 이에 따라 2025년에도 모든 업종에 동일한 최저임금을 적용하게 됐다.

해외 최저임금 차등 적용 사례는?

그렇다면 해외의 최저임금 제도는 어떨까. 최저임금위원회가 2024년 2~5월 41개국을 대상으로 조사한 「2024 주요국가의 최저임금제도」 보고서를 보면 미국, 일본, 독일, 호주 등 여러 국가가 산업·업종·지역별로 최저임금을 차등 적용하고 있다.

미국에는 연방의회에서 결정하는 국가(연방) 최저임금과 주 의회 또는 지방정부가 결정하는 지역별 최저임금이 존재한다. 연방 최저임금 기준으로 일반 노동자의 시간급 최저임금은 2009년부터 7.25달러가 유지되고 있다. 반면 주별로 결정되는 최저임금은 지역 간 격차가 크다. 2023

년 기준 워싱턴 D.C가 16.5달러로 지역별 최저임금이 가장 높았고, 조지아주와 와이오밍주가 5.15 달러로 가장 낮았다. 연방 최저임금 적용범위는 연간 총매출 또는 거래 규모가 50만 달러를 초과하는 사업체, 병원, 사회 요양시설 및 복지시설, 각종 학교, 정부기관 종사자 등에 해당된다. 가사도우미, 전일제 아이돌보미 등 가사서비스업 근로자도 연방 최저임금 적용 대상이다. 다만 연방 최저임금 적용 대상 근로자라도 주 최저임금이 더 높은 경우 주 최저임금이 우선 적용된다.

일본의 경우 2023년 10월부터 적용 중인 지역별 최저임금은 최고 1,113엔(도쿄도)부터 최저 896엔(오키나와현, 도쿠시마현)까지 분포해 격차가 217엔에 달한다. 산업별로는 주로 제조업에서 최저임금이 차등 적용되고 있다.

호주의 경우 산업·업종별로 세부적으로 최저임금이 설정되고 있다. 최저임금 고시 기관인 공정근로위원회(Fair Work Commission)가 업종별 특수성과 성별 간 임금 격차 해소 등을 고려해 최저임금과 시간 외 수당, 근로시간 등 최소 근로기준을 결정하는 구조다.

다만 이러한 해외 최저임금 차등적용 사례는 대부분 업종에 따라 국가 최저임금보다 높은 임금을 주는 '상향식 차등적용' 방식이다. 따라서 특정 업종의 부담을 줄이기 위해 최저임금을 낮게 설정하려는 국내의 차등적용 논의와는 결이 다르다는 비판도 있다. 국회입법조사처는 2024년 6월 발표한 「최저임금 차등적용의 쟁점과 과제」 보고서에서 "해

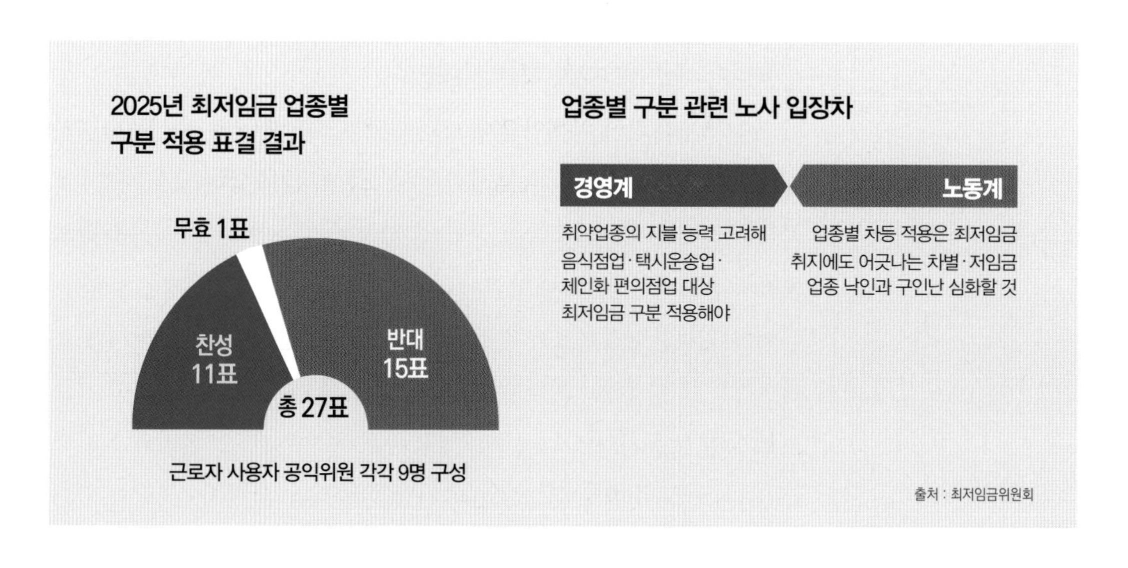

출처 : 최저임금위원회

외 사례를 살펴보더라도, 최저임금의 업종별 차등적용은 근로자가 정당한 대가를 받을 수 있도록 일반적으로 적용되는 최저임금을 보완하는 역할을 한다."고 지적했다. 이어 "최저임금을 더 낮추는 '하향식' 최저임금 차등적용 논의는 과학적이고 보다 객관적인 통계, 그리고 현재 최저임금이 '최저임금법'이 의도한 최저임금보다 훨씬 높음을 입증하는 과정 없이는 그 타당성을 가지기 힘들 것"이라고 지적했다.

"돌봄 비용 과중하다." 한국은행의 제안

최저임금 업종별 차등 적용 문제는 한국은행이 돌봄 업종에 대한 최저임금을 낮추는 방안을 제시한 보고서를 발표하면서 더욱 뜨거운 감자가 됐다. 한국은행은 2024년 3월 발표한 '돌봄 서비스 인력난·비용부담 완화 보고서'에서 고령화와 맞벌이 증가 등 영향으로 돌봄 수요가 늘어나면서 보건·육아 서비스 수요가 향후 지속해서 증가할 것으로 예상했다. 하지만 노동 공급은 이를 따라가지 못하면서 돌봄 서비스직 노동 공급 부족 규모가 2022년 19만 명에서 2032년 38만~71만 명, 2042년 61만~155만 명까지 커질 것으로 전망했다.

돌봄 서비스 비용 부담이 과도해진 점도 논의에 불을 지폈다. 2023년 기준 간병비는 월평균 370만 원으로 추정됐는데, 이는 65세 이상 가구 중위소득(224만 원) 대비 1.7배로 사실상 대다수 고령 가구가 감당하기 어려운 수준이다.

가사 및 육아 도우미 비용도 자녀 양육 가구에 부담으로 작용하고 있다. 전일제 맞벌이 부부가 하루 최소 10시간 이상의 가사 및 육아 도우미를 고용한다면, 관련 비용이 2023년 기준 월 264만 원으로 추산된다. 이는 30대 중위소득(509만 원)의 약 50%를 웃도는 수준에 달한다.

한국은행은 이런 문제를 극복하기 위해 외국인 노동자를 돌봄 서비스 분야에 적극 도입하되, 외국인 노동자의 임금에 대한 논의가 필요하다고 짚었다. 개별 가구가 사적 계약 방식으로 외국인을 직접 고용해 최저임금 적용을 받지 않도록 하는 방향으로 비용 부담을 줄이거나, 고용허가제 업종에 돌봄 서비스를 추가하고, 해당 업종의 최저임금을 상대적으로 낮게 설정하는 방안을 제안하며 사회적인 화두를 던졌다.

필리핀 가사관리사 100명 입국…… '월 238만 원' 논란

2024년 8월 6일, 필리핀 가사관리사 100명이 한국 땅을 밟았다. 고용허가제(E9)로 국내에 입국한 첫 외국인 가사관리사였다. 서울시와 고용노동부가 내국인 가사근로자가 줄어들고 돌봄 비용이 상승해 육아 부담이 커지는 상황을 극복하기 위해 외국인 가사관리사 도입을 결정한 것이다. 서울에 거주하는 가구 가운데 12세 이하 자녀가 있거나 출산 예정인 가구라면 소득에 상관없이 신청할 수 있도록 '외국인 가사관리사 시범사업'이 설계됐다.

다만 '돌봄 공백 완화'를 위해 도입한 취지가 무색할 만큼 높은 임금이 책정됐다는 사실이 논란이 됐다. 내국인과 동일한 최저임금을 적용받는 만큼, 필리핀 가사관리사를 고용하려면 최저임금과 4대 보험료를 포함해 주 5일, 하루 8시간 근무 기준 월 238만 원을 지불해야 한다. 서민들이 서비스를 이용하기에는 '그림의 떡'이라는 비판이 제기됐다. 홍콩의 외국인 가사관리사 비용이 월 최소 83만 원, 싱가포르는 48만~71만 원 수준인 것과 비교해 우리나라 외국인 가사관리사 비용이 과도하다는 논란이 일었다.

실제 필리핀 출신의 '외국인 가사관리사' 서비스를 이용할 서울 시내 157개 가정을 선정한 결과 10가정 중 6가정이 맞벌이 다자녀 가정이었고, 10가정 중 4가정은 서울 동남권(서초·강남·송파·강동)이었다. 가사관리사 비용이 예상보다 높은 만큼, 경제적 여유가 있는 강남 3구의 수요가

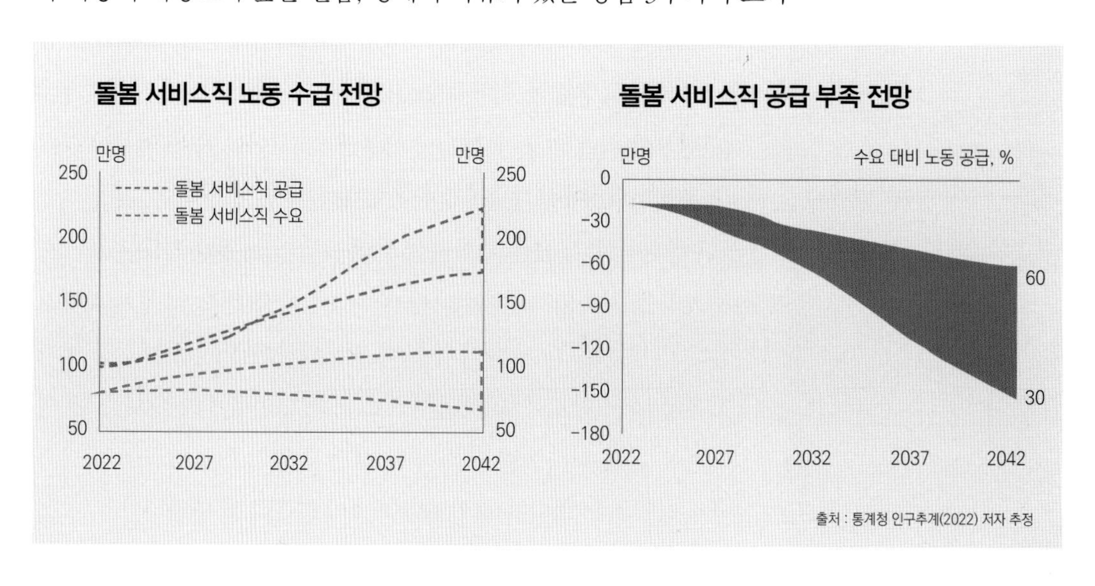

출처 : 통계청 인구추계(2022) 저자 추정

외국인 가사관리사 시범사업에
참여하는 필리핀 가사관리사
100명이 2024년 8월 6일
인천국제공항을 통해 입국하고 있다.

몰린 것으로 해석된다. 과도한 육아 부담을 덜기 위해 시행한 정책의 의미가 퇴색됐다는 비판이 제기됐다.

외국인 가사관리사 정착 위한 과제는

국내 가사관리사 수는 총 10만 5,000명으로 10년 전인 2014년(22만 6,000명)보다 53.6% 급감했다. 돌봄 인력난에 대응해 정부는 필리핀 가사관리사 도입을 시작으로, 2025년 상반기 외국인 가사관리사 1,200명을 추가로 들여오는 방안을 검토하고 있다. 그러나 시범사업 과정에서부터 여러 문제점이 발견돼, 제도 안착을 위해 해결해야 할 과제가 적지 않을 것이라는 전망이 나온다.

먼저 모호하게 설정된 업무 범위를 명확히 해야 한다는 지적이 있다. 필리핀 가사관리사를 신청할 수 있는 앱에는 이들이 할 수 있는 업무와 할 수 없는 업무 범위가 구체적으로 나열돼 있다. 아이 돌봄 업무로 분유 수유와 젖병 소득, 이유식 조리, 아이 목욕시키기, 아이 픽업, 낮잠 재우기 등이 제시돼 있다. 돌봄 외에 다른 가사 업무도 일부 가능해 6시간 이상 서비스의 경우 어른 옷 세탁과 건조, 어른 식기 설거지, 단순 물청소 위주의 욕실 청소, 청소기·마대 걸레로 바닥 청소 등이 가능하다고 적혀 있다. 그러나 쓰레기 배출, 어른 음식 조리, 손걸레질, 수납 정리 등은 할 수 없도록 명시돼 있다. 육아 관련 범위에서 동거가족에 대한 가사 업무를 '부수적으로' 수행할 수 있다는 원칙이 있지만, 어디까지를 육아 관련

부수 업무로 볼 수 있는지 논란의 여지가 있는 것이다.

시범사업을 위해 입국한 필리핀 가사관리사 100명 중 2명이 추석 연휴를 맞아 숙소에서 나간 뒤 연락이 두절돼 경찰이 출동하는 웃지 못할 해프닝도 벌어졌다. 이들은 부산 연제구의 한 숙박업소에서 붙잡혔고, 법무부는 이들을 필리핀으로 강제 출국 조치했다. 이들이 무단 이탈 사유에 대해 어떻게 진술했는지는 알려지지 않았으나, 시와 노동부는 이 사건을 계기로 사업 개선 방안을 마련했다. 기존 월 1회 지급하던 급여를 희망자에 한해 월 2회 지급받을 수 있도록 하고, 밤 10시에 진행하던 귀가 확인 절차를 폐지하는 등 내용이 포함됐다.

높은 임금이 논란을 낳으면서 정치권에서는 외국인 가사관리사 비용을 낮춰야 한다는 목소리가 커졌다. 국회에서는 '필리핀 가사관리사 임금, 문제와 해결책은?'이라는 세미나가 열렸다. 오세훈 서울시장은 세미나에서 외국인 가사관리사 사업의 실효성을 높이기 위해 비용 부담을 덜어줄 방법을 찾아야 한다고 촉구했다. 나경원 국민의힘 의원도 최저임금 구분 적용이 ILO 협약 위반이라는 지적에 대해 "ILO 협약이 합리적 차별까지 금지하는지는 다시 한번 봐야 한다."며 "최저임금 적용·결정 기준에 비춰 이 부분에 대한 합리적 차별은 가능하다."고 주장했다. 대통령실은 "외국인 가사관리사에 대한 최저임금 차등 적용은 국내법과 국제 협약 등을 고려하면서 불법 체류 등 현실적인 부분에 대한 검토를 토대로 충분한 사회적 논의가 필요하다."는 입장을 밝혔다.

취업 대신 알바…… '프리터족' 늘어날까

최저임금 1만 원 시대가 열리면서 국내에도 '프리터족'이 늘어날 수 있다는 전망이 나온다. 프리터족은 '자유롭다(Free)'와 '아르바이트(Arbeit)', '족(族)'을 합친 일본식 조어로, 특정한 직업 없이 아르바이트로만 생활하는 청년층을 이르는 말이다. 1990년대 초 일본 경기침체 시기, 고정적인 일자리 대신 아르바이트나 비정규직으로 생계를 유지하는 청년이 늘면서 생긴 용어다.

최근 고용동향을 보면 국내 '초단기 근로자(주 15시간 미만 근로)' 수는 늘어나는 추세다. 2024년 7월 기준 초단기 근로자는 180만 3,000명으로 전체 취업자(2,885만 7,000명)의 6.2%를 차지했다. 근로자 수와 비중 모두 7월 기준으로 가장 많은 수준이다. 반면 양질의 일자리를 의미하는 '전일제 근로자(주 36시간 이상 근로)'는 줄어드는 추세다. 같은 달 전일제 근로자 비율은 전체의 74.8%를 차지해 역대 가장 낮았다.

고용환경이 악화되고 젊은층 사이에서 평생 직장의 개념이 흐려진 가운데 최저임금이 인상되자 프리터족이 되기를 자처하는 이들도 있다. 최저임금이 올라 아르바이트만으로도 생계가 불가능하지 않고, 직장에 구애받지 않고 쉬고 싶을 때 쉬는 자유로운 삶을 지향할 수 있다는 것이다. 그러나 프리터족의 증가와 장기화는 사회적 문제로 이어질 우려가 있다. 불안정한 삶이 장기화될 경우 개인의 노후 대비에 차질이 생길 수 있고, 청년층이 결혼을 회피하면서 사회 전체적으로는 인구 문제를 초래할 가능성도 있다.

실제로 우리나라에 앞서 프리터족이 유행한 일본의 경우, 프리터족이 나이를 먹음에 따라 중장년 빈곤, 고독사 등 각종 사회 문제가 발생했다. 일본 경제학자 히구치 요시오(樋口美雄) 교수는 "프리터족의 증가는 결혼율과 출산율을 낮추고 사회 활력을 잃게 하는 사태로 이어진다."고 지적했다. 일본의 전철을 밟지 않기 위해서는 고용 형태 변화의 흐름에 따른 정책적 대응이 필요할 전망이다.

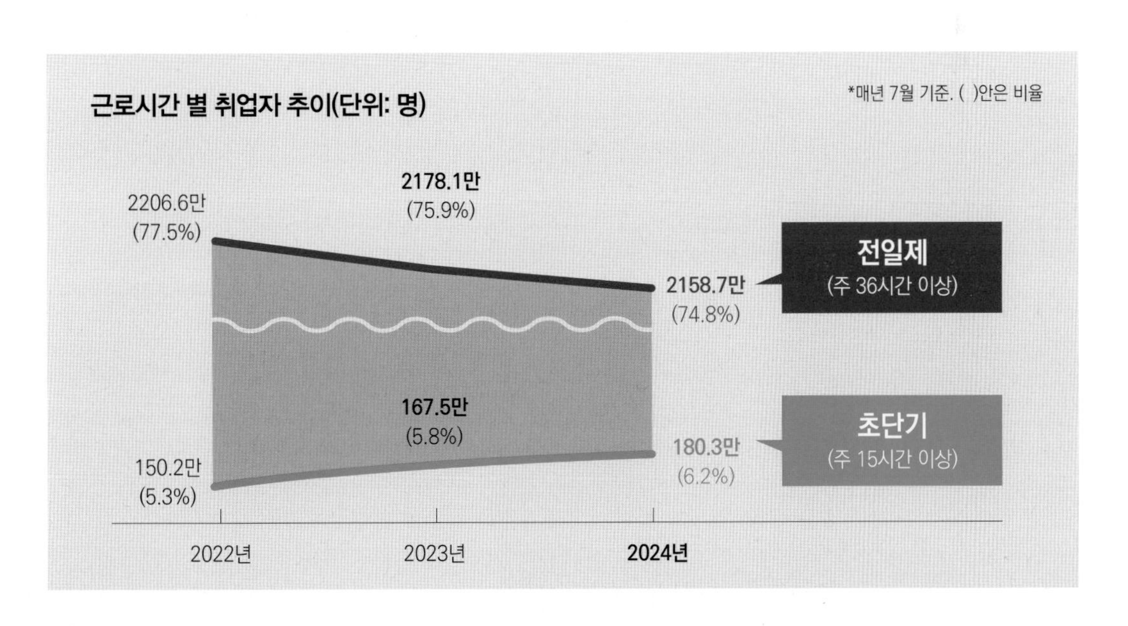

* ISSUE

06

탄핵

이현주

아시아경제 기자

2012년 《아시아경제신문》에 입사해 2021년부터 현재까지 정치부에서 국회 및 정당 출입을 하고 있다. 산업부, 금융부, 사회부 등을 거쳤다. 여성가족부를 출입하면서 만났던 기자들과 『페미니즘 리포트』(2021년)를 함께 펴냈다. 정책으로 사회 문제를 해결하는 일에 관심이 많다.

탄핵소추안

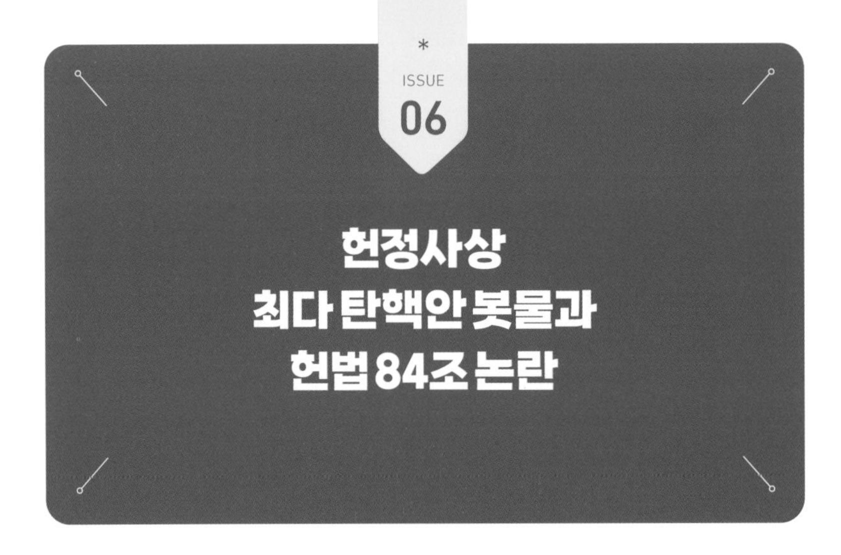

탄핵(彈劾)은 입법부가 행정부를 견제하기 위해 헌법에서 부여한 권한이다. 헌법 제65조에 따라 국회는 고위 공무원에 대한 탄핵안을 발의하고, 의결할 수 있다. 삼권분립에 따른 권력 균형을 유지하기 위함이다.

입법부인 국회는 탄핵소추(訴追, 고급 공무원이 직무를 집행할 때 헌법이나 법률을 위배하였을 경우 국가가 탄핵을 결의하는 일)를 발의할 수 있다. 국회 재적의원 3분의 1 이상 동의를 얻어 발의하고, 본회의에서 과반수 이상의 찬성을 받아야 한다. 대통령 탄핵소추의 경우 국회재적의원 과반수 이상 발의와 3

대한민국 헌법 제65조

① 대통령·국무총리·국무위원·행정각부의 장·헌법재판소 재판관·법관·중앙선거관리위원회 위원·감사원장·감사위원 기타 법률이 정한 공무원이 그 직무집행에 있어서 헌법이나 법률을 위배한 때에는 국회는 탄핵의 소추를 의결할 수 있다.
② 제1항의 탄핵소추는 국회재적의원 3분의 1 이상의 발의가 있어야 하며, 그 의결은 국회재적의원 과반수의 찬성이 있어야 한다. 다만, 대통령에 대한 탄핵소추는 국회재적의원 과반수의 발의와 국회재적의원 3분의 2 이상의 찬성이 있어야 한다.
③ 탄핵소추의 의결을 받은 자는 탄핵심판이 있을 때까지 그 권한행사가 정지된다.
④ 탄핵결정은 공직으로부터 파면함에 그친다. 그러나 이에 의하여 민사상이나 형사상의 책임이 면제되지는 아니한다.

분의 2 이상의 찬성이 있어야 한다. 국회 본회의를 통과한 탄핵소추안은 헌법재판소에서 결정된다. 헌재는 탄핵소추안 접수일로부터 180일 이내에 선고를 해야 한다. 재판관 9명 중 6명이 찬성하면 탄핵이 결정된다.

탄핵소추는 지극히 예외적인 비상 상황에서만 써야 한다는 견해가 일반적이다. 탄핵이 반복될 경우 행정부의 기능이 위축될 수 있어서다. 제18대 박근혜 전 대통령이 탄핵으로 임기를 마쳤는데 탄핵소추 의결안이 국회를 통과하면 탄핵심판이 있을 때까지 그 대상은 권한 행사가 정지되고, 탄핵결정이 되면 공직에서 파면된다. 윤석열 정부 출범 이후 3년간 국회에서 탄핵소추안은 18건(2024년 11월 기준)이 발의됐다. 10월에는 김건희 여사 불기소 건으로 신임 검찰총장 탄핵을 추진하다 보류하기도 했다. 전임 문재인 정부에서 5년 동안 6건, 박근혜·이명박 정부에서 각각 2건과 1건, 노무현 정부 4건 발의에 비하면 그야말로 '탄핵의 늪'에 빠졌다는 우려가 나온다.

윤석열 정부에 쏟아지는 탄핵안

지난 6대 국회에서 탄핵심판법이 통과된 후 22대 국회까지 탄핵소추안 발의는 총 40건이 이뤄졌다. 정권별로 나누어보면, 김영삼 정부 때 1건이었던 탄핵안 발의는 김대중 정부 시절, 6건으로 늘어난다. 당시 야당이었던 현 여당이 탄핵소추안 6건을 잇달아 발의하면서 처음으로 탄핵을 정치적 압박의 수단으로 활용하기 시작했다. 반면, 비율은 현 야당이 압도적으로 높다. 앞에서도 말했지만 윤석열 정부에서만 18건의 탄핵소추안이 발의되어 전체의 약 절반을 차지한다. 탄핵의 정치를 시작한 쪽은 현 여당이지만, 정치적 의존도가 높은 곳은 야당인 셈이다.

이상민 행정안전부 장관 탄핵소추, 헌정사상 최초

2023년 2월 8일 이상민 행정안전부 장관의 탄핵소추안이 국회를 통과했다. 국무위원이기도 한 이 장관은 윤석열 정부 출범 이후 첫 탄핵 대상이 됐다. 국무위원(국무총리의 제청에 의하여 대통령이 임명해 국무회의를 구성하는 별정직 공무원) 탄핵소추안이 국회 문턱을 넘은 것은 헌정사상 최초다. 본회의 결과 총투표수 293표 중 찬성 179표, 반대 109표, 무효 5표였다.

역대 정부 탄핵안 발의 현황

정부	일시	의안명	국회결과	최종결과	제안자
전두환(1980년 9월 ~1988년 2월)	1985년 10월 18일	유태흥 대법원장	부결		박용만 의원 외 101인
	1985년 10월 21일	유태흥 대법원장	부결		류준상 의원
김영삼(1993년 2월 ~1998년 2월)	1994년 12월 16일	김도언 검찰총장	부결		신기하 의원 외 100인
김대중(1998년 2월 ~2003년 2월)	1998년 5월 26일	김태정 검찰총장	폐기		하수봉 의원 등 149인
	1999년 2월 4일	김태정 검찰총장	부결		이부영 의원 외 136인
	1999년 8월 26일	박순용 검찰총장	임기만료 폐기		이부영 의원 외 131인
	2000년 10월 13일	박순용 검찰총장	폐기		정창화 의원 외 132인
		신승남 대검찰청 차장검사	폐기		정창화 의원 등 132인
	2001년 12월 5일	신승남 검찰총장	폐기		이재오 의원 등 136인
노무현(2003년 2월 ~2008년 2월)	2004년 3월 9일	노무현 대통령	가결	기각	유용태 의원 등 158인
	2007년 12월 10일	최재경 검사	폐기		김효석 의원 외 140인
		김기동 검사			김효석 의원 외 140인
		김홍일 검사			김효석 의원 외 140인
이명박(2008년 2월 ~2013년 2월)	2009년 11월 6일	신영철 대법관	폐기		이강래 의원 등 102인
박근혜(2013년 2월 ~2017년 3월)	2015년 9월 14일	정종섭 행정안전부 장관	폐기		이종걸 의원 외 128인
	2016년 12월 3일	박근혜 대통령	통과	원안가결	노회찬·우상호·박지원 의원 등 171인
문재인(2017년 5월 ~2022년 5월)	2019년 12월 12일	홍남기 기획재정부 장관	폐기		심재철 의원 등 108인
	2019년 12월 27일	홍남기 기획재정부 장관	폐기		심재철 의원 등 108인
	2020년 1월 10일	추미애 법무부 장관	폐기		심재철 의원 등 108인
	2020년 1월 13일	홍남기 기획재정부 장관	폐기		심재철 의원 등 108인
	2020년 7월 20일	추미애 법무부 장관	부결		주호영 의원 등 110인
	2021년 2월 1일	임성근 판사	통과	각하	이탄희 의원 등 161인
윤석열(2022년 6월~)	2023년 2월 6일	이상민 행정안전부 장관	통과	기각	박홍근·이은주·용혜인 의원 외 173인
	2023년 9월 19일	안동완 검사	통과	기각	김용만 의원 등 106인
	2023년 11월 9일	이동관 방송통신위원장	철회		고민정 의원 등 168인
		손준성 검사			김용만 의원 등 168인
		이정섭 검사			김용만 의원 등 168인
		이희동 검사			김용만 의원 등 168인
		임홍석 검사			김용만 의원 등 168인
	2023년 11월 28일	이동관 방송통신위원장	철회		고민정 의원 등 168인
		손준성 검사	통과	심판정지	김용민 의원 등 168인
		이정섭 검사	통과	기각	김용민 의원 등 168인
	2023년 11월 29일	이동관 방송통신위원장	폐기		고민정 의원 등 168인
	2024년 6월 27일	김홍일 방송통신위원장	폐기		김현·이해민·윤종오 의원 등 188인
	2024년 7월 2일	김영철 검사	법사위 상정		장경태 의원 등 170인
		강백신 검사	법사위 회부		장경태 의원 등 170인
		박상용 검사			장경태 의원 등 170인
		엄희준 검사			장경태 의원 등 170인
	2024년 7월 25일	이상인 방송통신위원장 직무대행	폐기		김현 의원 등 170인
	2024년 8월 1일	이진숙 방송통신위원장	통과	진행 중 (2024년 11월 기준)	김현·이해민·윤종오 의원 등 188인

국회법에 따르면 국회의장은 소추의결서 정본을 소추위원인 법제사법위원장에게 송달하고, 법사위원장은 이를 헌법재판소에 접수하게 된다. 국회의장이 소추의결서 등본을 피소추인에게 전달하면 장관의 직무는 정지된다.

야당이 국무위원에 대한 탄핵소추를 강행한 것은 윤석열 대통령과 그 측근인 이 장관이 2022년 10월 159명이 압사한 '이태원 참사' 발생 이후 안전 총괄 책임자인 행정안전부 장관으로서 책임을 피하고 있다고 판단했기 때문이다. 탄핵소추 사유는 크게 세 가지였다. ▲재난예방 조치가 미흡했고 ▲참사 직후 사고 수습을 제대로 못 했으며 ▲참사 경위와 원인에 대한 부적절한 발언을 반복한 점이었다.

야당은 본회의 하루 전인 2월 7일 탄핵안을 발의했고, 탄핵안 발의 후 24시간 이후 72시간 이내 표결해야 한다는 국회법에 따라 다음 날 8일 본회의에 올랐다. 대통령실은 이 장관의 탄핵소추안이 국회 본회의를 통과하자 '의회주의 포기'라며 격앙된 반응을 보였다. 대통령실은 당시 언론 공지를 통해 "의정사에 부끄러운 역사로 기록될 것"이라며 짧은 입장만 냈다. 대통령실은 이 장관 탄핵 사유가 법적 요건을 갖추지 못했다고 봤다. 국무위원 탄핵은 헌법과 법률을 중대 위반했을 때 추진하는 것인데 어떤 헌법, 법률을 중대 위반했는지 드러난 게 없다는 것이다.

헌법재판소가 공개 변론을 4차례 열어 5개월간 소추안에 대해 살펴본 결과, 이상민 장관에 대한 탄핵안은 만장일치로 기각됐다. 헌재는 이태원에서 발생한 참사에 대해 "이 참사는 어느 하나의 원인이나 특정인에 의해 발생하고 확대된 게 아니다."라며 "주최자가 없는 축제의 안전관리에 관한 명확한 규정이 마련되지 않는 등의 요인이 총체적으로 작용한 결과"라고 했다. 그러면서 "참사의 책임을 이 장관에게만 돌릴 수 없다."고 밝혔다.

재판관 전원은 야당이 제기한 사유에 대해 이 장관에게 법적 책임을 물을 수 없다고 결론 내렸다. 헌재는 "이 장관이 사전에 대규모·고위험 축제에 대한 표본점검을 실시하고 미비점에 대한 개선 및 보완 시정을 요청한 점 등을 고려하면 다중밀집사고에 대한 예방이 없었다고 볼 수 없다."면서 참사 이후 대응도 파면 근거로 삼을 수 없다고 했다. 유남석

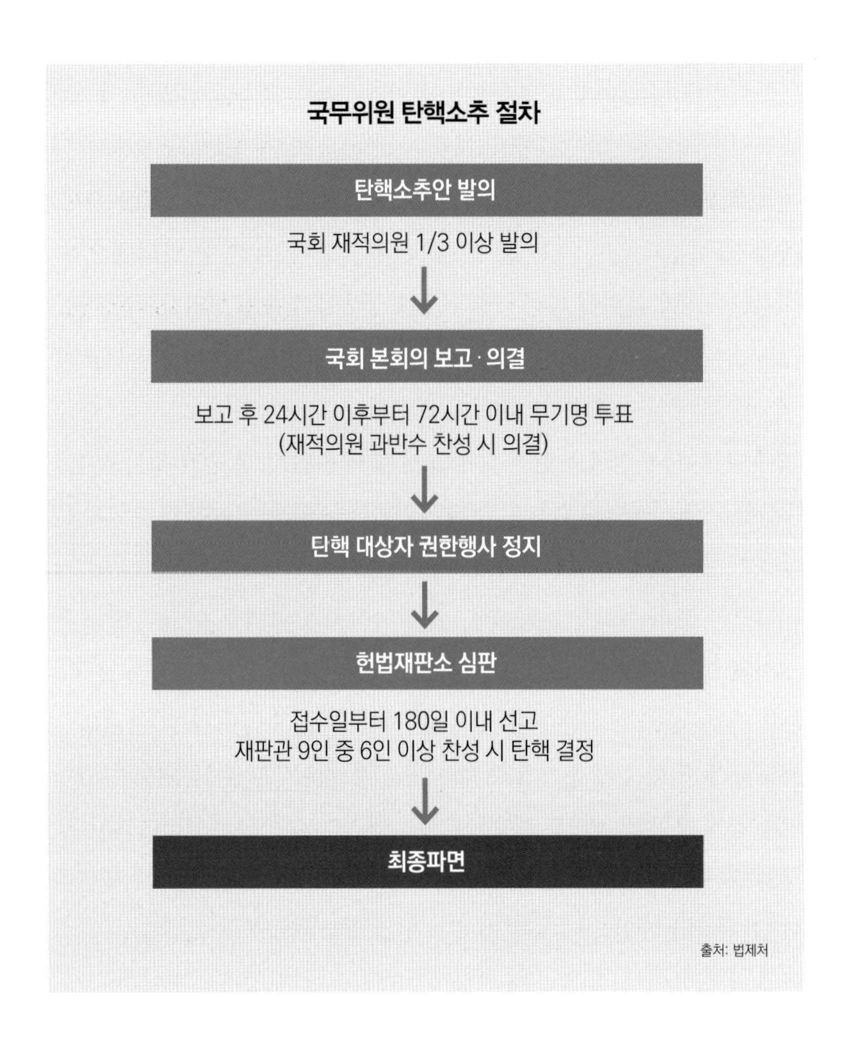

헌재소장 등 재판관 6명은 "이 장관이 2022년 10월 30일 오전 1시 5분 현장지휘소에 도착했을 때 재난 원인과 피해 규모 등이 명확히 파악되지 않아 중앙재난대책본부 등의 설치 등을 쉽게 결정하기 어려웠다."고 평가했다. 이 장관은 탄핵소추안 기각이 발표된 즉시 직무에 복귀했다. 탄핵소추안으로 업무가 정지된 지 167일 만이었다.

역사상 최초 검사 탄핵안 국회 통과

국회는 2023년 9월 21일 헌정사상 최초로 현직 검사에 대한 탄핵소추안을 가결했다. 안동완 당시 수원지검 안양지청 차장검사에 대한 탄핵안이 총투표수 287표 중 찬성 180표, 반대 105표, 무효 2표로 가결되어 헌법재판소로 넘어갔다.

앞서 검사 탄핵안이 발의된 적은 있지만, 실제 국회 본회의를 통과한 것은 이번이 처음이다. 2007년 제17대 대통령 선거 국면에서 대통합민주신당이 당시 이명박 한나라당 후보의 BBK주가조작 의혹 사건을 수사했던 서울중앙지검 수사팀 검사 3명에 대한 탄핵소추안을 발의했으나 표결까지 이르지 못하고 폐기됐다. 1994년에는 김도언 전 검찰총장을 시작으로 7명의 검찰총장 또는 대검 차장 등에 대한 탄핵소추안이 발의됐으나 모두 부결되거나 폐기됐다.

안동완 검사 탄핵소추안에 적시된 탄핵 사유는 '간첩 증거 조작 사건' 피해자 유우성 씨에게 검찰이 보복성 기소를 했다는 의혹이다. 이 의혹은 사상 처음으로 대법원이 '검찰의 공소권 남용'을 인정한 사례이기도 하다.

탄핵안을 발의한 김용민 더불어민주당 의원은 "검사징계법에 따라 검사가 잘못해도 검찰총장이 징계 청구를 하지 않으면 징계할 수 없다."면서 "이를 통해 검찰총장에게 충성하면 검찰은 검사의 잘못을 징계하지 않고 제 식구 감싸기로 봐줬다."고 지적했다. 그러면서 "검사 탄핵은 검사와 싸우자는 것이 아니라, 주권자인 국민을 무서워하지 않는 검찰 정권과 싸우는 것"이라고 말했다.

간첩 증거 조작 사건

서울시 계약직 공무원으로 일하던 화교 출신 탈북자 유우성 씨는 2013년 2월 국내 탈북자 정보를 북한 보위부에 넘긴 혐의(국가보안법 위반)로 구속됐으나 1심에서 무죄가 선고됐다. 검찰이 핵심 증거로 내세운 유씨 여동생의 진술을 믿을 수 없다는 이유였다. 이후 항소심 과정에서 검찰이 국가정보원으로부터 받아 제출한 유씨의 북한 출입국 내역이 위조된 자료라는 사실이 드러났다. 검찰은 결국 해당 증거를 철회했고, 유씨는 2015년 10월 대법원에서 무죄를 확정받았다. 증거 조작에 관여한 국정원 직원 등 4명은 모해증거위조 등 혐의로 기소돼 2015년 벌금형의 선고유예, 징역형, 집행유예 등을 선고받았다.
그런데 검찰은 항소심을 마친 2014년 5월 공판에 관여한 검사 3명에 대해 법무부 징계를 청구하면서 같은 달 유씨를 대북송금 혐의(외국환거래법 위반)로 추가 기소했다. 이 혐의에 대해 검찰이 4년 전 이미 유씨를 기소유예 처분한 사실이 알려지면서, 검찰이 무죄판결과 검사 징계 등에 따른 '보복 기소'를 한 것 아니냐는 비판이 제기됐다. 유씨는 이 혐의로 1심에서 유죄를 선고받았지만 항소심 재판부는 과거의 기소유예 처분을 번복할 사정이 없다며 공소를 기각했고 대법원은 2021년 10월 이를 확정했다. 대법원에서 검찰의 공소권 남용이 인정된 첫 사례였다.

탄핵안이 국회를 통과하자 이날 대검찰청은 "상당 부분 유죄가 확정된 사건을 놓고 9년이 지난 시점에 기소 검사를 탄핵소추한 것에 대해 '검사를 파면할 만한 중대한 헌법과 법률 위반'에 해당하는지 (헌법재판소가) 올바른 결정을 내릴 것"이란 입장을 내놓았다. 검사에 대한 탄핵안 역시 국무위원과 같은 절차를 거치기에 탄핵 대상자인 안 검사는 곧바로 직무가 정지됐다.

헌법재판소는 이 탄핵안에 대해 2024년 5월 30일 재판관 5(기각) 대 4(인용) 의견으로 기각 결정을 내렸다. 기각 의견을 낸 재판관 5명 중 3명은 안 검사가 법률을 위반하지 않았다고 봤다. 이들은 "유씨의 범행에 관해 추가 단서가 밝혀져 담당 검사로서는 재수사의 필요성이 있다고 판단할 여지가 있었던 것으로 보인다."고 했다. 역시 기각 의견을 낸 재판관 2명은 "일부 법 위반이 인정되지만 탄핵할 정도는 아니다."라고 판단했다. 반면, 인용 의견의 재판관 4명은 안 검사의 공소권 남용이 파면을 정당화할 수 있을 정도로 중대한 법률 위반이라고 봤다. 이들은 "유씨에게 실질적인 불이익을 가할 의도에서 사건 공소를 제기한 것"이라며 "침

안동완 검사 탄핵심판 선고 결과

2014년	서울시 공무원 간첩 조작 사건 피해자 유우성 씨 간첩 혐의 재판에서 증거가 조작된 사실 밝혀짐. 검찰, 이미 기소유예 받은 대북송금 사건을 추가 수사해 유씨를 외국환거래법 위반 혐의로 공소 제기(보복 기소 의혹)
2021년	대법원, 해당 공소제기 공소권 남용 판단. 공소 기각
2023년 9월	국회, 안동완 검사 탄핵소추안 가결(국회 첫 현직 검사 탄핵)
2024년 5월 30일	**헌법재판소, 재판관 5(기각) 대 4(인용) 의견으로 안 검사에 대한 탄핵심판 청구 기각**

기각5		인용4
이영진·김형두·정형식	**이종석(소장)·이은애**	**김기영·문형배·이미선·정정미**
안 검사가 법률을 어긴 것이 전혀 없다 직무상의 의무를 위반했다고 인정할 수 없다(보복 의도가 있다고 단정할 수 없다는 취지)	법률을 위반한 것은 맞지만 탄핵할 정도로 중대하지는 않다	법률 위반이 중대하며 파면(탄핵소추 인용)해야 한다고 판단 유씨에게 실질적인 불이익을 가할 의도에서 공소제기(검찰의 기소 보복성 인정)

해된 헌법 질서를 회복하고 검사에 의한 헌법 위반이 되풀이되지 않도록 엄중히 경고할 필요가 있다."고 했다. 이날 선고와 동시에 안 검사는 직무에 복귀했다.

방송통신위원장 수난시대

2023년 11월 9일에는 이동관 방송통신위원회 위원장 탄핵소추안이 발의됐다. 방통위원장에 대한 탄핵안이 발의된 것이 헌정사상 최초이기 때문이다. 방통위원장이 탄핵으로 견제받을 정도로 여야 갈등의 핵심이 된 이유는 방통위 수장인 방통위원장이 방송을 '장악'할 수 있다고 봤기 때문이다. 방통위원장은 공영방송 경영권에 관여할 수 있고, 종합편성 채널 허가 및 승인을 하는 권한이 있다.

이동관 탄핵안에 이어 민주당은 '고발 사주' 의혹을 받는 손준성 대구고검 차장검사와 '자녀 위장전입 의혹' 등이 제기된 이정섭 수원지검 2차장검사 탄핵안도 같은 날 발의했다. 고발 사주는 윤석열 정권과 직접적인 관련이 있는 사안이었다. 이 차장검사의 경우 자녀 위장전입 등은 표면적인 이유이고 실제로는 이재명 민주당 대표와 관련된 쌍방울그룹 대북송금 및 후원금 쪼개기 의혹, 경기지사 법인카드 유용 의혹 등을 수사했던 검사였기 때문에 탄핵안이 발의됐다는 논란이 제기됐다.

민주당은 당시 탄핵안과 함께 이른바 '노란봉투법(노동조합 및 노동관계조정법 일부개정법률안)', '방송3법(방송법·방송문화진흥회법·한국교육방송공사법 개정안)'을 통과시키려 했다. 노동계와 방송계의 오랜 염원 법안이었다. 수적으

고발 사주

2020년 4월 15일 제21대 국회의원 총선거 직전 손준성 당시 대검찰청 수사정보정책관이 고발장을 작성하고 김웅 국회의원 후보에게 전달해 국민의힘(당시 미래통합당)의 고발을 사주했다는 사건. 그해 4월 3일 '1차 고발장'에는 윤석열 당시 검찰총장 부부와 한동훈 당시 부산고검 차장검사(전 대검찰청 반부패강력부장)가 명예훼손 피해자로 들어가 있었다. 피고발인으로는 유시민 노무현재단 이사장과 최강욱 전 의원, 황희석 열린민주당 비례대표 국회의원, 언론인 등 13명이 적시됐다. 당시 김 후보로부터 텔레그램으로 고발장을 전달받았던 조성은 씨가 언론에 이를 폭로했고, 고위공직자범죄수사처가 수사에 착수했다.

로 밀린 국민의힘은 노란봉투법과 방송3법의 부당함을 필리버스터(합법적 의사진행 방해, 무제한 토론)를 통해 국민에게 최대한 알리겠다는 방침을 세웠지만 거야의 수적 우위를 당할 수 없을뿐더러 24시간 뒤에는 필리버스터가 강제 종료되어 탄핵안 통과까지 가능해지는 상황이 되기에 결국 '필리버스터 포기'를 꺼내 들었다.

국민의힘이 필리버스터를 포기하자 본회의는 약 2시간 만에 종료되었고 탄핵안을 함께 처리하려던 민주당의 계획도 무산될 위기에 처했다. 탄핵소추안은 국회 보고 뒤 24시간 이후 72시간 내에 본회의에서 표결해야 하는데, 노란봉투법 등 법안이 통과된 후 곧바로 본회의가 종료되면서 72시간 이내 본회의가 열리지 않을 가능성이 커진 것이다. 이대로라면 탄핵안은 자동 폐기되는 것이 수순이었다.

민주당은 이에 탄핵안을 철회한 후 '재발의'하겠다는 방침을 세웠다. 그러나 국민의힘은 '철회 불가'와 '일사부재의 원칙'을 제기했다. 장동혁 당시 국민의힘 원내대변인은 "탄핵 안건은 상정되는 순간 법적 효력이 발생해 그때부터 72시간이 지나면 부결된 것과 같은 효과가 발생해서 법적 효력을 중단시키려면 당연히 동의가 필요하다."며 "민주당의 일방적 철회는 불가능하다."고 주장했다.

탄핵안이 보고만 된 것이냐 상정까지 된 것이냐를 두고 여야 간 논쟁이 뜨거워졌다. 국민의힘이 상정 후 부결된 안건이라는 점을 강조한 이유는 국회법 92조에 따라 부결된 안건은 같은 회기 중에 다시 발의 또는 제출하지 못한다는 일사부재의 원칙을 적용하려는 속셈이 있었기 때문이다. 하지만 국회 본회의에 보고한 것은 상정된 것은 아니라는 해석에 무게가 실렸다. 국회법 90조(의안·동의의 철회)에 따라 탄핵안을 철회해도 내용 그대로 다시 발의할 수 있기 때문이다. 앞서 1994년 7월 8일 강수림 의원 등 108명이 발의한 이병태 국방부장관 해임건의안은 9일 보고된 후 당일 철회된 적이 있었다. 철회로 마무리 된 탄핵안은 같은 해 11월 28일 결국 재발의됐다. 국회는 12월 1일 본회의를 열고 이동관 탄핵안과 손준성·이정섭 검사 탄핵안을 처리할 계획이었다.

여기서 또다시 예상을 깨는 상황이 벌어졌다. 이동관 위원장이 12월 1일 오전 전격 사퇴하면서 탄핵안의 실효성이 사라진 것이다. 결국 이날 오후 본회의에서 처리될 예정이었던 탄핵안은 자동 폐기됐다. 이동관 위원장이 사퇴 카드를 꺼내든 이유는 탄핵안이 국회를 통과할 경우 헌재 판결이 나올 때까지 직무가 정지된다는 점을 이용한 민주당의 의도를 파악하고 이를 저지하기 위함이었다. 탄핵안이 통과되면 헌재 결과가 나오기 전까지 길게는 180일 동안 대상자는 업무에서 배제되기 때문이다.

하지만 방통위 수난 시대는 아직도 현재 진행형이다. 이동관 7대 위원장에 이어 8대 김홍일 위원장도 탄핵안 발의와 함께 사의를 표명했다. 9대 이진숙 위원장은 2024년 8월 2일 국회에서 탄핵안이 가결되면서 직무가 중지됐다. 사의를 밝히지 않은 이 위원장은 헌법재판소의 결정을 기다리고 있다.

한편, 이동관 위원장의 탄핵안 처리는 소기의 목적을 달성하지 못했지만, 손준성·이정섭 검사 2인의 탄핵안은 야당 주도로 본회의에서 통과되었다. 2024년 11월 기준으로 손준성 검사에 대한 탄핵안은 형사재판 2심이 진행 중이라 탄핵심판 절차가 중지된 상태이며 이정섭 검사 탄핵안은 8월 29일 헌법재판소 재판권 9명 전원일치 의견으로 기각됐다. 헌재는 "탄핵소추 사유 중 범죄경력조회 무단 열람 등, 부정청탁금지법 위반 부분, 골프장 예약 편의 제공, 수사 무마 의혹 부분은 행위의 일시·대상·상대방 등 구체적 양상, 직무집행과의 관련성 등이 특정되지 않았다."며 "형식적 적법성을 갖추지 못한 소추 사유들에 대해 더 나아가 판단하지 아니한다."고 밝혔다. 헌재의 기각 결정에 따라 이 검사는 직무가 정지된 지 9개월 만에 업무에 복귀하게 됐다. 다만 비위 의혹에 대한 검찰과 고위공직자범죄수사처 수사는 현재 진행 중이다.

연이은 검사 탄핵…… '방탄' 의구심

더불어민주당은 2024년 7월 2일 박상용·엄희준·강백신·김영철 등 검사 4명에 대한 탄핵소추안을 당론으로 발의했다. 동시에 검사 탄핵안을 법제사법위원회에 회부하겠다는 동의안도 처리했다. 탄핵안을 본회의에 상정하기 전 검사들의 위법 행위를 법사위에서 조사하겠다는 목적이다. 국민의힘은 반발하며 표결에 참여하지 않았다. 문제는 탄핵소추

민주당의 검사 탄핵 사유와 당사자 반박

검사 참여한 수사	박상용 검사 쌍방울 사건	엄희준 검사 대장동·백현동 사건	강백신 검사 대장동·백현동 사건	김영철 검사 민주당 돈봉투 사건
탄핵 사유	쌍방울 대북 송금 사건에서 이화영 씨에게 허위 진술 강요 등	한명숙 전 총리 사건의 모해 위증 교사 의혹 등	대선 여론 조작 사건 수사 당시 위법한 압수수색 의혹 등	'최순실 게이트' 수사 당시 최씨 조카 장시호 씨와 뒷거래 의혹, 코바나컨텐츠 대기업 협찬 사건 무혐의 처리 등
당사자 또는 검찰 반박	"사실 무근, 검찰 시스템상 불가능."	"사실 무근."	"정당한 수사."	"사실 무근, 장시호 씨가 '지어냈다'고 했다." "다각도로 수사를 진행했으며 수사 결과에 대해 민주당측 고발인도 인정하고 이의제기를 하지 않았다."

안이 발의된 검사들이 '쌍방울 대북 송금', '대장동 및 백현동 의혹', '민주당 돈봉투' 사건 등 이재명 민주당 대표나 민주당 관련 사건을 수사했던 검사라는 공통점이 있다는 점이다.

탄핵안이 발의되자 이원석 당시 검찰총장은 기자회견을 열고 "이재명 민주당 대표의 방탄을 위한 탄핵이자 위헌·위법·사법 방해 보복 탄핵"이라며 "재판을 받는 피고인(이 대표) 그리고 민주당 소속 의원인 변호인과 민주당이 '법정을 국회로 옮겨' 피고인 자신이 재판장을 맡고 민주당과 국회가 사법부 역할을 맡아 재판하겠다는 것"이라고 말했다.

헌정사상 최초 검사 탄핵 청문회 실시

앞서 탄핵안이 발의될 때 국회 법제사법위원회는 조사를 실시하기로 했다. 민주당은 2024년 7월 김영철 차장검사에 대해 ▲국정농단 특검 당시 최순실 씨의 조카 장시호에게 법정 허위진술 교사 ▲김건희 여사가 소유한 코바나컨텐츠의 대기업 협찬 사건 등 무혐의 처분 ▲별건수사로 민주당 전당대회 돈봉투 사건 수사 등을 이유로 탄핵소추안을 발의했고, 이에 대한 조사청문회를 실시했다.

그러나 실효성 있는 논의가 진행되지는 못했다. 청문회에는 26명의 증인 및 참고인 중 21명(증인 17명·참고인 4명)이 불출석했다. 임은정 대전지검 중요경제범죄조사단 부장검사만 오전부터 증인석을 지켰고 오후에는 한동순 전 대검찰청 감찰부장이 출석했다. 헌정사상 처음으로 열리는 검사 탄핵 조사 청문회라는 취지는 오간 데 없이 김건희 여사 명품 가방 사건 조사를 담당했던 국민권익위원회 국장의 죽음을 둘러싼 여야 간의 진흙탕 싸움으로 치달았다. 권익위원장을 지낸 전현희 더불어민주당 의원이 "권익위 수뇌부가 명품백 수수를 덮기 위해 강직한 공직자를 희생시켰다."고 하자 송석준 국민의힘 의원은 "본인은 그분 죽음에 죄가 없느냐."고 맞받았고, 이에 격분한 전 의원은 김건희 여사를 거명하며 '살인자'라고까지 했다. 어느 것 하나 속 시원하게 밝혀진 것 없이 변죽만 울리다 끝난 빈손 청문회로 전락했다.

최초의 판사 탄핵도 있었다

검사와 국무위원 등에 대한 탄핵안 발의에 앞서 2021년 2월 헌정사상 최초로 판사 탄핵안이 국회를 통과했다. 국회는 같은 해 2월 4일 '세월호 7시간' 재판 개입 혐의를 받는 임성근 당시 부산고법 부장판사에 대한 탄핵소추안을 가결했다. 투표 결과는 총투표수 288표 중 찬성 179표, 반대 102명, 무효 4명, 기권 3표로 통과했다.

임 판사에 대한 탄핵 사유는 국민주권주의, 직업공무원제도, 적법절차 원칙, 법원의 사법권 행사, 법관 독립의 헌법가치 훼손 등이다. 특히 '헌법은 헌법과 법률에 의해 그 양심에 따라 독립해 심판한다'고 규정한 헌법 103조를 위반했다는 점을 강조했다.

임 판사는 2015년 서울중앙지법형사수석부장판사로 재직하던 당시 박근혜 전 대통령의 세월호 7시간 의혹 명예훼손 사건을 심리하던 일선 재판부에 재판 방향을 지시한 혐의를 받는다. 그는 가토 다쓰야 전《산케이신문》서울지국장의 재판을 맡은 이동근 부장판사에게 '(박 전 대통령의 사고 당일 소재에 관한 의혹을 제기한) 가토 지국장의 행위가 바람직하지 않다는 취지를 밝힐 필요가 있다'고 요구했다. 임 판사는 또 2016년 프로야구 선수 임창용·오승환 씨의 도박 사건 재판 결과를 보고 받고 재판부에 "다른 판사들 의견을 더 들어보라."고 요구한 혐의도 있다. 2015년 민주사회를위한변호사모임 변호사들의 체포치상 사건을 담당한 재판부에 양형 이유를 수정하라고 지시한 혐의도 있다.

판사 탄핵소추안을 발의하고 주도한 당시 여당 더불어민주당은 '사법개혁의 신호탄'이라고 주장했다. 반면, 국민의힘은 '법원 길들이기'라고 반발했다. 헌법재판소는 첫 법관 탄핵심판대에 오른 임성근 판사에 대한 탄핵심판청구를 각하했다. 소수의견이 있었지만, 과반인 재판관 5명이 임 판사는 이미 퇴직해 탄핵 여부를 판단할 이익이 없다는 각하 의견을 냈다.

각하는 심판청구의 형식적 요건을 갖추지 못해 내용을 심리하지 않고 배척하는 것을 의미한다. 헌법 제65조 4항과 헌법재판소법 제53조 1항이 근거가 됐다. 이 조항은 탄핵 결정이란 '공직으로부터 파면'이라고 설명한다. 탄핵심판은 '공직에서 파면할 것인지 여부를 판단하는 절차'인데 탄핵안이 발의된 후 2021년 2월 임기만료로 퇴임한 임 판사에게는 이 절차가 필요하지 않다는 것이다. 반면, 유남석 헌재소장 등 3명의 재판관은 임 판사의 행위가 중대한 헌법위반 행위임을 확인한다는 인용의견을 냈다. 이들은 "탄핵심판에서까지 면죄부를 주게 된다면, 재판의

임성근 전 부장판사 탄핵안 일지

2019. 3. 5	검찰, 임성근 부장판사 재판 부당 개입 혐의로 기소
2021. 2. 1	더불어민주당, 임 부장판사 탄핵소추안 발의
2.4	국회, 탄핵소추안 가결
2월 말	임 부장판사, 임기만료 퇴임
10.28	헌법재판소, 탄핵소추 '각하' 결정

재판관 5명 각하 | **재판관 3 인용** | **재판관 1 심판 절차 종료 의견**

"피청구인(임 전 부장판사)이 임기만료 퇴직으로 법관직을 상실해 이 사건에서 본안 심리를 마치더라도 공직을 박탈하는 파면 결정 자체가 불가능한 상태가 되었음이 분명하다."
"탄핵심판의 이익이 인정되지 않아 부적법하므로 각하해야 한다."

독립을 침해하여 재판의 공정성에 대한 국민의 신뢰를 현저히 추락시킨 행위에 대해 누구도 책임지지 않는 상황을 용인하게 된다."고 했다.

현역 대통령 탄핵 청문회 벌인 국회

"탄핵에 동의해주세요."

2024년 6월 말부터 7월 초 사이 인터넷 카페를 중심으로 어렵지 않게 찾아볼 수 있는 글의 제목이었다. 온라인상에서는 윤석열 대통령 탄핵안 발의를 요구하는 국민동의청원 링크와 함께 이에 대해 동의해달라는 요청이 줄을 이었다.

청원은 국민이 국가기관에 대해 일정한 사안에 관한 자신의 의견이나 희망을 진술하는 것을 의미한다. 헌법상의 권리다. 헌법 26조는 '모든 국민은 법률이 정하는 바에 의하여 국가기관에 문서로 청원할 권리를 가진다', '국가는 청원에 대하여 심사할 의무를 진다'고 규정함으로써 국민의 청원권을 보장한다. 청원사항은 피해의 구제, 공무원의 위법·부당한 행위에 대한 시정이나 징계의 요구, 법률·명령·조례·규칙 등의 제정·개정 또는 폐지, 공공의 제도 또는 시설의 운영, 그 외 청원기관의 권한에 속하는 사항이다. 국민동의청원은 홈페이지를 통해 30일 동안 5만 명의 국민 동의를 받으면 소관 상임위원회로 제출된다.

6월 20일 시작된 '윤석열 대통령 탄핵소추안 발의 요청' 국민동의청원은 사흘 만에 청원 요건을 충족해 소관위원회인 법제사법위원회에 회부됐다. 국민동의청원은 소관위원회 심사를 거쳐 채택될 경우 본회의에 부의하고, 폐기되면 본회의에 부의하지 않는다.

국민동의청원에서 대통령의 탄핵 사유는 다섯 가지였다. ①'해병대원 순직' 관련해 수사단장에 대한 외압 행사 ②김건희 여사 관련 명품백 수수, 주가조작 ③ 대북 확성기 방송 재개 등으로 전쟁 위기 조장 ④ 일본 강제징용 관련 친일 해법 강행 ⑤후쿠시마 오염수 해양 투기 방조 등이다.

7월 9일 법사위는 해당 국민동의청원을 안건으로 올렸다. 30여 분간 여야 의원들 간 찬반 토론이 이어졌다. 정청래 법제사법위원회 위원장은 국민의힘 반대에도 토론을 종결하고 청문회 실시 계획서 표결에 들어갔다. 국민의힘 의원들이 항의하며 퇴장한 가운데 정청래 법사위원장

국민동의청원 처리절차도

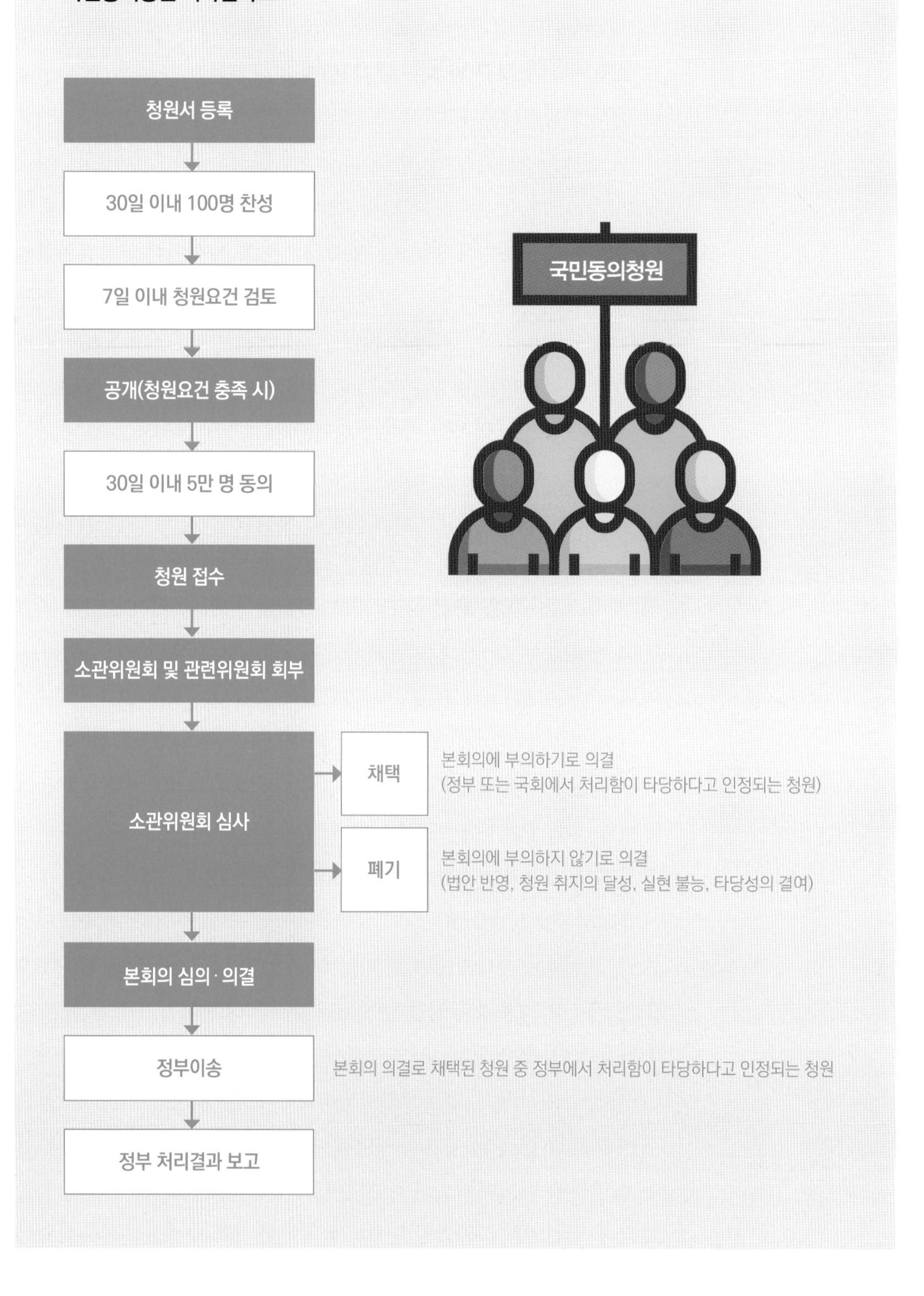

은 민주당 소속 법사위원과 조국혁신당 박은정 의원만 참석한 가운데 오는 19일과 26일 두 차례 청문회를 실시하고, 증인·참고인 채택안 등을 처리했다. 증인 가운데는 김건희 여사와 윤 대통령 장모인 최은순 씨도 포함됐다. 임성근 전 해병대 1사단장과 이종섭 전 국방부 장관, 권오수 전 도이치모터스 회장, 최재영 목사 등도 함께 채택됐다. 국민의힘은 무더기 증인 채택과 관련해 "법률적·법리적으로 말이 안 되는 청원서 하나만 갖고 사실상 탄핵소추를 위한 조사를 하겠다는 것은 헌법 위반"이라고 지적했다. 앞서 문재인 대통령 시절에도 탄핵안이 국민동의청원(2020년 3월 4일 접수, 147만 명 동의)으로 제출됐지만, 당시 자유한국당은 청원만을 이유로 소관 상임위에 회부하지는 않았다.

국민의힘은 야당 단독으로 통과시키고 계획한 이번 청문회가 헌법과 법률에 위배되는 청문회라고 강하게 반발했다. 탄핵 청원에 나온 다섯 가지 사유 중 일부는 수사 중인 사안이고 일부는 대통령 직무와 무관한 것이라고 설명했다. 또한 국회법상 '재판에 간섭하는 내용의 청원'은 접수할 수 없게 돼 있다. 해병대원 사건이나 김 여사 관련 의혹, 강제징용 판결 관련 사유는 현재 진행 중인 민·형사 재판에 영향을 줄 수 있기 때문에 탄핵 사유가 될 수 없다는 주장을 폈다.

사상 초유 탄핵 청문회, 여야 신경전만 이어져

사상 초유의 현역 대통령에 대한 탄핵 1차 청문회가 2024년 7월 19일 국회에서 열렸다. 이날 청문회는 여야 의원들의 몸싸움으로 시작해 고성과 막말이 오갔다. 청문회 시작 전부터 회의장 밖에서는 장외 충돌이 벌어졌다. 국민의힘 의원들은 청문회 시작 20분 전 오전 9시 40분 국회 법사위원장실을 찾아 '여당 합의 없는 청문회'라고 반발하며 연좌 농성을 벌였다. 회의장 앞에 여야 의원과 보좌진, 취재진 등이 뒤엉키며 부상자도 나왔다. 실제 청문회에서도 정청래 법사위원장과 여당 의원들 간 신경전은 온종일 이어졌고, 기존 입장 차이만 확인한 채 끝이 났다.

7월 27일 2차 탄핵 청문회는 김 여사 정부 고위직 인사 개입설과 명품가방 뇌물수수, 도이치모터스 주가조작 관련 공방이 주를 이뤘다. 핵심 증인인 김건희 여사 등이 불출석하면서 '맹탕' 청문회가 됐다. 야당 의원들은 정회 시간을 이용해 김 여사의 출석을 요구하기 위해 관저까지 찾아갔다. 정청래 법사위원장은 "무단으로 불출석한 증인에 대해서는 법률에 따른 고발 등 그에 상응하는 책임을 반드시 묻도록 하겠다."면서 향후 '김건희 특별검사법'과 관련 입법 청문회에 해당 증인들을 다시 채택한다는 방침을 세웠다.

'대통령 불소추 특권' 헌법 84조 논란

"자기 범죄로 재판을 받던 형사피고인이 대통령이 된 경우, 그 형사재판이 중단되는 걸까요?"

2024년 6월 8일 한동훈 국민의힘 대표(당시 비상대책위원장)는 자신의 SNS에 "거대 야당에서 어떻게든 재판을 지연시켜 형사피고인을 대통령 만들어 보려 하는 초현실적인 상황에서는 중요한 국가적 이슈가 될 것"이라는 글을 올렸다.

당시 유력한 국민의힘 당권주자였던 한동훈 전 위원장이 헌법 제84조 '대통령 불소추 특권'을 들고나와 '사법 리스크'로 몸살을 앓고 있는 더불어민주당과 이재명 대표를 정면으로 겨냥했다. 해당 글은 대북송금 혐의와 관련해 이재명 대표(당시 경기도 지사)와의 관련성을 의심받고 있는 이화영 전 경기도 평화부지사가 1심 재판에서 유죄 선고를 받은 다음날에 게재되어 더욱 화제를 모았다.

헌법 제84조는 대통령 불소추 특권을 인정한다. 이 대표가 현재 형사재판을 받고 있다는 점에서 이 대표가 차기 대통령 선거 후보가 된다면 논란이 될 소지가 있다. 이 대표가 다음 대통령이 된다면 지금 진행 중인 형사 재판은 계속 유지되는 것인가, 아니면 재판은 중지돼야 하는 것이 맞느냐에 대한 의견이 팽팽하게 맞선다.

시각은 앞서 말한 대로 두 가지로 나뉜다. 우선, '재직 중 형사상의 소추를 받지 아니 한다'는 조문을 해석할 때 '재직 중'이 아닌 '재직 전' 형

헌법 제84조

대통령은 내란 또는 외환의 죄를 범한 경우를 제외하고는 재직 중 형사상의 소추를 받지 아니한다.

사 재판이 이미 진행되고 있었다면 그 형사 재판은 그대로 진행돼야 한다는 의견이다. 이때 만일 형사 재판으로 금고 이상의 형을 선고 받을 경우엔 '선거일 현재 금고 이상의 형을 선고 받은 자'는 대통령 피선거권이 없다는 대통령 자격에 관한 조항에 따라 대통령 당선은 무효가 된다. 때문에 대통령은 그날로 곧바로 퇴직해야 한다는 주장을 편다.

반면, 대통령의 불소추 특권은 '재판 중지'도 포함된다고 보는 시각도 있다. 대통령이 재직 중 형사상의 소추를 받지 않는 것은 명확하지만, 재직 전 기소돼 재판을 받고 있었다면 어떻게 되는지는 명확하지 않다고 본다. 즉, 불소추 특권의 취지가 국가의 원수이자 행정부 수반이라는 대통령의 지위를 고려해 대통령의 임기 중 원활한 직무 수행을 보장하고자 하는 점에서, 국가의 권위를 유지하고 국정 혼란을 방지하는 차원에서 재직 전에 기소된 재판이라도 일시적으로 임기 중에는 중단되는 것으로 봐야 타당하다는 주장이다. 헌법 제84조의 입법 취지를 고려할 때 소추의 범위에 재직 전 재판도 포함된다고 봐야 한다는 시각이다.

일부 민주당 인사들은 이러한 논란을 사전에 막기 위해서라도 이 대표 관련 재판 판결이 확정되기 전에 대통령 탄핵을 통한 조기 대선 실시를 바라기도 한다. 대통령 불소추 특권에 관한 헌법 84조에 대한 논의는 추후 차기 대선 과정에서 중요한 의제 중 하나가 될 것으로 예상된다.

* ISSUE 07

방송4법

박호근

MBN 기자

2000년 8월 《세계일보》 공채 13기로 입사해 기자생활을 시작했다. 통일부를 출입하면서 북한이탈주민 2백여 명을 취재해 쓴 기획기사 '2004 탈북자 실태보고서'로 한국기자협회 이달의 기자상을 수상했다. 남북 회담과 교류가 활발하던 시기에 공동기자단으로 평양을 두 차례 방문하기도 했다. 2009년 5월 MBN으로 옮겨 정치부와 경제부, 산업부에서 경험을 쌓았다. 서울시 출입을 끝으로 현장 기자생활을 마감하고 이후 앉은뱅이로 불리는 데스크 역할을 했다. 보도제작부장과 전국부장을 거쳐 현재는 편성기획부장을 맡고 있다.

KBS

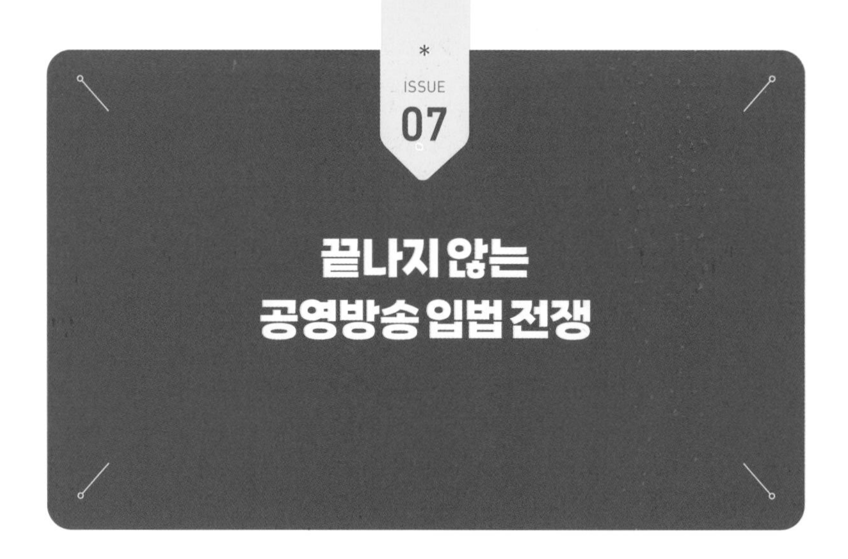

끝나지 않는 공영방송 입법 전쟁

무더웠던 2024년 여름을 더 뜨겁게 달궜던 이슈가 방송4법이다. 더불어민주당 언론개혁TF 단장인 한준호 의원이 대표 발의한 4개 법 개정안(방송법 · 방송문화진흥회법 · 한국교육방송공사법 · 방통위설치법 개정안)을 말한다. 야당은 공영방송 지배구조 개선과 방송통신위원회 정상화를 위한 '방송정상화 3+1법'으로 부른다.

방통위설치법 개정안을 제외한 나머지 3개 법안은 공영방송 이사 수를 21명으로 늘리고 이사 추천 주체를 다양화하는 내용을 담고 있다. 대통령과 정부여당, 이른바 집권세력이 공영방송 이사회를 장악해 사장을 낙점하고 공영방송을 정권의 나팔수로 전락시키는 관행을 막겠다는 취지이다. 방통위설치법 개정안은 방통위의 의결 정족수를 현재 2명에서 4명으로 늘리는 것이 핵심이다.방통위는 5명의 상임위원으로 구성된 합의제 기구인데, 윤석열 정부 들어 대통령이 추천한 2명의 위원만이 공영방송 이사 교체 등 중요한 의결을 했다. 야당은 이런 파행적 운영을 막겠다며 방통위설치법 개정안을 추가했다.

방통위법을 제외한 방송3법은 이미 지난 21대 국회에서 본회의를 통과했다. 하지만 윤석열 대통령이 거부권을 행사했고 2023년 12월 8일 21대 정기국회 마지막 본회의에서 재표결 끝에 부결돼 폐기됐다. 더불어민주당은 22대 국회가 개원하자 방통위법을 추가해 방송4법을 발의하고 2024년 7월말 국회 본회의에서 통과시켰다. 하지만 윤 대통령이 거듭 거부권을 행사했고 본회의 재표결에서 출석 의원 3분의 2 찬성을 얻지 못해 폐기됐다. 야당은 방송법 개정을 다시 추진할 방침이라 '공영방송 입법 전쟁'은 현재진행형이다.

땡전 뉴스를 아십니까?

1981년 정권을 잡은 신군부 시절, 방송사들이 매일같이 9시뉴스 첫 기사를 당시 전두환 대통령 소식으로 다룬 것을 비꼰 용어다. 밤 9시를 알리는 시보가 '땡' 하고 울린 후 방송 뉴스가 시작되면서 앵커가 처음 내뱉는 말이 '전두환 대통령은 오늘……'이었기 때문에 만들어졌다. 시보 '뚜뚜뚜 뚜~' 후에 바로 '전두환 대통령은……' 이라는 멘트가 나와 '뚜뚜전 뉴스'라고도 불렸다.

이런 땡전뉴스는 신군부가 전두환 대통령 관련 기사를 뉴스 맨 앞에 나가게 지시했기 때문에 벌어진 일이다. 대통령의 사소한 동정이라도 톱뉴스로 나가면서 민생 등 더 중요한 뉴스는 뒤로 밀려났다. 이런 상황에서도 당시 두 방송사 KBS와 MBC는 땡전뉴스 경쟁까지 벌였다. KBS에서는 대통령 영상만 따로 다루는 전용 편집실을 두었고, 이에 MBC도 뉴스 편집 데스크와 청와대 담당 기자만 사용할 수 있는 땡전뉴스 전용 편집실을 마련했다.

땡전뉴스 때문에 기자가 감봉 징계를 받는 일도 있었던 것으로 전해진다. 어느 날 전 대통령 동정 영상이 늦게 도착해 MBC 뉴스데스크 첫 번째 소식으로 나가지 못하고 두 번째 기사로 나갔는데 중대한 방송사고로 처리된 것이다. 뉴스를 9시 이후에 시작하더라도 첫 기사로 대통령 행보를 내보내야 하는데 그렇게 하지 못했다는 이유다.

대한항공 007편 격추사건이 있었던 1983년 9월 1일에도 MBC 뉴스데스크의 시작은 '오늘 전두환 대통령은……' 이었다. 당시 소련군이 한국 여객기를 전투기로 오해해 격추시켜 269명이 숨진 큰 사건이었다. 전 세계 외신도 대서특필했던 그때 한국 방송사는 전두환 대통령 소식을 톱뉴스로 내보냈다. 전 대통령이 서울 청진동 거리에서 빗자루를 들고 웃으면서 청소하는 장면이 나간 것이다.

땡전뉴스도 예외는 있었다. 1981년 3월 31일 뉴스에서 로널드 레이건 암살미수 사건이 제일 먼저 보도됐다. 5·18 광주민주화운동을 무력으로 진압하고 집권한 군사정권으로서 미국 정부의 묵인이 정권 존립에 가장 큰 힘이 되었기 때문으로 풀이된다.

공영방송인 KBS가 경쟁하듯 땡전뉴스를 내보내자 국민과 시민단체들은 1986년부터 KBS 수신료 납부 거부운동을 본격적으로 전개하고 나섰다. 이 운동으로 KBS 수신료 징수액이 급격히 줄어들었다. 1984년 1,148억 원대에서 1988년 785억 원으로 급감했다. KBS 매출액에서 수신료가 차지하는 비율도 크게 줄어 1987년 40% 이하로 떨어졌다. 수신료 납부거부 운동은 1987년 대통령직선제 개헌 등 민주화를 요구하며 전국적으로 일어난 6월 항쟁에도 영향을 끼쳤다.

방송의 자유와 독립을 보장한 방송법 제정

6월 항쟁 이후 대한민국 역사상 9번째 개헌이 이루어졌다. 대통령직선제를 담고 있는 이 헌법은 1987년 10월 27일 국민투표를 통해 확정되었고 같은 해 11월 28일 방송법이 제정되었다.

방송법은 제1조에 이 법의 목적을 밝혔다. 방송의 자유와 독립을 보장하고 공적 책임을 높이기 위함이라고 명시했다. 1999년 이 방송법과 종합유선방송, 유선방송관리법을 통합해 새로운 방송법이 만들어졌고, 2009년 7월에는 당시 여당 한나라당이 야당의 심한 반대에도 신방겸업을 가능하게 하는 방송법과 신문법, IPTV법을 개정했다. 방송법은 여러 차례 개정 과정을 거쳤지만 제1조 목적은 바뀌지 않았다.

방송법에 따르면 방송편성의 자유와 독립이 보장되고, 누구든지 방송

방송법

제1조(목적)
이 법은 방송의 자유와 독립을 보장하고 방송의 공적 책임을 높임으로써 시청자의 권익보호와 민주적 여론형성 및 국민문화의 향상을 도모하고 방송의 발전과 공공복리의 증진에 이바지함을 목적으로 한다.

편성에 관해 이 법 또는 다른 법률에 의하지 않고는 어떠한 규제나 간섭도 할 수 없다. 하지만 현실은 달랐다. 정권이 바뀔 때마다 방송의 정치적 독립성과 중립성, 민주성은 흔들렸다. 권력을 잡은 세력은 어김없이 공영방송을 장악하려 했다. 공영방송의 이사진을 바꾸고 친정부 인사를 사장으로 임명해 정권의 나팔수로 삼으려 했다는 비판을 받아왔다. 집권세력은 공영방송을 정권교체의 전리품으로 여기고 자신들에게 유리한 여론형성을 위한 도구로 활용하기 위해 장악하려 한 것이다.

치밀한 KBS 장악 전략

집권세력이 어떻게 공영방송을 장악해 나가는지는 민주언론시민연합이 펴낸 「이명박·박근혜 정권 시기 언론장악백서」에 잘 나와있다. 2008년 이명박 정부 이후 방송 장악 시나리오는 다섯 단계로 진행되었다고 한다. 사전 정지 작업-낙하산 사장 투입-간부 인사 단행-탄압과 징계-프로그램 폐지·축소 및 친정부 보도로 이어졌다.

2008년 3월 당시 이명박 대통령은 최시중 씨를 방송통신위원회 위원장으로 임명하며 1단계 사전 정지작업을 시작했다. 방송통신위원회는 공영 방송사 이사를 추천·임명하는 곳인데, 그 기관의 수장으로 대통령 최측근이자 선대위 상임고문을 맡은 캠프 인사을 앉힌 것이다. 최시중 위원장이 '방송 장악 총사령관'으로 불린 이유이다. 최 위원장 임명은 공영방송 접수를 위한 작업이 시작되었음을 알리는 신호탄이었다.

그해 5월 최시중 위원장이 김금수 KBS 이사장에게 정연주 KBS 사장 사퇴를 압박하자 김 이사장이 물러났다. 7월에는 당시 동의대 교수였던 신태섭 KBS 이사를 해임했다. 동의대 측에 교육부 감사 등을 언급하며 신 교수를 해임하게 압박한 것으로 전해졌다. 동의대는 총장의 승인 없이 KBS 이사로 활동했다는 이유로 신 교수를 해임했고, 방통위는 교수직 해임으로 결격 사유가 발생해 KBS 이사직에서 해임한다는 얽히고설킨 논리였다.

KBS 이사진 교체와 맞물려 사장 교체라는 2단계 작업이 은밀히 진행되고 있었다. 2008년 5월 한 보수단체가 감사원에 KBS 특별감사를 청구해 감사원이 감사에 나섰다. 국세청이 세무조사를 벌이는 등 전방위 압박을 가했고 검찰은 정연주 사장을 배임 혐의로 기소했다. KBS가 국세청과의 소송에서 법원 조정에 따라 합의했는데, 이 합의로 인해 KBS에 손해를 끼쳤다는 혐의였다. 법원의 조정에 따랐을 뿐인데 수사를 받고 기소까지 된 것이다. 몇 년 뒤 정연주 사장은 대법원에서 무죄 확정 판결을 받았지만, 2008년 8월 8일 KBS 이사회는 정연주 사장 해임안을 통과시켰다. 이후 이명박 대선캠프 언론특보였던 김인규 씨가 KBS 사장으로 낙하산을 타고 내려왔다.

민주언론시민연합이 2017년에 공개한 「이명박 · 박근혜 정권 시기 언론장악백서」 표지.

인사권으로 보도·제작 통제

이명박 대통령 취임 직후인 2008년 2월 뉴스데스크 앵커 출신인 엄기영 씨가 MBC 사장으로 선출됐다. 엄 사장은 나름 MBC에서 상징성이 있는 인물로 받아들여졌기 때문에 당시에는 사장 교체 문제가 불거지지 않았다. 하지만 PD수첩의 광우병 보도가 쇠고기 촛불 시위로 번지면서 분위기가 달라졌다. 농식품부가 명예훼손 혐의로 수사를 의뢰했고 검찰이 조능희 · 송일준 · 이춘근 · 김보슬 PD와 김은희 · 이연희 작가 등 제작진을 체포했다.

광우병 사태 이후 2010년 2월 엄기영 사장이 스스로 물러났다. 당시 MBC의 대주주인 방송문화진흥회(방문진)는 이미 여당 측 추천 인사로 바뀌어 있었다. 방문진이 추천을 받은 김재철 씨가 후임 사장으로 임명됐다. 사장이 바뀌면 제일 먼저 친정부 인사를 간부 자리에 앉히려 했다. 인사권을 무기 삼아 조직을 통제하고 보도 · 제작 내용을 입맛에 맞게 요리하겠다는 의도로 풀이된다.

2008년 11월 YTN 전무가 된 배석규 씨는 나중에 사장을 했는데, 2009년 9월 총리실 민간인 사찰 문서에 그와 관련한 내용이 나온다. '현 정부에 대한 충성심이 돋보인다'고 적혀 있던 것으로 전해졌다. 2010년

MBC 편성본부장을 맡았고 2014년 사장이 된 안광한 씨는 편성본부장 시절 PD수첩의 '4대강 수심 6m의 비밀'을 불방시켰다.

KBS 정연주 사장 후임인 이병순 사장은 대표적인 시사 프로그램 '시사투나잇'과 '미디어포커스'를 폐지하는 대신 이명박 대통령의 라디오 연설을 정례화했다. 홍미로우면서도 날카로운 비판으로 인기를 끌었던 YTN '돌발영상'도 배석규 사장 때 사라졌다. 진보적으로 정권에 비판적인 시각을 견지했던 진행자로 알려진 손석희·신경민·김미화 씨 등은 프로그램에서 내려와야 했다.

전국언론노동조합
NATIONAL UNION OF MEDIAWORKERS
KBS본부 특보

2
발행인
발행일 : 2010년 12월

KBS본부 임시사무실 전화:02-781-2980~2 팩스:02-781-2989 블로그:www.kbsunion.net 트위터:@kbsunion 이메일:kbsunion@gmail

'추적60분 '불방 외압 실체, 청와대는 사과하라!

지난 12월 8일 방송예정이었던 〈추적60분 '4대강 편〉 불방 사태의 외압 실체가 드러났다. 외압의 배후는 우려했던 대로 '청와대'였음이 문건을 통해 드러났다. KBS 정치외교부가 지난 12월 3일 작성한 보고서에 따르면 청와대 정무 1비서관은 '수신료 분위기가 안좋다' 'KBS가 추적 60분에서 천안함에 이어 경남도 소송-4대강 편-관련 방송을 하는 등 반정부적인 이슈를 다룬다'며, 'KBS가 왜 그러냐고 부정적인 보고를 했다'고 KBS 기자에게 전했다. '홍보 쪽은 물론 언론과 직접적인 관련이 없는 기획관리실장도 이 같은 보고를 했다'며 이런 분위기를 참고하라고 기자에게 충고까지 했다.

이 같은 내용은 곧바로 정치부장을 통해 사측 간부들에게 전해졌다.

" 수신료 좀 분위기가 안 좋다.
물가 등 얘기 나온다.
거기에다 홍보 쪽은 물론이고
김두우 기획관리실장도 KBS가
천안함 추적 60분 이어 경남도
소송 관련 추적 60분을 하는 등
반정부적인 이슈 다룬다며
KBS가 왜 그러냐고 부정적인
보고 했다. 그런 분위기도
참고해야 할 것 같다."

김연광 정무 1비서관 (12월 3일)

이 시점에서 사측은 곧바로 추적 60분에 대한 불방 검토에 착수했다. 사측은 보고 문건과 불방과는 전혀 관련이 없다고 주장하지만, 지난 3일 방송 내용도 전혀 모르는 보도본부장이 갑작스럽게 부사장에게 '추적60분 4대강 편'을 재검토해야 한다고 주장하면서 이번 불방 사태가 시작된 것만 보아도 충분히 알 수 있다. 사측은 더 이상 말도 안 되는 변명으로 이번 사태를 호도하려 하지 말라! 당장 청와대 외압의 실체를 낱낱이 고백하고 관련 책임자들은 스스로 물러나라! 또한 김인규 사장은 '추적 60분' 불방 사태에 대해 시청자에게 사과하고, 즉각 '4대강 편'을 방송하겠다고 약속하라!

사실 이 같은 사태는 대통령 특보 출신 인물이 사장으로 오면서부터 충분히 우려됐던 일이다. 김인규 사장 취임 이후 지난 1년 동안 KBS는 공영방송은 커녕 언론사라고 부르기 힘들만큼 친정부적인 편향 보도와 방송을 일삼아왔다. 얼마 전 예산안 날치기 사태에 대해서도 철저히 여당 편향적이고 본질을 흐리는 '물타기식' 보도를 일삼다 야당 의원들이 KBS를 찾아와 항의하는 사태까지 벌어졌다. 이것이 김인규 사장이 1년 동안 망쳐놓은 공영방송 KBS의 모습이다.

마지막으로 현 정권에도 경고한다. 수신료 인상을 거론하면서 "방송 보도를 막으려는 치졸한 작태를 당장 집어 치워라! 청와대 기획관리실이 언론사에 대한 '보도 지침'을 만드는 곳이냐!
도대체 KBS 기자가 참고해야 할 것이 무엇인지 당장 밝혀라! 방송 제작과 편성에 관여하면서 정권의 입맛대로 KBS를 길들이고자 한다면 먼저 우리 언론노조 KBS본부 1천여 조합원의 강고한 대오부터 넘어야 할 것임을 각오하라!

2010년 12월 14일 전국언론노동조합 KBS본부

전국언론노조 KBS본부 가입 안내

Q 전국언론노조 KBS본부 가입은 어떻게 하면 되나요?
전국언론노조 KBS본부 가입신청서와 CMS 조합비 납부 계좌이체 동의서를 작성하여, 전국언론노조 KBS본부로 직접 또는 팩스(2989)로 보내주시면 됩니다.
전국언론노동조합 KBS본부 임시 사무실 (연구동 3동 301호) 전화: 02-781-2980~2, 팩스: 02-781-2989

공영방송의 독립성과 보도의 공정성, 제… 의 자율성을 확보하고, KBS를 신뢰받… 국민의 방송으로 되살리기 위한 전국언… 노조 KBS본부의 의미있는 발걸음에 함… 할 여러분들을 기다립니다!

4대강을 다룬 '추적 60분' 불방에 항의하는 내용을 담은 전국언론노동조합 KBS본부 특보.

정권의 방송장악에 저항하다

정권의 치밀한 방송장악 프로그램이 진행되면서 기자와 PD 등 언론인들은 강하게 반대했다. 2008년에 정연주 KBS 사장 해임 반대 투쟁과 YTN 낙하산 사장 반대 투쟁이 있었다. 2010년에는 MBC 39일 파업과 KBS 29일 파업이 진행됐다. 2012년에도 MBC 170일 파업과 KBS 95일 파업이 이어졌다.

이런 언론인들의 저항에 방송사 측은 해직과 정직 등 강한 징계로 대응했다. 얼토당토않은 전보로 보복하기도 했다. 기자를 자료실로 발령 내고 PD를 스케이트장으로 보내기도 했다. 파업에 참여한 아나운서를 주조정실에서 근무하게 하는 식으로 모멸감을 줬다.

박근혜 정부의 언론장악 가속화

이명박 정권이 단계적으로 방송사를 장악하며 자기편 사람들을 심었다면 박근혜 정부는 언론 장악을 더 공고히 했다는 분석이 나온다. 박근혜 정부는 극우에 가깝다는 평가를 받는 인물을 방송사와 방문진 이사로 임명했다. 방송통신위원회는 2014년 9월 뉴라이트 인사인 이인호 씨를 KBS 이사로 추천했다.

MBC도 마찬가지였다. MBC의 대주주인 방문진 이사장으로 공안검사 출신 고영주 씨를 선출했다. 그는 매카시즘적 발언으로 유명하다. 방문진은 박근혜 대통령에 대한 헌법재판소의 탄핵심판 선고를 앞두고 있던 2017년 2월 김장겸 씨를 MBC 사장으로 임명했다. 박근혜 정권이 어떻게 될지 모르는 상황에서 단행한 '알박기 인사'라는 비판이 일었다.

'내로남불' 말 바꾼 문재인 정부도 할 말 없다?

야당일 때는 공영방송의 지배구조를 개선해 정권이 언론을 장악하지 못하게 하자고 주장하다가 여당이 되면 언제 그랬느냐는 식으로 입을 꾹 다문다. 야당은 방송법에 대해 정부여당이 언론을 장악하기 위해 휘두르는 나쁜 흉기이기 때문에 고쳐야 한다고 말하고, 여당은 공권력을 수행하기 위해 사용하는 정당한 도구라고 주장한다. 이렇게 여야가 입장이 바뀔 때마다 다른 말을 하기 때문에 방송법을 두고 내로남불(내가 하면 로맨스, 남이 하면 불륜)의 표본이라고 한다.

더불어민주당은 2016년 방송법 개정안을 준비했다. 공영방송 이사 추천에 있어 여야 비율을 7 대 6으로 바꾸고, 공영방송 사장을 대통령에게 임면 제청할 때 재적 이사의 3분의 2가 찬성해야 한다는 내용이다. 이렇게 되면 공영방송 사장 임명 때 여당이 야당의 동의를 얻어야 한다. 당시 야당이던 더불어민주당이 중립적인 공영방송 사장을 선택하기 위해 필요하다며 준비한 법안이다.

이후 박근혜 전 대통령이 탄핵으로 물러나고 대선 국면에 접어들면서 문재인 후보는 "공영방송 지배구조를 개선해 정권이 언론을 장악하지 못하도록 하겠다."고 공언했다. 문재인 전 대통령은 취임 후 100일 기자회견에서도 "공영방송 지배구조 개선을 제도적으로 보장하겠다."며 "정권이 언론을 장악하지 못하도록 확실한 방안을 입법을 통해 강구할 것"이라고 거듭 강조했다.

하지만 몇 달 뒤 문 전 대통령은 말을 바꿨다. 2017년 8월 방송통신위원회 업무보고에서 문 전 대통령은 "만약 이 방송법 개정안이 통과된다면 어느 쪽에서도 비토를 받지 않은 사람이 선임되지 않겠는가."라고 물으며 "소신 없는 사람이 될 가능성도 있다."고 지적했다. 공영방송 이사회 구조를 바꾸는 방송법 개정안을 재검토하라는 지시나 다름없었다. 문 전 대통령의 이 발언 이후 더불어민주당 의원들도 태도를 바꿨다. 과학기술정보방송통신위원회 소속 의원들은 "방송법 개정안을 토의한 결과, 대안을 검토할 필요가 있다."며 한발 물러섰다.

이후 방송미래발전위원회를 구성한 방통위는 '공영방송 지배구조 개선에 관한 의견서'를 국회에 냈지만 20대 국회 임기가 끝나면서 자동 폐기됐다. 민주당이 다수 의석을 차지했던 21대 국회에서는 방송법 개정이 거의 논의되지 않았다. 문재인 정부와 여당이 방송법 개정에 미온적인 태도를 보이자 야당이 '방송법 개정안을 처리해 공영방송을 국민에게 돌려주자'고 주장했다. 당시 자유한국당은 "정권을 잡고 방송장악이 그렇게 달콤했나."라며 "공영방송을 국민에게 돌려주는 방송법 개정안에 즉각 합의하라."고 요구했다. 바른미래당도 "방송법 개정안은 야당 시절 민주당이 발의하고 의원 162명이 동의한 법"이라며 방송법 개정안 처리를 촉구했다.

윤석열 대통령도 방송법 개정 약속했지만……

20대 대선 기간인 2021년 11월 윤석열 대통령도 여야가 공영방송 이사를 7 대 6으로 추천하고 이사 중 3분의 2 이상의 찬성으로 사장을 선출하는 방안을 제시했다. KBS 미디어비평 프로그램 '질문하는 기자들 큐'에서 답한 것이다. 하지만 그런 윤석열 정부도 취임 후에는 야당에서 방송법 개정안을 들고 나오자 '야당이 방송을 영구장악하려는 법'이라며 대화를 거부하고 있다. 공영방송 이사진 교체를 통해 사장 등 경영진을 바꾸는 일을 두고 여당은 방송 정상화라고 주장하고 야당은 방송 장악이라고 비난하는 행위가 반복되고 있다.

더불어민주당이 다시 방송법 개정의 필요성을 주장하고 나선 건 2022년 3월 대통령선거에서 패배한 뒤였다. 권력을 잡았을 때 기존 방송법을 이용해 공영방송을 장악하는 건 필요한 것 같고 권력을 잃고 나면 상대 진영으로 넘어간 방송법이라는 칼을 무디게 만들어야 한다고 주장하는 꼴이다.

방송법 개정의 목적과 순수성이 의심받는 대목이다. 언론의 독립성과 중립성을 지키기 위한 것이라기보다 여야의 입장에 따라 방송법을 이용한다는 비난을 피하기 어렵다. 방송법을 개정할 수 있을 땐 개정하지 않고 방송법의 열매를 따 먹다가 그 열매가 다른 편으로 넘어가면 그걸 없애야 한다고 하니 비판을 받는 것이다.

그럼에도 정치권이 야당만 되면 방송법 개정안을 들고 나오는 것은 나름의 이유와 의미가 있기 때문이다. 현재의 방송법 상황에서 공영방송이 집권세력의 영향에서 자유롭지 않다는 사실에 공감하고 있다는 점이다. 정치권력에 휘둘리는 공영방송의 지배구조를 개선해 중립성과 독립성을 지켜야 한다는 국민 여론이 있는 것도 오랜 기간 우여곡절을 겪은 방송법 개정에 또 다시 주목하는 이유다.

새로운 방송법 개정안 발의

더불어민주당은 대선 패배 직후인 2022년 3월 정필모 의원이 의원 170명을 대표해 새로운 방송법 개정안을 발의했다. 이 개정안은 11명으로 구성된 공영방송 이사회를 방송통신위원회가 임명하는 '25명의 운영

개정안이 발의된 방송3법

방송법	방송의 자유와 독립을 보장하고 방송의 공적 책임을 높임으로써 시청자의 권익보호와 민주적 여론형성 및 국민문화의 향상을 도모하고 방송의 발전과 공공복리의 증진에 이바지함을 목적으로 하는 법으로, 1987년 11월 28일 '법률 제3978호'로 제정되었다.
방송문화진흥회법	방송문화진흥회를 설립하여 방송문화진흥회가 최다출자자인 방송사업자의 공적 책임을 실현하고 민주적이며 공정하고 건전한 방송문화의 진흥과 공공복지 향상에 이바지함을 목적으로 하는 법으로, 1988년 12월 26일 '법률 제 4032호'로 제정되었다.
한국교육방송공사법	한국교육방송공사를 설립하여 교육방송을 효율적으로 실시함으로써 학교교육을 보완하고 국민의 평생교육과 민주적 교육발전에 이바지함을 목적으로 하는 법으로, 2000년 1월 12일 '법률 제6136호'로 제정되었다.

2023년 발의된 방송3법 개정안 핵심 내용

- KBS · MBC · EBS 등 공영방송 이사를 9~11명에서 21명으로 확대
- 국회 5명, 시청자위원회 4명, 언론학회 6명, 방송인단체 6명 이사 추천
- 100명의 사장후보국민추천위원회가 2~3명 추천, 3분의 2 이상 찬성(특별다수제)으로 사장 임명

위원회'로 바꾸자는 것이다. 또 시청자사장추천평가위원회가 복수의 사장 후보를 추천하고 특별다수제(3분의 2 찬성)로 사장을 임명 제청하도록 했다. 하지만 2차 검찰개혁, 이른바 검수완박의 소용돌이 속에서 개정안에 대한 관심은 멀어져갔다.

1년 뒤인 2023년 4월 더불어민주당은 방송법 개정안을 다시 추진했다. 방송법 개정 종합안을 과방위 이름으로 발의했는데, 방송법 개정안과 방송문화진흥회법 개정안, 한국교육방송공사법 개정안으로 이른바 방송3법 개정안으로 불렸다.

방송3법 개정안은 현행 9~11명인 공영방송 이사(KBS 11명, MBC 방송문화진흥회 · EBS 9명)를 21명으로 늘리고, 국회가 5명, 시청자위원회가 4명, 언론학회가 6명, 방송인단체가 6명(방송기자연합회 · 한국PD연합회 · 한국방송기술인연합회 각 2인)의 이사를 추천하도록 했다. 또 100명의 사장후보국민추천위원회가 2~3명의 사장 후보자를 추천해 이사회 재적 3분의 2 이상 찬성, 이른바 특별다수제로 의결하도록 규정 했다.

KBS와 MBC, EBS의 지배 구조를 바꾸는 내용을 담은 방송3법은 2023년 11월 9일 국회 본회의를 통과했다. 애초 국민의힘은 무제한토론 필리버스터를 통해 방송 관련 3법 개정안 통과를 저지할 방침이었지만, 본회의에 보고된 이동관 방송통신위원장에 대한 탄핵소추안 표결을 막기 위해 필리버스터를 전격 철회했다. 이에 국민의힘 의원들이 퇴장한 가운데 더불어민주당 주도로 방송3법 개정안을 통과시킨 것이다.

하지만 윤석열 대통령이 방송3법에 대해 거부권을 행사했고 정부는 공영방송 이사회 구성의 편향성과 법안 처리 과정에서 절차적 정당성이

전국언론노동조합 등 16개 언론·노동시민사회단체가 2023년 9월 방송관련법 개정안의 입법을 촉구하며 국회 정문에서 릴레이 108배를 진행했다.

부족하다는 이유를 들어 재의를 요구했다. 2023년 12월 8일 국회 본회의에서 방송3법 재의 안건이 상정됐고 재표결이 이뤄졌지만 출석 의원 3분의 2 찬성을 얻지 못해 부결됐고 결국 폐기됐다.

더불어민주당은 21대 국회에서 윤석열 대통령의 거부권 행사로 폐기된 방송3법을 22대 국회에서 재발의했다. 이어 2024년 6월13일 정책 의원총회를 열어 방송3법 개정안을 당론으로 채택했다. 다음날 국회 과학기술정보방송통신위원회가 야당 소속 위원들만 참석한 가운데 전체회의를 열어 공영방송 지배구조 관련 방송3법(방송법·방송문화진흥회법·한국교육방송공사법 개정안)에 방송통신위원회 의결 정족수를 4인 이상으로 규정한 방통위설치법 개정안을 더해 이른 방송4법을 상정했다.

방통위법 개정안이 추가된 이유는?

문재인 정부 때 임명된 한상혁 방송통신위원장은 윤석열 정부가 들어선 뒤에도 임기를 채우겠다고 버텼다. 그러자 윤석열 정부는 한 위원장을 국무회의에서 배제하는 등 사퇴 압박을 가했다. 감사원이 방통위에 대해 1년 넘게 감사를 벌였고, 감사 내용을 넘겨받은 검찰은 한 위원장이 TV조선 재승인 심사 때 점수를 낮게 수정하라고 지시했다는 혐의로 2023년 3월 구속영장을 청구했으나 법원이 기각했다.

그러자 검찰은 한 위원장을 불구속 기소했고, 대통령실은 윤석열 정부 출범 1주년이 되는 5월10일 한 위원장이 기소됐다는 이유로 면직안을 올렸다. 5월 30일 윤 대통령은 한 위원장에 대한 면직 처분안을 재가했다. 임기 2개월을 남기고 사실상 강제 해임한 것이다.

앞서 더불어민주당 주도로 2023년 3월 최민희 현 국회 과학기술정보통신위원장을 방통위원으로 추천하는 안을 의결했지만, 대통령실은 이해충돌 사안이 있다며 임명을 하지 않았다. 그해 7월 김효재·김현 상임위원의 임기가 끝나고 이동관 전 위원장이 사퇴하면서 방통위는 2인 체제로 회의를 열고 안건을 의결했다.

방통위는 5인의 위원을 정원으로 하는 합의제 기구다. 방통위원장을 포함해 대통령이 2명을 지명하고 국회가 3명(여당 1명·야당 2명)을 추천해 구성된다. 더불어민주당은 방통위의 2인 체제가 위법이라고 보고 이런 파행적 운영을 막기 위해 '방통위 회의는 4인 이상 위원의 출석으로 개의한다'는 문구를 추가해 '방송통신위원회의 설치 및 운영에 관한 법' 이른바 방통위법 개정안을 발의했다. 방통위 회의의 의결정족수를 4인으로 늘리는 것이다. 언론노조 MBC본부 교육문화국장을 지낸 한준호 의원이 대표 발의했다.

방송4법 국회 본회의 통과

2024년 7월 30일 한국교육방송공사법(EBS법) 개정안이 가결되면서 일명 방송4법(방송법·방송문화진흥회법·EBS법·방송통신위원회설치법)이 모두 국회

방송4법 발의와 폐기 과정

2024. 06.13	방송정상화 3+1법 발의
06.18	과학기술정보통신위원회 통과
06.25	법제사법위원회 통과
07.26	방통위설치법 개정안 본회의 통과
07.28	방송법 개정안 본회의 통과
07.29	방송문화진흥회법 개정안 본회의 통과
07.30	한국교육방송공사법(EBS법) 개정안 본회의 통과
08.12	윤석열 대통령 방송4법 거부권 행사
09.26	방송4법 재의결 → 부결 → 폐기

본회의를 통과했다. 앞서 7월 25일 오후 5시30분쯤 더불어민주당 등 야당이 발의한 방송4법이 국회에 상정됐다. 이에 국민의힘이 필리버스터를 신청해 5박 6일간 진행되면서 방송4법은 상정 후 111시간 만에 국회 문턱을 넘었다.

여당 반발……"악법 중 악법"

국민의힘은 반발했다. 추경호 원내대표는 방송4법 국회 통과 직후 가진 규탄대회에서 방송 4법에 대해 "문재인 정권이 민주노총 언론노조와 한편이 돼 장악했던 공영방송을 영구적으로 민주당 손아귀에 쥐겠다는 악법 중 악법"이라고 비난하며 "집권 여당의 책임을 다하기 위해 대통령에게 재의요구권을 건의하겠다. 결단코 방송 장악 악법이 시행되는 일이 없도록 하겠다."라고 밝혔다.

대통령실도 여야 합의 없이 야권이 강행처리한 것을 비판했다. 대통령실 관계자는 "야당 주도로 단독 발의돼 사회적 합의와 여야 간 합의가 없는 야당의 단독 결의로 인한 법안에 우려를 표한다."고 말했다. 그러면서 "방송4법은 공영방송 지배구조 변경 등 공영방송 제도의 중대한 변화를 가져오는 상황이라 사회적 합의가 필요하고 국회에서 여야가 합의해서 개선안을 마련해야 한다는 것이 대통령실 입장"이라고 덧붙였다.

끝나지 않은 입법 전쟁

방송4법이 국회 본회의를 통과하고 10여 일이 2024년 8월 12일 윤석열 대통령은 재의요구권, 이른바 거부권을 행사했다. 4개의 개정안에 대한 일괄적인 조치로 취임 이후 16~19번째 거부권 행사가 이뤄졌다.

국회는 9월 26일 본회의에서 방송4법 각각의 개정안에 대해 다시 투표했으나 모두 부결됐다. 대통령이 거부권을 행사해 국회로 돌아온 법안의 재의결은 재적 의원 과반 출석에 출석 의원 3분의 2 이상이 찬성해야 가결되지만 4개 개정안 모두 충족시키지 못했다. 예를 들어 방통위법 개정안은 재석 의원 299표 중 찬성 189표, 반대 108표, 무효 2표가 나왔

2024년 10월 31일, 우원식 국회의장이 방송현장 혼란 해결을 위한 방송법 범국민협의회 준비 모임을 개최했다.
© 국회방송

다. 방송4법은 모두 재의결에서 부결되면서 자동 폐기됐다.

더불어민주당 등 야당은 방송4법 개정안을 재추진할 방침으로 알려졌다. 야당이 주도한 입법 → 대통령 거부권 행사 → 재표결 후 폐기라는 갈등의 악순환이 계속 반복될 것으로 보인다.

방송법을 개정하려는 야당과 이를 막으려는 여당 간의 소모적인 충돌과 입법 전쟁이 예상되자 우원식 국회의장이 협의체 방안을 내놓았다.

우 의장은 방송4법 재검토를 위한 범국민협의체 구성을 제안했다. 국회의장 자문기구로 '공영방송 지배구조 개선 범국민협의회'를 만들어 돌파구를 찾겠다는 것이다. 협의회 위원들을 여야 추천으로 구성해 논의를 해나가겠다는 구상인데 여야가 이 제안을 선뜻 받아들이지 않아 실제 이뤄질지는 미지수다.

* ISSUE 08

노벨문학상 수상

전혼잎

한국일보 기자

2014년 입사해 기자생활을 시작했다. 정치부와 정책사회부, 어젠다 기획부 마이너리티팀을 거쳐 지금은 문화부에서 문학에 관한 기사를 쓴다. 비정규직 노동 등을 취재한 기획기사로 한국기자협회 이달의 기자상, 한국여성기자상, 국제앰네스티 언론상을 받았다. 저서로는 『가장 보통의 차별』, 『중간착취의 지옥도』(공저) 등이 있다.

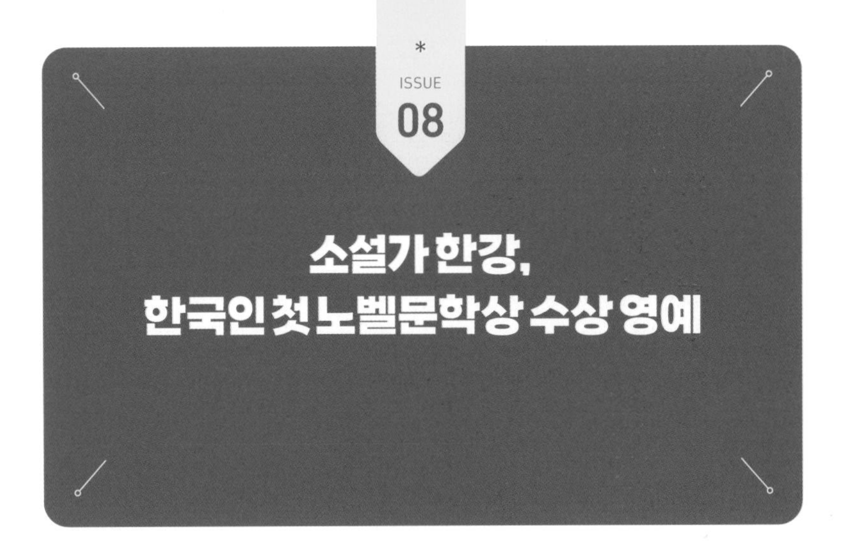

소설가 한강, 한국인 첫 노벨문학상 수상 영예

2024년 10월 10일. 노벨문학상 수상자로 한국의 작가 한강의 이름이 불렸다. 한강 자신도 수상 소식을 전화로 듣고 “장난 전화인줄 알았다.”고 여겼을 정도로 갑작스러운 수상이었다. 이는 한국인 최초의 노벨문학상이자 아시아 여성 작가로서도 처음이다. 한국인이 노벨상을 받은 것은 2000년 평화상을 받은 고(故) 김대중 전 대통령에 이어 두 번째다.

스웨덴 한림원은 노벨문학상 선정 이유로 “역사적 트라우마와 보이지 않는 규칙에 맞서고 인간 삶의 연약함을 폭로하는 강렬한 시적 산문”이라는 점을 꼽았다. 미국 뉴욕타임스(NYT)는 한강의 노벨문학상 수상을 알리며 “최근 노벨위원회가 유럽과 북미 이외 지역과 여성 수상자가 적다는 비판에 직면한 후 문학상 후보 작가의 다양성을 높이기 위해 노력해 왔다”고 전했다. 한강 작가는 역대 노벨문학상 수상자 121명 중 18번째 여성 수상자다. 아시아 작가로 과거에 이 상을 받은 사람은 인도의 라빈드라나트 타고르(1913년), 일본의 가와바타 야스나리(1968년)와 오에 겐자부로(1994년), 중국의 모옌(2012년)뿐이다.

세계 최고 권위의 문학상으로 여겨지는 노벨문학상의 한국인 최초 수상에 한국은 들썩였다. 각 언론사는 앞다퉈 속보에 이어 관련 기사를 쏟아냈다. 전국 서점과 도서관에는 ‘노벨문학상 수상자의 책을 원서로 읽자’며 한강의 책을 구입하고 빌리려는 행렬이 이어졌다. 노벨문학상 발표 엿새 만에 온라인과 오프라인 서점을 통틀어 한강의 책은 100만 부가 팔렸을 정도로 높은 관심이었다. 한국뿐 아니라 해외에서도 한국인 작가 한강과 그의 작품을 향한 관심이 이어졌다. 문학평론가인 이광호 문학과지성사 대표는 "세계 문학계에서 주변부 문학이었던 한국문학이 더 이상 변방이 아니라 세계 문학의 중심에 있다는 걸 보여줬다."라고 강조했다. 노벨문학상이 한강뿐 아니라 한국문학의 경사가 된 이유다.

한강은 누구인가

1970년 11월 한국 광주광역시에서 태어난 한강. 그는 어린 시절 서울로 올라와 풍문여고를 거쳐 연세대 국문과를 졸업했다. 작가로서의 시작은 '시인'이었다. 소설가 한승원의 딸인 그는 1993년《문학과사회》를 통해 시인으로 등단했다. 대학을 졸업하고 잡지《샘터》에서 기자로 근무하던 시절이었다. 이듬해 서울신문 신춘문예에 소설 '붉은 닻'이 당선돼 소설가로도 등단한 한강은 30년간 성실하게 소설을 써냈다. 2005년에는 심사위원 전원 일치 평결로 소설 '몽고반점'이 한국의 권위 있는 문학상인 이상문학상 대상을 받았다. 당시 아버지(1988년)에 이어 2대가 같은 상을 받은 것으로 화제가 되기도 했다.

2015년에는 첫 시집 '서랍에 저녁을 넣어 두었다'를 발표하는 등 시 또한 쓰고 냈다. 2024년 9월《문학과사회》가을호에 시 '북향 방'과 '(고통에 대한 명상)' 두 편을 발표하기도 했다. 그의 작품을 '시적 산문'이라고 짚

서울 마포구 교보문고 합정점에 한강 작가의 노벨문학상 수상을 기념하는 특별 매대가 설치되어 있다.

한강이 걸어온 길

1970년 11월 27일 전라남도 광주에서 소설가 한승원의 딸로 태어남
1988년 풍문여자고등학교 졸업
1989년 연세대학교 국어국문과 입학
1993년 연세대학교 국어국문학과 졸업. 계간《문학과사회》에 '얼음꽃' 외 4편의 시로 등단
1994년 서울신문 신춘문예에 단편소설 '붉은 닻'으로 당선
1995년 소설집 『여수의 사랑』 출간
1998년 장편소설 『검은 사슴』 출간
1999년 중편소설 『아기부처』 출간
2000년 소설집 『내 여자의 열매』 출간
2002년 동화책 『내 이름은 태양꽃』, 장편소설 『그대의 차가운 손』 출간
2003년 산문집 『사랑과, 사랑을 둘러싼 것들』, 동화책 『붉은 꽃 이야기』, 소설집 『노랑무늬영원』 출간
2005년 제29회 이상문학상 대상 수상
2007년 산문집 『가만가만 부르는 노래』, 동화책 『천둥 꼬마 선녀 번개 꼬마 선녀』, 소설집 『채식주의자』 출간. 서울예술대학 문예창작과 교수 임용
2008년 동화책 『눈물상자』 출간
2010년 장편소설 『바람이 분다, 가라』 출간, 동리·목월문학상 수상
2011년 장편소설 『희랍어 시간』 출간
2012년 소설집 『노랑무늬 영원』 출간
2013년 시집 『서랍에 저녁을 넣어 두었다』 출간
2014년 장편소설 『소년이 온다』 출간
2015년 황순원문학상 수상
2016년 장편소설 『흰』 출간, 소설집 『채식주의자』로 맨부커상 인터내셔널(Man Booker International Prize) 부문 수상
2017년 이탈리아 말라파르테 문학상 수상
2018년 김유정문학상 수상, 스페인 산클레멘테 문학상 수상, 서울예술대학 문예창작과 교수직 퇴임
2019년 장편소설 『작별하지 않는다』 출간, 노르웨이 퓨처라이브러리 '올해의 작가' 수상
2022년 제13회 김만중문학상 대상 수상, 제30회 대산문학상 수상
2023년 프랑스 메디치 외국문학상 수상
2024년 프랑스 에밀 기메 아시아 문학상 수상, 삼성호암상 예술상 수상, 포니정 혁신상 수상

은 한림원의 평가는 이런 문학적 배경에서 왔다고 할 수 있다.

한강을 세계에 각인시킨 작품은 개인적인 폭력의 트라우마로 육식을 거부하는 여성을 그린 소설집 『채식주의자』(2007)다. 소설집은 표제작 '채식주의자'와 처제 '영혜'의 엉덩이에 있는 몽고반점에 집착하는 사

진작가 형부의 이야기인 '몽고반점', 남편과 여동생의 불륜을 인지한 '인혜'의 시각으로 그려진 '나무불꽃' 등 세 편의 연작소설로 꾸려졌다.

한강은 『채식주의자』를 "마치 한 여자의 작은 이야기인 것처럼 보이지만 정치적인 것으로 생각한다."고 말했다. "애초에 우리는 정치적인 것과 개인적인 것을 분리하지 못하는 삶을 산다."는 것이 그의 말이다. 어린 시절 아버지를 통해 1980년 5월 광주에서 학살된 이들의 사진을 봤다는 한강은 "그 사진첩은 내가 인간에 대해 근원적인 질문을 하게 된 비밀스러운 계기가 됐다."고 한 인터뷰에서 밝혔다. 그는 이어 "이때부터 간직해 온 인간에 대한 근원적인 질문을 세 번째 장편 『채식주의자』부터 탐구하기 시작했다."고 설명했다.

한강의 작품 세계는 이처럼 한국 사회의 개인적인 문제와 아울러 역사적·사회적 문제를 정면으로 응시하기 시작했다. 2014년 발표한 장편소설 『소년이 온다』는 광주 5·18 민주화운동을, 2021년에 낸 장편소설 『작별하지 않는다』는 제주 4·3 사건을 세 여성의 시선으로 다뤘다.

2024년 노벨문학상 발표 이전 후보군으로 한국인으로는 한강과 함께 시인 고은, 시인 김혜순이 후보군으로 꼽혔지만, 수상 가능성은 크지 않다는 게 중론이었다. 그러나 한강은 노벨문학상 이전부터 국제 문학상을 휩쓸어 온 세계적인 작가였다. 한국문학 세계화의 역사를 쓰더라도 첫 장에 새겨질 만하다. 한강은 소설 『채식주의자』로 2016년에 이미 노

창비에서 나온 한강의 책 『채식주의자』 표지.

창비에서 나온 한강의 책 『소년이 온다』 표지.

문학동네에서 나온 한강의 책 『희랍어 시간』 표지.

벨문학상과 프랑스의 공쿠르상과 함께 세계 3대 문학상 중 하나로 꼽히는 맨부커상 인터내셔널 부문을 받았다. 2018년에는 『흰』으로 맨부커상 인터내셔널 최종 후보에 또 이름을 올렸다. 2017년에는 『소년이 온다』로 이탈리아 말라파르테상을, 2018년에는 『채식주의자』로 스페인 산클레멘테 문학상을 받았다. 또 2023년에는 『작별하지 않는다』로 프랑스 메디치 외국문학상을, 2024년에는 같은 작품으로 프랑스 에밀 기메 아시아문학상을 수상했다. 그리고 마침내 노벨문학상의 주인공이 됐다. 노벨상위원회는 읽어야 할 한강의 작품으로는 『채식주의자』, 『소년이 온다』, 『희랍어 시간』 세 편을 꼽았다.

노벨문학상은 무슨 상

세계 최고 권위의 문학상으로 여겨지는 노벨문학상은 노벨상 창시자 알프레드 노벨이 밝힌 '선정 기준'에 따라 문학 분야에서 가장 뛰어난 작품을 쓴 사람에게 주어진다. 번역가이자 와세다대 교수인 도코 고지 등 일본의 문학·출판 전문가 14명이 '8대 문학상' 수상작을 읽고 작품과 문학상에 관해 이야기를 나눈 책 『문학상 수상을 축하합니다』에서는 노벨문학상은 각 나라의 '국민문학'을 해왔다는 칭호를 받을 만한 작가에게 주어지는 특징이 있다고 짚는다. 다만 '최고 권위의 문학상'이라는 데는 동의하지만, '유럽에 상당히 치우친 상'이며 '북유럽 출신이라면 더 유리'하다는 지적도 있었다.

실제로 역대 노벨문학상 수상자들의 국적은 프랑스가 16명으로 가장 많았다. 이어 미국 13명, 영국 12명, 스웨덴 8명, 독일 8명 등 수상자 대부분이 미국과 유럽 국적자였다. 아시아 국가 국적의 작가가 수상한 것은 지난 2012년 중국 작가 모옌 이후 12년 만의 일이다.

노벨위원회 공식 홈페이지에 따르면 수상자 선정 절차는 시상 해의 전년도 9월부터 시작된다. 노벨문학분과위원회가 수상 후보를 추천해 달라는 서한을 전 세계 전문가 수백 명에게 발송하는 것이 첫 절차다.

후보 추천자의 자격은 한림원 소속 회원들과 전 세계 학술기관·협회의 회원, 대학교의 문학·언어학 교수들에게 주어진다. 역대 노벨문학상 수상자와 각국의 대표적인 작가협회도 후보 추천 자격을 갖는다. 한국에는 1988년부터 국제펜클럽 한국지부 등에 매년 2, 3장의 추천서가 배송돼 왔다. 후보 추천자는 시상 연도의 1월 31일까지 답신을 보내야 한다. 물론 추천 후보를 외부에 발설해선 안 된다는 조건이 붙는다.

2024년 노벨문학상에는 총 220명의 1차 후보자 목록이 작성됐다. 전 세계에서 모은 후보자들을 추가 심사해 4월쯤 2차 후보자를 15~20명으로 압축한다. 5월에는 노벨문학분과위원회가 여기에서 다시 최종 후보 5인을 추린다. 이렇게 후보군이 5인으로 좁혀지면 총 18명의 한림원 심사위원이 후보자의 작품을 읽고 평가한다. 이를 바탕으로 10월 초 투표를 거쳐 과반 가결로 수상자를 정한다.

노벨위원회는 구체적인 심사 기준을 공개하지 않는다. 노벨위원회는 "노벨 재단의 규정에 따라 후보자에 대한 정보는 공적으로든 사적으로든 50년간 공개하지 않도록 제한한다."고 밝히고 있다. 알려진 기준은 '생존 작가'에게 수여한다는 것 하나뿐이다.

후보자 명단이 전혀 공개되지 않기 때문에 매해 노벨상 시즌이 되면 유력 작가들의 출신지, 언어권 등을 고려해 다양한 관측이 쏟아진다. 이 때문에 매년 온라인 베팅 사이트를 눈 여겨 보는 이들도 많다. 노벨상 관련 온라인 베팅 사이트는 2006년 터키 소설가 오르한 파묵을 노벨수상자로 맞히며 주목받기 시작했다. 2011년 스웨덴 시인 토마스 트란스트뢰메르, 2012년 중국 소설가 모옌, 2015년 우크라이나 르포르타주 작가 스베틀라나 알렉시예비치 등이 적중 사례다. 2024년에는 호주 소설가 제럴드 머네인, 중국 작가 찬쉐 등의 수상이 유력하게 꼽혔으나 한강 작가는 순위권에 없었다.

한강의 수상, 파격이라고?

121명에 달하는 역대 노벨문학상 수상자 중 여성은 한강 작가를 포함해 18명밖에 되지 않는다. 그간 노벨문학상은 여성 작가에 주목하지 않았지만, 2000년대 들어 분위기가 바뀌었다. 특히 2018년 노벨문학상 수상자를 선정하는 한림원에서 일어난 성범죄를 계기로 이런 관행을 비판하는 목소리가 높아졌다. 공식적으로 밝히지는 않았으나 최근에는 거의 예외 없이 매년 남녀가 번갈아 수상자로 선정되고 있다. 2024년에도 여성 작가인 한강이 2023년 남성 작가 욘 포세에 이어 수상하면서 그 전통을 이어가게 됐다.

역대 노벨문학상 수상자 중 '파격'으로 꼽혔던 인물로는 1953년 수상한 윈스턴 처칠 전 영국 총리가 있다. 처칠은 『제2차 세계대전 회고록』으로 문학상을 받았다. 2016년에는 '포크록의 전설' 가수 밥 딜런이 노벨문학상 수상자로 선정됐다. 한림원은 당시 밥 딜런이 "위대한 미국의 노래 전통 안에서 새로운 시적 표현을 창조해냈다."며 노벨문학상 수상자 선정 이유를 밝혔다.

한강의 노벨문학상 수상 역시 '파격'으로 보는 시선이 존재한다. 실제로 그를 유력한 후보로 보는 시선은 많지 않았다. 노벨문학상은 그간 오랜 집필 기간을 거쳐 자신만의 문학적 세계관을 완성해 이를 종합적으로 평가할 수 있는 60대 중후반~70대 이상의 작가에게 돌아가는 경우가 많았다. 한강 작가는 1970년생, 53세다. 역대 노벨문학상 수상자 중 한강 작가보다 젊은 나이에 수상한 사람은 1907년 41세에 수상한 러디어드 키플링과 1957년 46세에 상을 받은 알베르 카뮈 등 6명에 불과하다. 젊은 나이에 수상했다는 이유로 화제가 됐던 오르한 파묵도 2006년 수상 당시 54세였다. 참고로 최고령 수상자는 2007년 87세에 수상한 영국 작가 도리스 레싱이다. 영국의 일간지 《가디언》은 "수상자 발표를 앞두고 한강 작가는 상을 받기에는 너무 어리다는 의견이 일반적이었다."고 보도하기도 했다.

그러나 한강의 수상은 파격이나 우연이라는 단어만으로는 설명할 수 없다. 한강을 줄곧 자신의 작품을 통해 폭력과 고통의 세계에서 고군분투하는 인간 개인에게 주목해왔다. 이는 전 세계 사용 인구가 7천여 만 명에 그치는 한국어로 쓰인 그의 소설이 세계에 통한 까닭이기도 하다. 또한 주류가 편애하는 굵직한 거대 담론이 아닌 개인의 윤리에 섬세하게 주목했기에 보편적으로 공감할 수 있는 이야기가 됐다. 외신에서 그를 '선지자'로 표현한 배경이다.

한국인은 노벨상 못 탄다더니

2024년 3월 개봉한 영화 '패스트 라이브즈'에는 "한국 사람들은 노벨문학상 못 타."라는 대사가 등장한다. 작가를 꿈꾸는 주인공이 이민을 가는 이유를 묻자 내놓은 대답이었다. 이처럼 한국에는 그간 일종의 노벨문학상 콤플렉스가 존재했다. 유럽뿐 아니라 같은 아시아권에서도 중국·일본이 이미 받은 노벨문학상이 한국에만 없던 탓이었다.

한국 문학계에도 노벨문학상의 시즌마다 잠재적인 후보군의 이름이 오르내렸다. 고은 시인과 황석영 작가에 이어 최근에는 김혜순 시인이 자주 언급됐다. 고은은 2002년 노벨문학상 수상 가능성이 외신에 언급된 이후 단골 후보로 거론됐다. 온라인 베팅 사이트에서 해마다 유력한 후보로 점쳐지기도 했다. 노벨문학상 발표 당일 한국 언론이 그의 집 앞에서 장사진을 치고 생중계를 하는 진풍경도 있었다. 성추문 스캔들이 터졌음에도 불구하고 2024년에도 총 26명의 작가 배당 순위 공개에서 그의 이름이 보였다.

황석영 작가도 1994년 노벨문학상 수상자인 오에 겐자부로가 2005년 수상이 유력하다고 언급한 이래 꾸준히 후보로 이름을 올렸다. 그는 2024년 4월 소설 『철도원 삼대』로 영국 부커상 국제부문 최종 후보가 되기도 했다. 황 작가는 부커상 발표를 앞두고 연 기자 간담회에서 수상에 대한 기대감을 나타내며 "그다음에 '할매'라는 소설을 써서 노벨문학상을 받았으면 좋겠다."는 포부를 밝혔다. 부커상 수상에 이르진 못했지만 그간 20여 년간 10여 차례 국제문학상 후보에 오른 한국 대표 작가다.

영화 '패스트 라이브즈'의 배우 유태오는 자신의 인스타그램 스토리에 해당 대사를 인용하여 한강 작가의 수상을 축하했다.

김혜순 시인은 2019년 캐나다 그리핀 시 문학상에 이어 2024년 3월 시집 『날개 환상통』으로 한국인 최초로 전미도서비평가협회상을 받으면서 기대감을 높였다. 이 시집은 한국계 미국인 시인 최돈미의 번역으로 2023년 5월 미국 출판사 뉴디렉션 퍼블리싱에서 출간된 이후 현지의 관심을 모았다. 노벨문학상을 한국인이 받는다면 오히려 김혜순의 가능성을 더 높게 보는 이들도 있었다. 김 시인을 비롯해 고은, 황석영 모두 70대 이상의 나이다.

노벨문학상은 아니더라도 국제적인 문학상에 한국문학이 이름을 올리는 사례도 늘어나고 있다. 한국문학번역원에 따르면 2016년 한강 작가가 『채식주의자』로 영국 맨부커상(현 부커상) 인터내셔널 부문을 수상한 것으로 시작으로 한국 문학의 국제문학상 수상은 31건에 달했다. 수상이 불발된 사례까지 따지면 97건이다. 노벨문학상과 세계 3대 문학상인 영국 부커상은 3년 연속 한국 작품이 최종 후보가 됐다. 정보라 작가의 『저주토끼』(2022)와 천명관 작가의 『고래』(2023)가 세계 문학계의 주목을 받았다. 박상영 작가의 『대도시의 사랑법』은 2022년 부커상 1차 후보에 오른 데 이어 2024년 9월 프랑스 메디치상 1차 후보에도 포함됐다.

이같이 한국문학이 주변부에서 세계문학 중심으로 파고든 배경에는 한국어와 한국문화에 대한 이해도가 높은 번역가들의 도움이 결정적이었다. 한강의 소설은 28개 언어로 번역돼 전 세계에서 총 76종의 책으로 출간됐다.

한강은 왜 기자회견을 거부했나

한강은 노벨문학상 발표 당일이었던 2024년 10월 10일 노벨위원회와 전화 인터뷰에서 수상 소식을 알게 되었을 때 "나는 아들과 저녁 식사를 막 끝낸 참이었다."며 "한국 시간으로는 저녁 8시쯤이었고, 매우 평화로운 저녁이었다. 나는 정말로 놀랐다."고 술회했다. 또 그는 이어 110자 분량의 수상 소감을 서면으로 전했다.

그간 큰 문학상을 받은 경우 기자회견을 개최하는 일이 보편적이다. 한강 역시 그럴 것으로 기대됐다 그의 책을 낸 출판사들 역시 수상이 발표되자마자 기자회견 장소를 미리 잡아두면서 여기에 대비했다. 그러나 한강 작가는 노벨문학상 수상 다음날(10월 11일) 부친 한승원 작가를 통해 "팔레스타인과 우크라이나 등에서) 전쟁이 치열해져 날마다 죽음으로 (사람들이) 실려 나가는데 무슨 잔치를 하고 기자회견을 하느냐."는 의사를 드러냈다.

그의 '말하지 않기'는 무엇보다 강렬한 전쟁 반대 메시지였다. 전 세계의 이목이 집중된 시점에서 의도적으로 침묵함으로써 말하기보다 깊은 인상을 남겼다. 한국을 비롯한 각국 언론이 그의 결단을 보도했다. 우크라이나 언론도 이를 전했다. 『채식주의자』를 번역한 영국 번역가 데버

한강 서면 수상 소감 전문

수상 소식을 알리는 연락을 처음 받고는 놀랐고, 전화를 끊고 나자 천천히 현실감과 감동이 느껴졌습니다. 수상자로 선정해 주신 것에 감사드립니다. 하루 동안 거대한 파도처럼 따뜻한 축하의 마음들이 전해져 온 것도 저를 놀라게 했습니다. 마음 깊이 감사드립니다.

라 스미스도 한강의 뜻을 자신의 SNS에 공유하며 힘을 보탰다. 한강의 침묵을 두고 작품으로 광주 5·18 민주화운동과 제주 4·3 사건을 다룬 그가 '작가의 윤리, 문학의 윤리'를 완성했다는 평가가 나왔다.

한강뿐 아니라 권위 있는 국제상 수상자들이 영광을 과시하던 과거와 달리 수상자들의 반응은 갈수록 다양해지고 있다. 한강처럼 자축을 자제하거나 시상식 발언을 통해 국제 문제에 대한 관심과 책임을 환기하는 경우가 늘었다. 이런 흐름은 대중문화계에서 두드러진다. 2021년 미국 골든글로브 시상식 때는 할리우드 외신기자협회의 성 차별, 인종 차별에 항의하는 배우, 감독들의 보이콧이 이어졌고 톰 크루즈는 이에 동참하는 의미로 지금까지 받았던 세 개의 트로피를 반납하기까지 했다.

노벨문학상 역사에서는 프랑스 철학자이자 작가인 장폴 사르트르가 1964년 최초로 수상을 거부했다. 서방 중심의 노벨문학상 수상자 선정, 부르주아적 문학 줄 세우기 등에 거부감을 드러냈다. 2016년 미국 가수 밥 딜런은 노벨문학상 수상자로 깜짝 발표된 후 한동안 침묵하다 뒤늦게 수상 수락 의사를 밝혔지만, 시상식에는 다른 일정이 있다며 불참했다.

문학계에서는 2024년 미국 유명 작가들이 이스라엘의 공격을 받은 팔레스타인 가자지구 지지 의사를 밝히며 국제 문인 단체 '펜(PEN)' 미국 지부인 펜 아메리카가 주는 문학상 후보 지명을 거부했다. 한국에서도 정보라 작가가 2023년 미국 최고 권위의 전미 도서상 시상식에서 최종 후보에 오른 20명의 작가·번역가와 함께 이스라엘과 하마스 간 전쟁에 반대하는 성명을 발표했다.

모습을 드러내지 않던 한강은 10월 17일 서울에서 열린 '포니정 혁신상' 시상식에 참석하면서 처음으로 대중 앞에 섰다. 혁신상은 고(故) 정세영 HDC그룹 명예회장을 기려 인문학 지원 등을 하기 위해 설립된 포니정 재단이 수여하는 상이다. 노벨문학상 이전부터 수상이 결정됐던 만큼 약속을 지키는 차원에서 시상식에 나섰다는 후문이다.

한강 작가는 이 자리에서 "저의 일상이 이전과 그리 달라지지 않기를 저는 믿고 바란다."며 "저는 제가 쓰는 글을 통해 세상과 연결되는 사람이니, 지금까지 그래왔던 것처럼 계속 써가면서 책 속에서 독자들을 만나고 싶다."는 소망을 언급했다. 또 앞으로 6년 동안은 "지금 마음속에서 굴리고 있는 책 세 권을 쓰는 일에 몰두하고 싶다."고도 밝혔다. 그는 2024년 12월 10일(현지시간) 스웨덴 스톡홀름에서 열리는 노벨문학상 시상식에서 정식 수상 소감을 하게 된다.

서점가는 신드롬 가까운 '한강의 시대'

최근 몇 년 간 우리나라의 성인 독서율은 꾸준히 하향 곡선을 그려왔다. 문화체육관광부의 2023 국민 독서실태조사(2022년 9월~2023년 8월)에서 성인 가운데 일반 도서를 단 한 권이라도 읽거나 들은 사람의 비율을 뜻하는 종합독서율은 43.0%였다. 1994년 독서 실태조사(격년)를 실시한 이래 가장 낮은 수치다. 성인의 연간 종합독서량은 3.9권, 종이책 독서량은 1.7권에 불과했다. 독서를 하지 못하는 이유로는 '일 때문에 시간이 없어서(24.4%)', '스마트폰이나 게임 등 책 이외의 매체를 이용해서(23.4%)' 등이 꼽혔다.

이런 상황에서 한강 작가의 노벨문학상 수상은 서점가에 내린 단비였다. 수상 다음날은 아침부터 한강의 책을 사려는 이들에 의해 서점 앞에 행렬이 생겨났다. 교보문고는 실시간 베스트셀러 1위부터 9위까지 모두 한강의 작품이 차지했다. 각 서점은 온오프라인에 한강 관련 특별코너를 만들기도 했다. '동시대를 사는 노벨문학상 수상자의 책을 원서로 읽을 수 있다'는 경험한 적 없는 기쁨에 급격하게 주문이 쏠리면서 재고가 소진되는 현상이 벌어졌다.

이번 계기로 독서 열풍, 나아가 침체한 문학을 향한 관심이 환기될 것

서울시청 앞 서울도서관 외벽 '서울꿈새김판'에 한강 작가의 노벨문학상 수상을 축하하는 메시지가 걸려있다.

으로 기대하는 분위기도 있다. 국내 온라인 서점 예스24에 따르면 노벨 문학상 수상자가 발표된 10월 10일부터 일주일간 한강 작가의 책을 제외한 국내도서 전체 판매량이 전년 동기 대비 7% 증가했다. 특히 소설·시·희곡 등 문학 판매량이 같은 기간 49.3% 늘어났다. 국내 최대 독서모임 플랫폼 트레바리엔 한강 작가의 책을 함께 읽는 독서모임이 13개 만들어졌다. 당근마켓에도 '한강 책 함께 읽는 모임' 관련 글이 여러 개 올라와 있다. 백화점에서도 관련 문화 강좌를 열었다. 현대백화점은 11월 '채식주의자 외 기존 문학 작품 소개와 해설' 강좌를 연다. 롯데백화점도 겨울학기 문화센터에서 독서모임과 북토크 등을 선보일 계획이다.

2024년 초부터 불기 시작한 '텍스트힙' 열풍과 맞물린 현상이라는 분석도 나온다. 텍스트힙은 글을 뜻하는 '텍스트'와 멋지고 개성있다는 의미의 '힙'을 더한 합성어다. 책이나 책 읽는 모습, 마음에 드는 책 구절 등을 사진으로 찍어 SNS에 인증·공유하는 청년들 사이의 문화다. 2024년 대한출판문화협회가 연 서울국제도서전의 이례적인 흥행도 2030세대 사이의 텍스트힙 문화가 영향을 미쳤다는 해석이다.

다만 이런 텍스트힙과 한강의 작품을 향한 관심이 모두 '보여주기식 독서'에 기댄 만큼 오래가지 못할 것이라는 관측도 있다. 그럼에도 갈수록 줄어들던 문학에 관한 관심이 높아지는 일 자체는 환영한 만한 일이라는 것이 문학계의 반응이다.

* ISSUE 09

RE100

이제형

내일신문 기자

대학 시절, 공사판 일용직을 해서 번 쌈짓돈으로 창간에 참여했던 신문사에서 지금도 일하고 있다. 경찰과 국회를 거쳐 서울시를 취재한다. 자치와 분권 없이는 대한민국의 다음 단계는 열리지 않는다고 믿는다. 이분법 정치의 늪에 빠진 국가보다 '도시'에 희망이 있다고 생각한다. 좋은 기자가 되려면 좋은 사람이 되는 수밖에 없다고 여긴다. 승부는, 시력이 아닌 시선에서 갈린다고 주장한다.

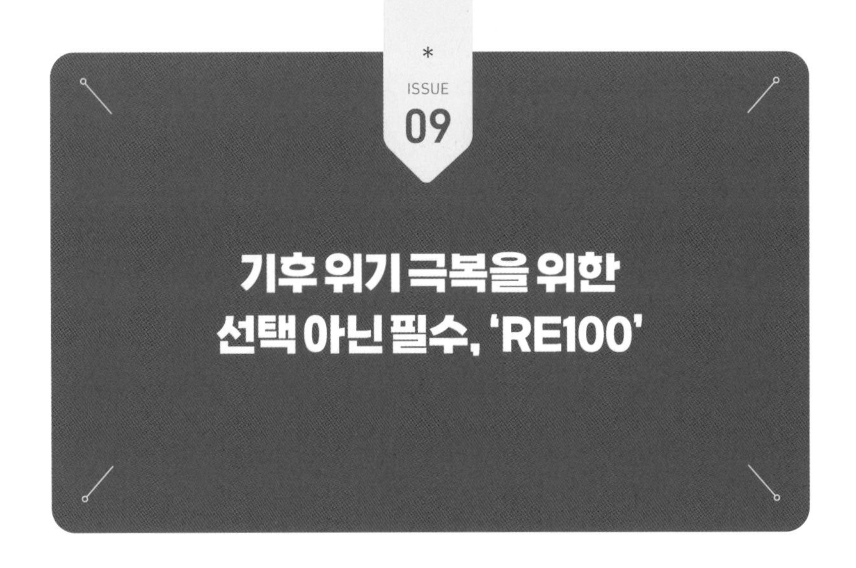

2024년 여름은 기상관측망을 전국적으로 대폭 확충한 1973년 이후 가장 더웠다. 기상청이 9월 발표한 '2024년 여름철 기후 특성'에 따르면, 2024년 여름의 평균기온 25.6℃로, 여름철 평균기온인 23.7℃보다 무려 1.9℃나 높았다. 밤에도 더위가 가시지 않는 열대야(오후 6시부터 다음 날 오전

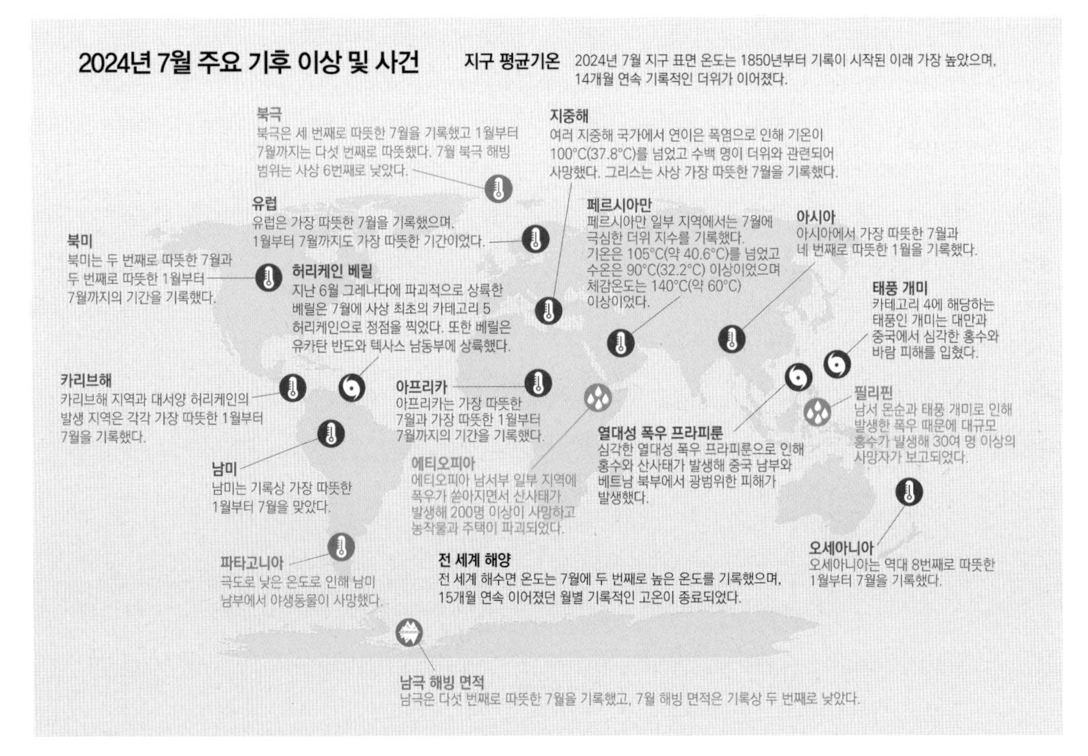

2024년 7월의 가장 중요한 기후 사건을 표시한 세계지도. © NOAA

9시까지 최저 기온이 25℃ 이상인 날)는 20.2일로 역대 1위를 기록했다. 평년 6.5일과 비교하면 3.1배나 높았다.

그런데 이렇게 더웠던 것은 우리나라만이 아니라 지구 전체의 현상이다. 미국 국립해양대기청(National Oceanic and Atmospheric Administration, NOAA)에 따르면, 2024년 7월은 지구 기상 관측 이후 가장 더운 달이었다. 지난 7월의 지구 표면 온도는 평균 17.01℃로, 20세기 평균 온도인 15.8℃보다 1.21℃ 높은 수치다. 또 월평균 지구 표면 온도 역시 최고치를 경신해 14개월 연속 상승을 이어갔다.

지구온난화, 먼 미래 이야기 아니다

해마다 지구 평균 온도가 상승하면서 전 세계가 폭염, 가뭄, 초대형 산불, 슈퍼 폭풍, 홍수 등 극단적인 기상이변을 경험하고 있다. 전문가들은 이렇게 온도가 상승하게 되면 초극단적인 기후 위기가 일상화할 것이라고 경고하고 있다.

지구온난화 1.5℃와 2.0℃ 주요 영향 비교

구분	1.5℃	2.0℃	비고
고유 생태계 및 인간계	높은 위험	매우 높은 위험	
중위도 폭염일 경우	3℃ 상승	4℃ 상승	
고위도 극한일 경우	4.5℃ 상승	6℃ 상승	
산호 소멸	70~90%	99% 이상	
기후 영향·빈곤 취약 인구	2℃ 온난화에서 2050년까지 최대 수억 명 증가		
물부족 인구	2℃에서 최대 50% 증가		
그 외	평균 온도 상승(대부분의 지역), 극한 고온(거주지역 대부분), 호우 및 가뭄 증가(일부 지역)		
육상 생태계	중간 위험	높은 위험	
서식지 절반 이상이 감소될 비율	곤충 6%, 식물 8%, 척추동물 4%	곤충 18%, 식물 16%, 척추동물 8%	2℃에서 두 배
다른 유형의 생태계로 전환되는 면적	6.5%	13.0%	2℃에서 두 배
대규모 특이현상	중간 위험	중간-높은 위험	
해수면 상승	0.26~0.77m	0.30~0.93m	약 10㎝ 차이. 인구 천만 명이 해수면 상승 위험에서 벗어남
북극 해빙 완전 소멸 빈도	100년에 한 번 (복원 가능)	10년에 한 번 (복원 어려움)	1.5℃ 초과 시 남극 해빙 및 그린란드 빙상 손실

※ 이 외, 극한기상, 해양산성화, 생물다양성, 보건, 곡물 수확량, 어획량, 경제성장 등에 관련된 위험(리스크) 모두 1.5℃보다 2℃ 온난화에서 높음(수치적으로는 제시되어 있지 않음)

출처: 「지구온난화 1.5℃ 요약보고서」, 기상청 기후정보포털

기후 변화에 관한 정부간 협의체 (Intergovernmental Panel on Climate Change, IPCC)

기후 변화를 과학적으로 규명하고 대처하기 위해 세계기상기구(WMO)와 유엔환경계획(UNEP)이 1988년 공동설립한 국제 협의체. 전세계 과학자들이 참여·발간하는 IPCC 평가보고서는 기후 변화의 과학적 근거와 정책 방향을 제시하고 유엔기후변화협약(UNFCCC)에서 정부간 협상의 근거자료로 활용된다.

- 제1차 평가보고서(1990) → 유엔기후변화협약(UNFCCC) 채택(1992)
- 제2차 평가보고서(1995) → 교토의정서 채택(1997)
- 제4차 평가보고서(2007) → 기후변화 심각성 전파 공로로 노벨평화상 수상(엘 고어 공동 수상)
- 제5차 평가보고서(2014) → 파리협정 채택(2015)
- 제6차 평가보고서(2023) → 파리협정의 첫 전 지구적 이행점검(1st Global Stocktake)의 투입자료로 활용(2023)

기후변화에 관한 정부 간 협의체(IPCC)의 6차 평가보고서(2023)에 따르면, 2011~20년 지구의 평균 온도는 산업화 이전과 비교했을 때 1.09℃가 올랐다. 현재 수준의 온실가스 배출량을 유지한다면 2021~2040년에는 산업화 이전 대비 지구 평균 기온 상승폭이 1.5℃를 넘을 가능성이 크다. 2018년 IPCC가 내놓은 「지구온난화 1.5℃ 특별보고서」는 1.5℃ 도달 시점을 2030~2052년으로 전망했는데 이 기간이 10년가량 앞당겨진 셈이다.

1.5℃ 이내로 상승을 억제하는 것은 기후 위기를 막기 위해 정한 마지막 저지선이다. 2015년 파리에서 열린 제21차 유엔(UN)기후변화협약 당사국총회 당시 참여국들은 '기온 상승을 1.5도로 제한하기 위해 노력한다'고 합의한 바 있다. 1.5℃ 이상으로 상승하면 극한의 기후 현상이 증가하여 결국 인류의 생존이 위협을 받을 것으로 전망되기 때문이다.

RE100이란?

2015년 파리에서 열린 제21차 UN기후변화협약 당사국총회(Conference Of Parties, COP), 일명 파리협정은 온실가스를 줄이고 탄소중립 이행을 통해 기후 위기에 대응하기 위한 국제사회 공동의 노력으로, 195개국이 채택했다. 파리협정 이전에 채택되었던 교토의정서는 주로 온실가스 감축에 집중한 반면, 파리협정은 감축뿐만 아니라 적응, 이행수단(재원, 기술

교토의정서와 파리협정 비교

교토의정서	구분	파리협정
기후변화협약 Annex 1 국가(선진국)	감축 대상	모든 당사국(NDC)
온실가스 감축에 초점	범위	감축, 적응, 이행수단(재원, 기술이전, 역량배양) 포괄
온실가스 배출량 감축(1차: 5.2%, 2차: 18%)	목표	온도 목표(2°C 이하, 1.5°C 추구)
하향식	목표 설정	상향식(자발적 공약)
징벌적(미달성량의 1.3배 페널티 부과)	의무 준수	비징벌적(비구속적, 동료 압력 활용)
특별한 언급 없음	의무 강화	진전 원칙(후퇴금지 원칙),전 지구적 이행 점검(매 5년)
매 공약기간 대상 협상 필요	지속성	종료 시점 없이 주기적 이행 상황 점검

출처: 외교부 누리집

이전, 역량배양), 투명성 등 다양한 분야를 포괄하고 있다. 또한 선진국은 온실가스 배출량의 절대량을 감축하고, 개발도상국은 경제 전반에 걸친 감축 방식을 사용하도록 권장하는 등 국가의 책임 수준에 따라 감축 의무를 배당했다.

파리협정의 성공을 지지하기 위한 활동으로 시작된 RE100(Renewable Energy 100%)은 규모가 큰 기업들을 중심으로 생산 등 비즈니스 활동에서 소비하는 에너지 중 전력을 재생에너지로 100% 충당하도록 요구하기 위해 만들어진 자발적 이니셔티브(특별한 과제 또는 프로젝트를 추진하기 위한 계획이나 행동강령, 자율규범)다. 지난 2014년 영국의 다국적 비영리기구인 더

더 클라이밋그룹(The Climate Group)

2003년 설립된 국제 비영리 단체. 2050년까지 기후 행동을 신속하게 추진하고 탄소배출 제로를 만들어 모두에게 더 큰 번영을 가져다주는 것을 목표로 하고 있다. RE100 외에도 EP100(Energy Productivity 100%), EV100(Electric Vehicle 100%), 스틸 제로(Steel Zero), 콘크리트 제로(Concrete Zero), 언더2 연합(Under2 Coalition) 등 다양한 환경 관련 활동을 벌이고 있다.

탄소정보공개 프로젝트(Carbon Disclosure Project, CDP)

2000년 영국에서 설립된 비영리 국제단체로, 각국의 주요 상장기업을 대상으로 투자자를 대신해 환경 이슈 관련 정보공개를 요청하는 사업을 수행하고 있다. 전 세계 7,000개가 넘는 기업들이 이곳을 통해 온실가스 배출량, 기후변화로 인한 위기와 기회, 탄소경영전략을 공개하고 있다. 그래서 전 세계 기업들의 ESG 평가지표로 권위를 인정받고 있으며, CDP 발행보고서는 글로벌 금융기관의 투자 지침서로 활용되고 있다.

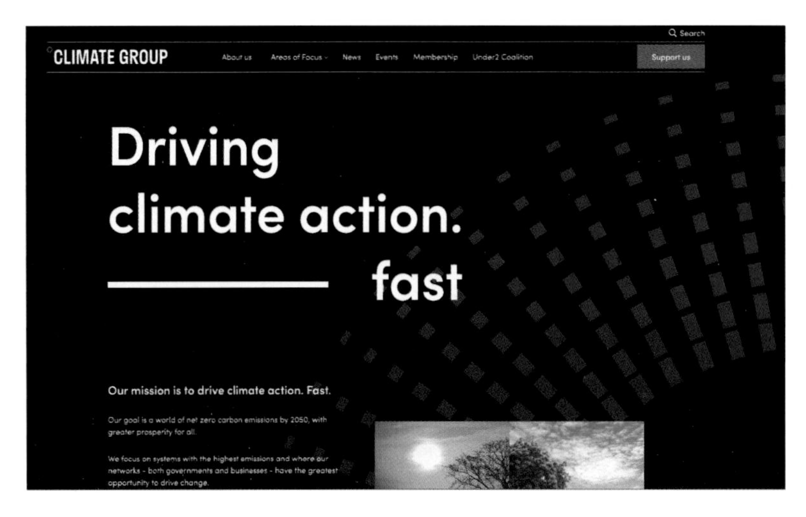

더 클라이밋그룹 홈페이지.

클라이밋그룹(The Climate Group)과 탄소정보공개 프로젝트(Carbon Disclosure Project, CDP)가 시작했다. 이 캠페인은 에너지 소비자인 기업들을 대상으로 행동의 변화를 촉구해 재생에너지 수요 확대를 목적으로 하고 있다.

RE100 참여기업은 연간 전력소비량이 100GWh(기가와트시) 이상 소비기업이나 미국의 경제잡지 《포춘》 선정 1,000대 기업과 같이 글로벌 위상을 가진 기업을 대상으로 한다. RE100에 참여하기 위해서는 전사 단위의 달성 목표를 공개적으로 선언해야 하며, 이를 달성하기 위한 전략도 보유해야 한다. 연도별 목표는 기업이 자율적으로 수립하되 2030년 60%, 2040년 90% 이상의 달성 실적을 권고하고 있다.

구글, 애플, 마이크로소프트, BMW, GM 등 전 세계적으로 약 430개 이상의 기업이 RE100 멤버로 참여하고 있으며 이들 중 애플, 구글 등 많은 글로벌 기업은 이미 RE100을 달성했다. 우리나라에서는 2020년 말 6개의 SK 계열사가 국내 기업 최초로 RE100에 가입한 후, 아모레퍼시픽, LG에너지솔루션, 한국수자원공사, KB금융그룹, 고려아연, 삼성전자 등 37개 기업이 참여하고 있다.

RE100의 범위는 기업들의 전 세계 자체 운영 사업장의 전력(스팀, 열 등 에너지 소비는 제외) 소비를 기본으로 하며, 재생에너지원은 태양광, 풍력, 지열, 지속가능한 바이오매스(유기물질로부터 생산되는 에너지원), 지속가능한 수력을 인정하고 있다. 수력과 바이오매스는 발전소 건설 과정이나 발전 과정에서 주변 환경을 훼손하거나 대기오염 물질을 배출할 수 있기

전력구매계약(Power Purchase Agreement, PPA)
발전사업자와 전력소비자 간에 구입 기간을 정해 체결하는 전력 구입에 관한 계약. 직접 계약을 맺는 방식 외에 중개사업자(우리나라의 경우 한전)가 발전사업자와 소비자 중간에서 각각 계약을 맺는 제3자 방식도 있다.

신재생에너지 공급인증서(Renewable Energy Certificate)
신재생에너지 설비를 활용해 에너지를 공급했음을 증명하는 인증서. 우리나라에서는 한국에너지공단이 발급한다. REC 거래는 한국에너지공단이 운영하는 거래 플랫폼을 활용한 방식과 당사자 간 거래 두 가지가 있다.

때문에 환경·사회·경제적인 영향 측면에서 지속가능한 방식으로 생산된 전력일 것을 강조하고 있다.

RE100 회원사는 CDP를 통해 보고 연도의 전체 전력 사용량, 재생전력 사용량 등의 데이터를 포함해 이행 보고를 해야 한다. 또한, 2040년까지 화석연료 투자를 늘리거나 재생에너지 대비 화석연료를 우선하기 위한 정치적 로비 행위 등 전력망의 탄소중립 달성을 저해하는 활동을 하지 않아야 한다.

RE100을 달성하기 위해서는 재생에너지로 생산된 전력만을 이용하거나 사용한 전력만큼 신재생에너지공급인증서(REC)를 구매해야 한다. 구글의 경우, 재생에너지 사업주와 계약을 맺어 전력을 직접 공급받는 직접구매 방식(PPA)과 재생에너지를 자체 생산하는 방식 모두를 채택해서 2017년 RE100을 달성했다.

새로운 무역장벽이 된 RE100과 탄소규제

기후 위기에 대한 공감대가 넓어지고 RE100 등 각종 이니셔티브와 규제들이 확대되면서 RE100과 CBAM, SBTi, ISSB, TCFD 등의 각종 탄소규제가 새로운 무역장벽으로 작용하고 있다. 이런 이니셔티브는 정부나 국제기구가 강제하는 형태가 아니라 글로벌 민간 자본에 의해 만들어진, 자발적 캠페인의 형태를 띠고 있다. 기업이 어긴다고 벌금을 물거나 법적 처벌을 받지 않는다. 하지만 탄소규제를 관리하지 않는 기업에게는 이런 이니셔티브들이 무역장벽으로 작용해 결국 수출과 무역에 타격으로 작용한다.

직접적으로는 글로벌 기업들이 국내 기업들에게 재생에너지 사용을 확대하라는 압력을 넣고 있다. 계약서, 협약서 등을 통해 명시적인 납품 요건으로 재생에너지 사용을 요구하는 사례가 증가하고 있다. 2022년 대한상공회의소가 실시한 조사 결과에 따르면, 국내 300개 제조기업 중 14.7%(대기업은 28.8%, 중견기업은 9.5%)는 애플, BMW 등 글로벌 고객사로부터 재생에너지 사용 압박을 받은 것으로 응답했다. 실제 2018년 RE100을 달성한 애플은 모든 부품 공급회사들에게 RE100을 이행하도록 서약을 받았으며 2021년 6월 기준, 애플의 71개 부품 공급사들이 RE100 참여를 공표했다. 2020년 LG화학과 SK이노베이션은 고객사인 테슬라, 폭스바겐, BMW 등 글로벌 기업들의 재생에너지 사용 요구 때문에 주요 해외 배터리 공장을 100% 재생에너지로 가동하고 있다.

또 글로벌 투자기관도 재생에너지 사용 확대를 비롯한 기업의 기후 관련 기회 및 리스크를 투자의 중요한 요소로 포함하고 있다. 재생에너

각종 글로벌 탄소규제들

CBAM(Carbon Border Adjustment Mechanism)

탄소국경조정제도. EU로 수입되는 시멘트, 순철 및 강철, 알루미늄, 비료, 전기, 수소 등 6가지 품목에 대해 탄소배출량을 계산해 과징금을 매기는 제도. 2026년부터 시행되며, 향후 플라스틱 등 유기화학으로 확대될 예정이다.

SBTi(Science-based Target Initiative)

과학기반감축목표 이니셔티브. 기업·단체 등의 탄소 감축에 대해 과학적 방법에 따른 측정과 계획실행을 요구. 전 세계적으로 4,000개 이상의 기업이 SBTi를 통해 과학에 기반한 배출 감소 목표를 설정해 탄소중립 경제전환을 주도하고 있다.

ISSB(International Sustainability Standards Board)

국제지속가능성기준위원회. 투자자가 기업의 지속가능성 정보와 기후 관련 위기 및 기회에 대한 정보를 알 수 있도록 요구하는 제도. ISSB 공시기준에 따른 의무 공시는 2025년부터 이뤄질 예정이고, 앞으로 생물다양성, 생태계, 인권 등에 관한 추가적인 공시기준도 만들어진다.

TCFD(Task Force on Climate-Related Financial Disclosures)

G20에 의해 설립된 기후 관련 재무정보 공개 테스크 포스. 기후변화로 기업의 부실 가능성이 높아짐에 따라 기후 관련 정보를 공시하도록 권고하고 있다.

지 사용을 확대하는 등 탄소중립 정책을 펼치는 기업과 그렇지 않은 기업의 평가가 다르게 나타나게 된다. 결국 RE100을 달성하지 못한 기업이나 탄소규제 관리를 하지 않는 기업들은 수출이나 투자에서 불리한 요인을 안고 경쟁에 뛰어들게 되고, 이는 시장에서 경쟁력 하락으로 이어져 경영에 큰 어려움을 겪게 된다. 여기에 더해 각종 글로벌 탄소규제가 우리나라의 기업과 금융권을 압박하고 있다.

한국형 RE100, 'K-RE100'

국제적으로 RE100에 동참하는 기업들이 확대되면서 국내에서도 재생에너지 확대 필요성이 커짐에 따라 2021년부터 한국형 RE100(이하 K-RE100) 제도를 도입했다. 대상은 사용량과 상관없이 산업용 및 일반용 전기소비자라면 누구나 참여 가능하다. 2050년까지 100% 이행 목표 설정을 권고하지만 자발적 설정이며 의무사항은 아니다. 재생에너지 사용 실적은 한국에너지공단에서 검증 및 인증을 진행한다.

K-RE100 이행수단은 6가지이며 크게 직접 조달과 재생에너지 구매 방식으로 구분할 수 있다. 직접 조달 방식은 자체 건설, 지분투자 그리고 재생에너지 구매 방식은 녹색 프리미엄, 재생에너지 공급인증서(Renewable Energy Certificates, REC) 구매, 직접 PPA, 제3자 PPA가 있다.

- 녹색프리미엄제: 한전이 구입한 재생에너지 전력에 대해 녹색 프리미엄을 부과해 일반 전기요금 대비 높은 가격으로 판매하고, 그 재원은 에너지공단이 재생에너지 설비 확대에 재투자할 수 있다. 현재 입찰방식으로 거래되고 있다.
- 인증서(REC) 구매: 전기소비자가 REC를 직접 구매하는 방식. 한국에너지공단이 운영하고 있는 RE100용 REC 거래 플랫폼을 통해 구매할 수 있다.
- 전력 공급 계약(PPA): 제3자 PPA는 한전을 중개로 발전사업자와 전기소비자 간 전력 거래 계약 체결하는 방식이다. 직접 PPA는 재생에너지 발전사업자와 전기소비자간 전력 거래계약을 직접 체결하는 방식이다.

• 지분 투자: 기업 등 전기소비자가 재생에너지 발전사업에 일정 지분을 투자하고, 해당 발전사와 제3자 PPA 또는 REC 계약을 별도로 체결하는 방식이다.
• 자가발전: 기업 등 전기소비자가 자기 소유의 자가용 재생에너지 설비를 설치하고 생산된 전력을 직접 사용하는 방식

RE100의 경우, PPA가 REC와 비중이 비슷하지만 K-RE100은 녹색 프리미엄을 통한 조달이 절대적으로 높고 REC 구매가 그 다음이며 PPA는 제한적으로 나타나고 있다. 이는 국내 산업용 전기요금이 낮은데 반해 PPA 계약 시 추가되는 망사용료 등 부대비용은 높다는 점, 장기계약에 따른 부담이 있다는 점 등이 작용했기 때문이다. K-RE100 활성화를 위한 제도를 개선해야 한다는 요구가 이어지는 대목이다.

또한, K-RE100에서 매우 높은 비율을 보이고 있는 녹색 프리미엄은 해외 수출시 그린워싱 의심을 받을 가능성이 크다. 그린워싱은 친환경

글로벌 RE100과 K-RE100 비교

글로벌 RE100		K-RE100
연간 100GWh 이상 전력 소비 기업 또는 《포춘》 선정 1,000대 기업 등 영향력 있는 기업	참여 대상	산업용, 일반용 전기 소비자 - 연간전력소비량 제한없이 중소,중견기업, 공공기관지자체 등 누구나 참여 가능
인증서 구매, 전력회사와 녹색 전력 구매 계약 체결, PPA, 자가 설비 등	이행 수단	REC구매, 녹색프리미엄, 제3자 PPA, 지분참여, 자가 설비
2050년까지 100% 이행, 2030년 60%, 2040년 90% 이행 목표 설정 권고	이행 목표	2050년까지 100% 이행 목표설정 권고, 중간 목표는 자발적 설정
전 세계 보유 사업장	이행 범위	국내 보유 사업장
연 1회 CDP에 재생에너지 사용 실적 보고 (스프레드시트 등 제출)	이행 보고	K-RE100 관리시스템에 실적 등록후 재생에너지 사용확인서를 발급받아 실적 인정
글로벌 RE100 선언 및 대외 홍보	활용	국내 RE100 선언 및 대외홍보, 온실가스 감축 실적 활용, 글로벌 RE100 실적으로 활용

출처: 한국에너지공단 발표자료

적이지 않은 것을 친환경인 것처럼 위장하는 것을 말한다. 녹색 프리미엄에서 발생하는 추가 비용이 재생에너지 발전 설비 조성에 100% 투자된다는 보장이 없을 뿐만 아니라, 녹색 프리미엄에서 재생에너지 발전량에 따른 온실가스 감축량은 납부자가 아닌 발전사업자의 감축분으로 산입되기 때문에 동일한 재생에너지 발전량을 녹색 프리미엄 구매 기업의 감축실적으로 인정하면 중복계산이 된다.

지난 2024년 3월 시민단체 기후솔루션이 녹색 프리미엄을 납부함으로써 온실가스 배출을 감소했다고 표시·광고하는 8개 기업을 공정거래위원회와 한국환경산업기술원에 신고한 것도 그린워싱과 관련된 사안이었다. 기후솔루션은 "(해당 기업의) 그린워싱을 강력히 규탄하며 나아가 기업들이 온실가스 감축효과가 있는 재생에너지 사용을 통해 진정성 있는 탄소중립 이행을 실현할 것을 촉구한다."고 밝혔다. 또 애플은 국내 대기업 고객사에 녹색 프리미엄을 통한 재생에너지 공급을 자제할 것을 요청한 것으로 알려지기도 했다.

취약한 국내 재생에너지 기반

K-RE100에서 녹색 프리미엄이 높은 이유, 우리나라의 RE100 이행률이 낮은 이유는 무엇보다 우리나라에서 만들어내는 재생에너지가 부족한 데에 있다. 2023 CDP 한국보고서에 따르면 국내의 RE100 회원사 중 RE100 이행률이 50%를 넘은 곳은 LG에너지솔루션과 SK아이이테크놀로지 두 곳뿐이다. SK하이닉스와 삼성디스플레이는 해외사업장 RE100 이행률이 100%인데도 국내사업장 이행률이 낮아 전체 RE100 이행률이 50%를 넘지 못했다. 두 기업의 국내사업장 이행률은 각 11%와 7%였다.

우리나라는 전력을 생산하는 에너지원으로 석탄, 석유, 천연가스 등의 화석연료와 원자력에 의존하는 비율이 높다. 한국전력이 발표한 2023년도 발전량을 보면, 화석연료에 해당하는 유류, 가스, 유연탄, 무연탄을 에너지원으로 하는 발전량의 비율이 58%를 넘는다. 거기에 원자력을 더하면 거의 90%에 달한다. 그에 비하면 재생에너지 발전량은 9%도 되지 않는다. 2023년도 세계 재생에너지 발전량이 30.3%인 것과 비교해도 아직 많이 부족하다.

RE100 회원사 목표 이행 현황

	기업명	가입연월	목표연도	RE 이행률 (self-reported)	국내사업장 RE 이행률	해외사업장 RE 이행률
1	SK스페셜티	2020/12	2030	12%	5%	56%
2	SK㈜	2020/12	2040	10%	10%	해당 없음
3	SKC	2020/12	2040	1%	산정 불가	해당 없음
4	SK실트론	2020/12	2040	20%	24%	해당 없음
5	SK텔레콤	2020/12	2050	5%	5%	해당 없음
6	SK하이닉스	2020/12	2050	30%	11%	100%
7	아모레퍼시픽	2021/3	2025	34%	29%	79%
8	LG에너지솔루션	2021/4	2030	57%	33%	62%
9	한국수자원공사	2021/4	2050	50%	50%	해당 없음
10	미래에셋증권	2021/9	2025	0%	0%	0%
11	SK아이이테크놀로지	2021/9	2030	56%	100%	29%
12	KB금융그룹	2021/9	2040	1%	1%	해당 없음
13	고려아연	2021/9	2050	0%	0%	해당 없음
14	롯데칠성	2021/12	2040	0%	0%	해당 없음
15	인천국제공항공사	2022/2	2040	미응답		
16	기아	2022/4	2040	4%	0%	20%
17	현대모비스	2022/4	2040	5%	0%	12%
18	현대위아	2022/4	2045	1%	0%	2%
19	현대자동차	2022/4	2045	7%	0%	19%
20	KT	2022/6	2050	0%	0%	해당 없음
21	LG이노텍	2022/7	2030	22%	27%	0%
22	네이버	2022/8	2040	3%	3%	해당 없음
23	삼성전자	2022/9	2050	31%	9%	97%
24	삼성SDS	2022/9	2050	0%	0%	해당 없음
25	삼성디스플레이	2022/10	2050	21%	7%	100%
26	삼성SDI	2022/10	2050	9%	0%	15%
27	삼성바이오로직스	2022/11	2050	8%	8%	0%
28	삼성전기	2022/11	2050	0%	0%	1%
29	삼성생명	2023/3	2040	0%	0%	해당 없음
30	삼성화재	2023/3	2040	1%	1%	해당 없음
31	롯데웰푸드(구 롯데제과)	2023/4	2040	0%	0%	해당 없음
32	신한금융그룹	2023/5	2040	비대상		
33	카카오	2023/5	2040	비대상		
34	LG전자	2023/6	2050	비대상		
35	롯데케미칼	2023/7	2050	비대상		
36	HS현대사이트솔루션	2023/11	2040	비대상		
37	LS일렉트릭	2023/12	2040	비대상		

출처: 2023 CDP 한국보고서

※ 미응답: 2023년 RE100 이행 보고 미응답 기업.

※ 비대상: 2023년 4월 이후 가입하여 2023년 RE100 이행 보고 대상 아닌 기업.

※ 산정 불가: 해당 사업장 전력사용량이 존재하나 필요 응답 데이터 부족으로 산정 불가한 기업.

※ 해당 없음: 해당 사업장 전력사용량 없음으로 응답한 기업.

2023년도 발전원별 발전량

단위 : GWh(기가와트시)

구분	발전량	비율(%)
수력	7,500	1.28
유류(Oil)	958	0.16
가스(LNG)	157,740	26.73
유연탄	186,591	31.62
무연탄	1,876	0.32
원자력	180,494	30.66
신재생에너지	50,456	8.59
기타	2,432	0.41
합계	588,047	100

※ 신재생에너지에서 수력은 제외.

출처: 2023년도 KEPCO in Brief

이는 재생에너지 발전량을 높이기 위한 관련 인프라와 기술력이 부족하기 때문이라고 전문가들은 지적한다. 재생에너지를 생산하는 설비도 부족하지만, 전기를 옮기는 전력망도 부족해 호남에서는 재생에너지

발전량을 제한하는 경우도 있었다. 이를 보완하기 위해 정부는 호남에서 생산한 발전력을 직접 수도권으로 공급하는 서해안 초고압직류송전(HVDC) 건설사업 일명 '해저전력고속도로'를 건설하겠다고 밝혔다. 하지만 서해안 HVDC 등 우리나라의 전력망 투자비용은 56조 5,000억 원으로 추산되는 반면(10차 전력수립기본계획 예측 수치), 한전의 누적 부채는 202조 원에 달한다. 민간사업자가 HVDC 건설에 참여하는 방안을 확대하겠다고 밝힌 데에는 이런 속사정이 숨어 있다.

우리나라의 경직된 전력시장에서 문제를 찾는 지적도 있다. 미국은 물론이고 일본도 발전시장 자유화를 시작으로 소매 자유화까지 차근차근 전력시장을 변화하고 있지만 우리나라는 한전이 모든 사업을 맡고 있다. 이런 상황은 2024 RE100 연간보고서에서도 고스란히 드러났다. 우리나라는 재생에너지 조달 장벽이 가장 높은 나라로 꼽혔다. RE100 회원사들을 대상으로 한 조사에서 한국은 높은 단가와 제한된 공급, 조달 옵션 부족, 마찰 또는 비효율성 등 3항목에서 가장 높은 순위를 기록했다.

그리고 정부의 소극적인 에너지 정책이 시대 변화를 따르지 못하는

조달장벽

	한국	일본	싱가포르	대만	중국	인도	미국	러시아	사우디 아라비아	베트남	장벽을 언급한 전체 기업
높은 단가 또는 제한된 공급	27	24	31	37	4	5	5	6	5	2	127
조달 옵션 부족	32	14	12	9	18	10	7	7	8	6	112
마찰 또는 비효율성(작은 부하)	12	7	10	9	2	1	7	3	2	0	49
규제 장벽	8	8	0	2	7	9	2	4	1	2	44
마찰 또는 비효율성(기타)	2	10	2	1	1	5	2	0	0	0	31
마찰 또는 비효율성(주인-임차인합의)	3	8	4	1	3	5	7	1	1	0	25
신뢰성 문제	4	1	0	0	4	3	2	1	1	1	16
내부 이유	0	1	2	1	0	1	2	0	0	0	12
데이터 부족	5	3	0	0	3	3	2	0	0	0	15
장벽을 언급한 전체 기업	66	49	48	43	30	24	24	17	14	11	
장벽을 보고한 국가/지역에서 운영되는 회사 비율	40%	24%	27%	33%	12%	13%	9%	21%	21%	9%	
해당 국가/지역에서 RE100을 구매하는 기업 비율	4%	25%	13%	8%	30%	30%	31%	7%	3%	24%	

출처: 2024 RE100 연간보고서

문제도 기업들의 RE100 이행률을 낮추고 있다. 유럽연합(EU)은 2030년까지 재생에너지 비중을 42.5%로 늘리는 목표를 추진하고 미국도 2050년까지 50%대로 높인다는 계획이다. 하지만 지난 2024년 5월 정부가 발표한 제11차 전력수립기본계획(전기본) 실무안에 따르면, 2030년 기준 신재생에너지 발전량 목표는 138.4TWh(테라와트시)로 전체 발전량 대비 21.6%에 해당하는데 이는 EU 대비 절반 수준인 셈이다. 정부가 지난 2023년 12월 제28차 UN기후변화협약 당사국총회(COP28)에서 2030년까지 재생에너지를 3배 늘리고 에너지 효율은 2배 늘리기로 서약한 것과도 상반된 내용을 담고 있어 11차 전기본과 관련된 논란은 아직도 현재진행형이다.

전기본은 국가 중장기 전력수급의 안정을 위해 2년 주기로 수립된다. 계획 기간은 향후 15년(11차 전기본 2024~2038년)이며, 전력수급의 기본방향과 장기전망, 발전설비 계획, 전력수요 관리 등의 내용이 포함된다.

원전 없이 전력 공급 불가능, 'CF100'

우리나라의 재생에너지 발전량이 낮고 RE100 같은 탄소규제 이니셔티브를 수행하는 데 어려움이 따르자 재생에너지에 원전을 포함하는 CF100(Carbon Free 100)으로 가야 한다는 주장이 나왔다.

CF100의 정확한 용어는 '24/7 CFE(Carbon Free Energy)'다. 매일 24시간 1주일 내내 무탄소 에너지만 사용한다는 의미로 구글과 UN에너지, UN 산하 지속가능에너지기구 등이 함께 만든 캠페인이다. 무탄소 에너지는 탄소를 배출하지 않는 원전과 청정수소, 탄소 포집·저장 등을 포괄한다. 재생가능한 천연에너지만을 100% 사용하자는 RE100과 다르다. 2023년 발전량 기준, 원전에서 30%를 생산하는 우리나라 상황에서는 CF100이 RE100의 대안으로 떠오르는 것이다.

지난 2023년 9월 윤석열 대통령은 UN총회 기조연설에서 무탄소에너지의 활성화를 위한 국제 플랫폼인 무탄소연합(Carbon Free Alliance, CF연합) 결성을 제안한 바 있다. 그리고 CF연합 결성 1주년이 되는 2024년 10월에는 한국과 일본을 공동의장국으로 CFE 이니셔티브 글로벌 작업반이 출범할 예정이다. 정부는 CFE가 제조업 기반 국가의 대안이자 탄소중립으로 가는 징검다리가 될 것이라고 밝혔다.

최근에는 국제에너지기구(IEA)가 CFE 이니셔티브에 대한 지지를 공식 표명했다. 2024년 9월 부산에서 열린 기후산업국제박람회 공동개최를 위해 참석한 파티 비롤 IEA 사무총장은 "기후 위기와 에너지안보문제에 대응하기 위해 세계적으로 원자력이 다시 주목받고 있으며 주요국가들이 원자력의 중요성을 담은 정책과 전략을 발표하고 있다."고 말했다. IEA는 2023년 넷제로(Net Zero) 로드맵을 발표하면서 2050년까지 전 세계 원전 용량을 2배 이상 늘려야 한다고 밝힌 바 있다.

에너지안보 위협, 다시 부상하는 원전

2011년 후쿠시마 원전사고 이후 세계적으로 탈원전 정책이 중심을 이뤘지만 최근의 기조는 원전을 포함하는 쪽으로 바뀌고 있다. 탈원전 정책을 강하게 펼치던 유럽도 러시아-우크라이나 전쟁으로 에너지안보가 위협을 받자 발전 비용 상승에 대한 압박을 해소하기 위해 원전을 대안으로 내세우고 있다. 2024년 3월 EU 의장국인 벨기에는 IEA와 공동으로 '원자력 정상회의'를 개최했는데 38개국이 참여한 선언문을 통해 "원전의 잠재력을 완전히 개방하고 원자로 수명 연장 지원을 위한 금융조건을 완화할 것을 촉구한다."고 밝혔다.

세계원자력협회(WNA)에 따르면, 2024년 현재 전 세계에서 64기의 원전이 건설 중이다. 88기는 건설 계획이 확정됐고, 344기는 신설을 검토중이다. 이 같은 분위기에서 우리나라 역시 원전 비중을 낮추려던 계획에서 선회한 것은 물론이고 원전 수출을 위해 적극 나서고 있다. 우리나라는 지난 2009년 아랍에미리트 바라카 원전 4기 건설을 수주하며 원전수출국이 되었다. 2022년 이집트 엘다바 원전 건설 프로젝트를 수주했으며 2024년 9월 현재 체코 두코바니 원전 건설사업에서 우선협상권을 확보하고 최종 계약을 위해 논의가 진행 중이다.

하지만 EU에서는 '그린 택소노미'를 통해 원전을 친환경으로 분류하기 위한 몇 가지 조건을 걸었다. 그린 택소노미는 환경적으로 지속가능한 경제활동의 범위를 정하는 것이다. EU는 2020년 6월 세계 최초로 그린 택소노미를 발표했으며 2022년 2월 천연가스와 원자력 발전에 대한

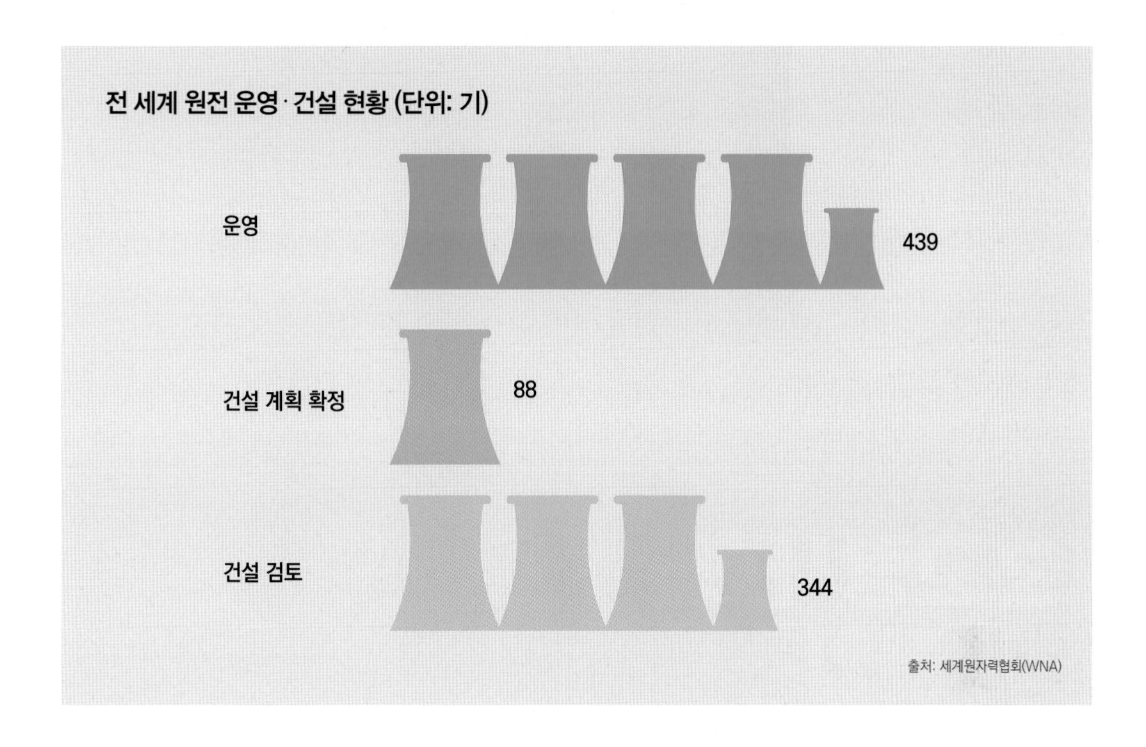

투자를 환경·기후친화적인 지속가능한 금융 녹색분류체계로 분류하는 'EU 택소노미'를 확정·발의했다. 이에 따르면 원전이 친환경 에너지로 인정받기 위해서는 ▶고준위 방사성폐기물 처분시설을 2050년까지 운영하기 위한 문서화된 계획을 보유해야 하며(폐기물 발생국 내에서 처분하는 것이 원칙이나 제3국과의 협의를 통한 인도는 허용) ▶2025년 이후 신규 건설되는 원전과 운영을 연장한 원전은 사고저항성 핵연료(Accident Tolerant Fuel, ATF) 기술을 적용해야 하고, 신규 원전의 경우 2045년 이전에 건설 허가를 발급받아야 한다.

RE100, K-RE100, CFE 등 친환경 관련 용어나 관련 기관은 다양하지만 결국 이 모든 것이 추구하는 방향은 지구를 기후 위기에서 구하자는 것이다. 지구온난화로 인해 우리의 삶이 위협 받고 있기 때문이다. 국가나 대기업만의 일이 아니라 그런 정책의 영향을 받는 우리의 문제라는 인식으로 관심을 더 높여야 할 때이다.

* ISSUE

10

초고령사회 돌입

양소리

뉴시스 기자

2016년 민영통신사 《뉴시스》에 입사해 사회부 사건팀, 국제부 유럽팀, 정치부 정당팀과 대통령실팀에서 일했다. 지금은 교육 정책을 담당하고 있다. 통신사 기자는 '기자들의 기자'다. 언론인들의 정확한 해석, 그리고 시민의 명확한 판단을 위해 최전선에서 가장 빠르고 정밀하게 기록하고자 한다.

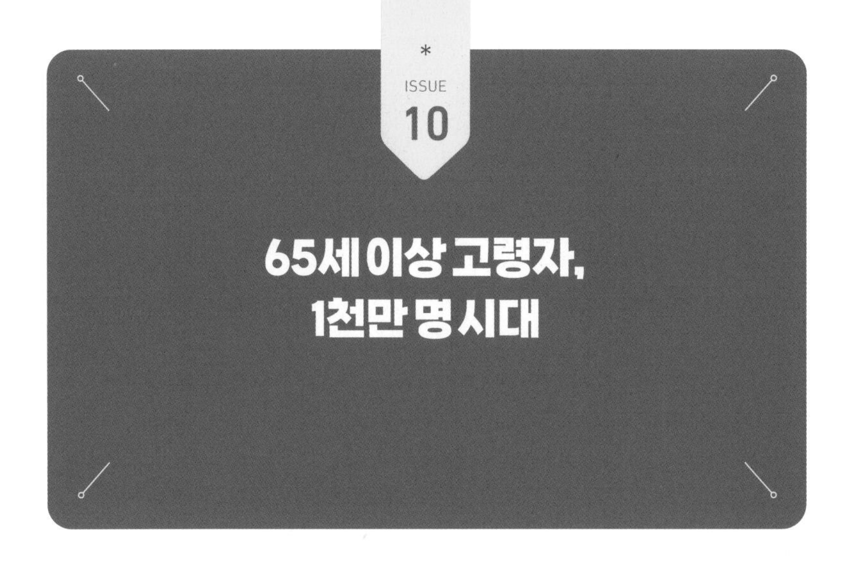

65세 이상 고령자, 1천만 명 시대

"'저출생'보다 '고령화' 정책에 더 많은 인력과 예산이 투입될 수도 있습니다."

저출생 문제 해결에 국가 역량을 총동원하겠다고 밝힌 윤석열 대통령이 '인구전략기획부'를 신설하겠다고 공포한 지 한 달이 지났을 즈음 정부 고위관계자에 "이 부처가 정말 저출생 문제를 해결할 수 있을까요?"라고 물은 적이 있다. 관계자의 답변은 다소 놀라웠다. 새로 생긴 인구전략기획부가 어쩌면 고령화 대응에 더 큰 힘을 쏟을 수도 있다는 것이다. 하지만 우리 주변에서 매해 사라지는 유치원, 수년째 이어지는 수도권 화장장 대란을 눈여겨봤다면 이 관계자의 답변은 그리 의아한 수준도 아니다.

우리나라 65세 이상 노인 인구가 2024년 7월 10일 1천만 명을 넘어섰다. 전체 주민등록인구(5,126만 9,012명)의 19.51%가 65세 이상이다. 유엔(UN)은 전체 인구의 65세 이상 비율이 20%를 넘어서면 '초고령사회'로 분류한다. 우리나라의 고령인구 증가 속도를 고려하면 2024년 말이나 2025년에는 초고령사회 진입이 확실시된다. 다섯 명 중 한 명이 노인인 국가, 사망자가 출생자보다 많고, 상속 분쟁이 이혼소송보다 많아진 국가는 우리가 지금까지 살던 나라와는 다른 모습을 하고 있을 것이다. 국가가 다양한 고령화 정책 전략을 짜고 있는 이유다.

너무 빠른 초고령사회 진입…… 국가도 국민도 준비 안 돼

인구 고령화는 전 세계가 겪고 있는 사회적 현상이다. 문제는 우리나라의 초고령화가 너무 빠른 속도로 진행되고 있다는 점이다. 10여 년 전인 2015년 국내 65세 이상 인구는 677만 5,101명으로 전체 인구의 13.1%였다. 그러나 5년이 지난 2020년 65세 이상 인구수는 850만 명으로 늘었고 불과 4년 만인 2024년에는 1천만 명으로 급증했다. 2028년에는 1차 베이비부머(1955~1963년생) 세대가 고령인구에 포함된다. 향후 매년 80~90만 명 내외의 베이비부머가 고령층에 유입될 예정이다.

비수도권의 경우 초고령사회는 이미 다가온 미래다. 한국고용정보원의 「지역별 고령화와 고령층 노동시장 현황」(2024) 보고서에 따르면 전국 기초자치단체의 절반 이상은 65세 이상 인구가 20%를 넘었다. 기초자치단체 가운데 65세 이상 인구 비율이 20% 이상인 초고령사회에 진입한 지역은 2015년 33.2%에서 2022년 51.6%로 증가했다. 행정안전부의 「우리나라 주민등록 인구통계」에 따르면 지난 2022년 기준 우리나라 여성 중 65세 이상 고령층은 20.1%다. 여성 인구만 놓고 보면 이미 초고령사회가 시작된 것이다.

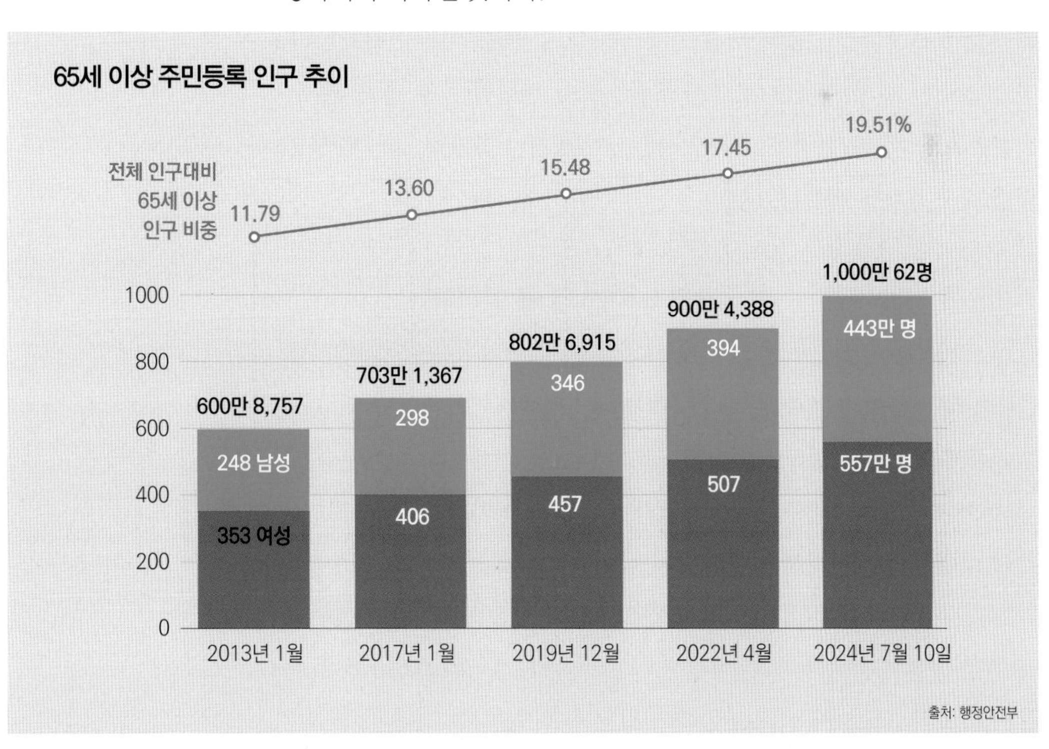

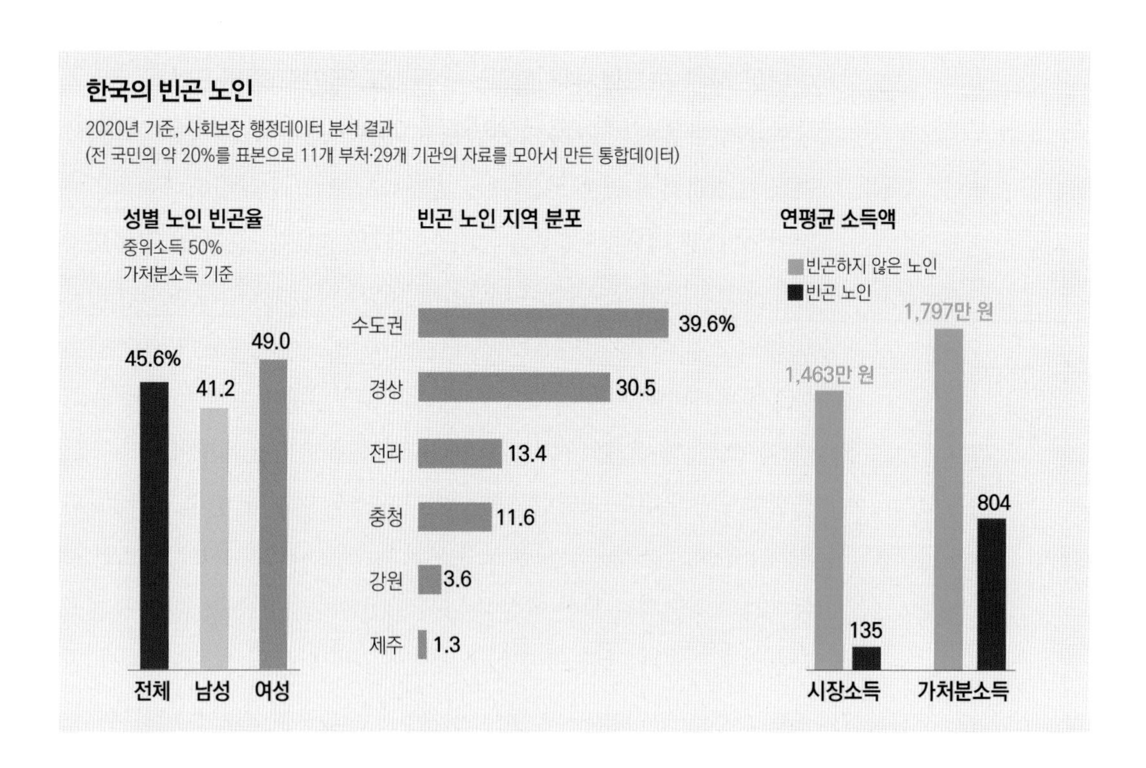

노년층은 빠르게 늘어나며 사회 현상과 구조를 바꾸는데 제도와 정책은 그 속도를 따라가지 못하는 실정이다. 인구학 권위자인 조영태 서울대학교 보건대학원 교수는 이를 '인구지체(遲滯) 현상'이라고 정의한다. 지난 20년에 걸쳐 저출산·고령화가 급속도로 진행될 동안 전문가들은 극복만큼 '적응'과 '연착륙'의 중요성을 강조했지만 국가도, 국민도 성공적인 대응 전략을 세우지 못했다.

빈곤한 노인의 삶…… 누군가의 노화는 더 큰 불행이다

나이가 들면서 삶을 바꾸는 가장 큰 요인은 '수입'이다. 삶을 지탱하던 근로소득은 은퇴와 함께 줄거나 사라진다. 국민연금, 기초연금 등 공공기관에서 지급하는 소득인 공적이전소득은 노인 소득의 약 26%를 차지한다. 경제협력개발기구(OECD) 가입국의 평균 공적이전소득이 57% 수준인 데에 비하면 상당히 절반에도 못 미치는 수치다.

결과는 잔인하다. 한국 사회의 노인 빈곤율과 자살률은 OECD 회원국 중 가장 높은 수준이다. 65세 이상 노인 인구 중 63.1%는 시장소득을 기준으로 중위소득 50% 빈곤선 아래에 있는 빈곤 노인이다(보건복지부, 2024

사회보장 행정데이터). 연령별로 65~69세 초기 노인 빈곤율이 35.0%로 가장 낮았고, 연령이 높아질수록 빈곤율이 상승해 80세 이상 노인은 56.5%가 빈곤 상태에 놓여있다.

2023년 기준 한국의 65세 이상 노인 자살률은 인구 10만 명당 39.9명으로 OECD 1위이다. OECD 가입국 평균이 17.2명인 것을 고려하면 2배가 넘는 수치다. 특히 70대의 경우 46.2명이고 80세 이상은 67.4명에 이른다. 노인 자살의 주된 원인은 빈곤과 질병이다. 의료비 증가 등 사회보장·복지비용을 준비하지 못한 국가에서 노인은 스스로 목숨을 끊어가고 있다.

세계보건기구(WHO) 자료에 따르면 2016년 기준 한국인 건강수명은 73세로 기대수명인 82.7세와 대략 9.7년 차이가 난다. 건강수명은 기대여명에서 질병과 사고 등으로 인해 일찍 죽거나 건강하고 생산적인 삶이 손상된 기간을 빼고 계산한, 건강한 인간으로서 살아가는 기간이다. 통계에 따르면 우리나라의 노인들은 죽기 직전까지 10년간 건강문제를 안고 살게 된다는 뜻이다. 죽기 직전 10년 동안의 병원비와 간병비 감당 능력 여부가 노인 개인의 삶의 질을 바꾼다. 국무총리실 산하 사회보장위원회에 따르면 전체 노인의 평균 가처분소득은 연 1,170만 원으로 월 1백만 원이 채 되지 않는다. 빈곤노인의 가처분소득은 이보다 낮은 연 804만 원(월 67만 원)이다.

초고령화 사회에서 질병 케어는 주요한 서비스 영역이다. 가처분소득 수준이 높은 노인이라면 시장에서 선택할 서비스가 많다. 치매 등으로 일상생활이 어려운 노인에게 가정이나 시설에서 신체 가사 활동 지원 및 간병 등의 각종 돌봄 서비스를 제공하는 '시니어 케어' 시장은 매해 성장 중이다. 2018년 8조 원이었던 시장 규모는 2022년에 14.5조 원으로 증가했다. 이용자 수도 같은 기간 동안 103.6만 명에서 167.3만 명으로 증가, 연평균 12.7%의 성장률을 기록하고 있다.

대기업들도 요양산업에 손을 뻗고 있다. 롯데와 같은 건설업체들은 시니어 복합단지 조성에, 대교는 재가요양 시장에, 종근당은 요양시설 운영과 제약 사업 연계를 계획하고 있다. 이외에 메이필드호텔과 신세계 같은 대기업들도 시니어 주거 사업에 뛰어들고 있다. 시설마다 다르지만 '프리미엄'이라 이름 붙인 요양원들의 월 입소비용은 1인실 489만 원, 2인실 410만 원, 4인실 290만 원 수준이다. 국민건강보험공단에서 운영하는 서울요양원의 1등급 노인의 월 입소비용이 79만 500원임을 고려하면 5배에 가까운 금액 차다. 소득 수준이 높은 이들의 노화는 '프리미엄'한 서비스와 함께 맞물리게 된다.

그러나 빈곤한 노인의 경우 사정이 달라진다. 이들에게 주어진 선택권은 많지 않다. 요양과 간병은 시간과 돈이 들어가는 일이다. 코로나19 이전에 하루 8만 원 수준(2019년)이던 간병비가 이제는 12~15만 원 선까지 올랐다. 부모의 질병이 자녀 세대까지 영향을 미치는 경우도 많다. 한국은행에 따르면 2023년 월평균 간병비는 약 370만 원으로 추산된다. 간병비가 비싸지면 가족구성원은 일을 그만두고 직접 간병에 나서는 상황을 고려할 수밖에 없다. 이른바 '간병 실업'이다. 가족 간병 규모는 2022년 89만 명에서 2042년 212~355만 명까지 늘어날 것으로 추정된다.

애초에 우리 사회의 노화는 평등하게 일어나지 않는다. 상위 20% 소득 수준을 지닌 소득 5분위 노인의 경우 건강수명이 72.2세이지만 소득 하위 20%에 속하는 소득 1분위 노인의 건강수명은 60.9세에 불과하다. 무려 11.3년의 차이가 존재한다.

그 격차를 좁히는 건 국가의 몫이다. 다행인 점은 국가의 노인장기요양보험 혜택이 점점 늘어나고 있다는 점이다. 노인 장기요양보험은 65세 이상 노인 또는 65세 미만 중 치매 등 노인성 질병으로 6개월 이상 스스로 생활하기 어려운 사람에게 목욕, 간호 등의 서비스를 제공하는 사회보험제도다. 신체 능력 등에 따라 1~5등급으로 분류되며 등급에 따라 급여액도 달라진다. 국민건강보험공단이 발간한 「2023 노인장기요양보험 통계연보」에 따르면 2023년 65세 이상 의료보장 노인 인구는 986만 명이고 이 가운데 노인장기요양보험 신청자 수는 143만 명, 인정자 수는 110만 명이었다. 전년 대비 신청자는 5.9%, 인정자는 7.7% 늘었다. 수급자 한 명당 월평균 급여비는 144만 원으로 6.1% 늘었고, 이 중 공단 부담금은 131만 원이었다. 노인장기요양보험 관련 시설과 인력도 늘었다. 2023년 말 장기요양기관은 2만 8,366곳으로, 전년 대비 3.2% 증가했다. 장기요양기관 종사자 수는 67만 3,946명으로 8.0% 늘었다.

1995년부터 시행되어 2001년 이래 기준금액이 계속 동결되어 온 노인외래정액비 현행 제도로는 초고령사회의 건강보험 재정에 큰 부담을 줄 수 있다는 우려가 제기된다.

집에서 늙다 죽고 싶다…… 재가(在家) 노인

급속한 요양 인프라 확충에도 요양원에 대한 사회적 인식은 여전히 개선되지 않은 모습이다. 수술한 시어머니의 요양원 입소를 고민하는 아내에게 '요양원은 현대판 고려장'이라며 반발한 남편의 에피소드가 뉴스를 탄 게 불과 몇 달 전이다. 요양원에 대한 인식이 바뀌지 않는 가장 큰 요인은 요양원의 '질' 문제다.

우리나라의 경우 장기요양기관의 83.6%는 개인사업자가 운영하고, 그나마도 30인 이하 소규모 시설이 55.3%에 달한다. 운영 수준이 기대에 못 미치는 경우도 허다하다. 국민건강보험공단이 장기요양서비스 제공기관 중 시설급여기관 4423곳에 대해 실시한 평가에서는 687곳(15.5%)이 가장 낮은 E등급을 받은 것으로 나타났다. 최우수 등급인 A등급 기관은 17.2%(760곳)에 불과했다.

가장 중요한 건 수도권의 요양 시설을 늘리는 것이다. 2023년에 집계된 서울의 노인장기요양 1·2등급 수급자는 2만 4,000명에 달하는데 요양시설의 정원은 1만 6,000명에 불과하다. 8천여 명의 노인은 요양을 위해 지방으로 이전할 수밖에 없는 구조다. 이 같은 문제를 해결하기 위해 정부는 2027년까지 공립 요양시설은 현재 53곳에서 181곳으로, 일반

요양시설은 2만 7,000곳에서 3만 2,000곳으로 확대할 예정이다. 시설 확충을 위해서는 설립 규제를 완화하는 방안도 검토해야 한다. 지금까지 정부는 건물·토지를 소유하지 않은 민간 사업자는 노인 요양시설을 설립할 수 없게 했다. 그러나 규제를 확 풀어 비영리법인 등도 일정 조건을 갖추면 도심 등 특정 지역에서는 임차를 받아 시설을 설립할 수 있도록 할 예정이다.

상업·의료·취미 시설 등을 제공하는 복합주거시설인 '시니어 레지던스' 공급도 늘려야 한다. 65세 이상 고령인구(2024년 7월 기준 1,062만 명) 대비 시니어 레지던스 공급비중은 2023년 누적 기준 한국이 0.12%다. 일본(2.0%), 미국(4.8%) 등 주요국과 비교해 낮은 수준이다.

기획재정부는 2024년 8월 이 같은 수요를 반영한 '시니어 레지던스 활성화 방안'을 발표했다. 각 지역 시니어 레지던스 조성을 위한 건설자금에 주택도시기금 공공지원 민간임대 융자를 지원하는 방안을 검토하고, 지역활성화 투자펀드 지원 대상에 분양형 실버타운도 포함하는 방식이다. 현행 건설임대 1천 호에 노후 임대주택의 리모델링 및 매입임대를 통한 2천 호를 추가 공급해 연간 총 3천 호를 공급하는 것이 정부의 목표다.

여기에 우리나라 고령층의 특별한 수요도 정책에 반영돼야 한다. 국토연구원 '초고령시대 지역사회 계속 거주를 위한 커뮤니티 기반의 통합지원방안 연구'에서 60세 이상 고령자 847명에 설문조사를 실시한 결과 응답자의 85.5%는 기존 거주하던 지역에 계속 살고 싶다고 답했다. 요양시설에 가지 않고 살던 집에 머무는 '재가(在家) 노인'을 위한 복지가 필요한 시점이다.

그러나 재가 노인에 대한 복지 수준은 시설에 머무르는 노인에 비해 떨어진다. 우리나라는 노인 '장기요양보험'을 통해 고령이나 치매 등 질병으로 혼자 생활하기 어려운 노인에게 요양 서비스를 지원한다. 장기요양보험 급여는 시설 입소자가 받는 '시설 급여'와 시설에 입소하지 않고 집에 머무를 때 받는 '재가 급여'로 나뉜다. 이 급여로 목욕, 간호, 돌봄 서비스를 이용할 수 있다. 그러나 1등급 수급자로 비교했을 때 재가 급여(월 최대 188만 5,000원)는 시설급여(월 최대 245만 2,500원)보다 56만 7,500

원 적다. 정부는 이 간극을 채우기 위해 재가 급여를 단계적으로 인상해 2027년에는 시설 급여와 비슷한 수준으로 올리겠다고 밝혔다.

고령화, 장기 불황의 서막…… 고용 연장 논의 본격화

사회 전반적인 고령화는 장기 불황의 중요한 원인이다. 노동 공급이 감소하며 생산성은 약화되고 경제성장률은 하락한다. 대표적인 예가 일본이다. 이미 1970년에 65세 이상 인구가 전체 인구의 7%인 고령화사회에 진입한 일본은 1994년에 65세 이상 인구 비율이 14%로 오르며 고령사회가 되었다. 현재 일본은 65세 인구가 전체 인구의 29%를 차지하는 초고령사회다. 일본에서는 일손이 모자란다는 뜻의 인수부족(人手不足)이라는 용어가 일상화될 만큼 노동인구 감소 문제가 심각하다. 2023년 일본의 1인당 국민총소득(GNI)은 3만 5,793달러로 역대 최초로 한국(3만 6,194달러)에 뒤졌다. 1인당 GNI는 우리나라 국민이 국내와 해외에서 벌어들인 돈을 인구수로 나눈 것으로, 생활 수준을 국제적으로 비교할 때 많이 쓴다.

일본의 이러한 상황은 곧 우리의 미래 모습이 된다. 대한상공회의소는 2035년에 직장인 평균연령이 사상 처음으로 50세를 웃돌고, 2050년에는 53.7세로 우상향할 것으로 예측했다. 2050년 OECD 국가 취업자 예상 평균 연령은 43.8세로 9.9세나 낮다. 혁신적인 아이디어를 공급해 줄 젊은 인력을 구하기 어려워지면 고도의 기술을 필요로 하는 업종에서는 산업 경쟁력도 떨어질 수 있다. 기업의 신규 진입이 줄며 산업 역동성도 떨어질 것으로 예상된다.

노인 인구의 급격한 증가로 인한 복지비 급증은 국가 예산에 큰 타격을 준다. 정부에 따르면 2025년 복지부 편성 예산은 125조 6,565억 원으로 2024년(보육예산 제외 기준) 대비 8조 6,120억 원이 증가했다. 특히 사회복지비용은 2025년에 107조 2,442억 원으로 총 7조 6,658억 원이 늘어나는데 이 중 공적연금 증가폭만 5조 원이 넘는다. 2025년에도 노인 대상 예산은 1조 8,430억 원이 늘어난다. 기초연금 금액이 2.6% 인상되면서 노인 1인당 지급액이 월 33만 4,810원에서 34만 3,510원으로 많아졌기 때문이다. 관련 예산만 1조 6,631억 원이 증가했다. 정부는 앞으로 기초연금 금액을 월 40만 원까지 인상하겠다고 밝힌 바 있어 수급자 수를 줄이지 않는 이상 노인에게 들어가는 예산은 확대될 수밖에 없다.

이 사이 한국은행은 2차 베이비부머(1964~1974년생) 세대가 2024년부터 차례로 은퇴하면서 우리나라 경제성장률을 약 0.4%포인트까지 끌어내릴 수 있다는 분석을 내놓은 상태다. 통계청의 장래인구추계에 따르면 15~64세 생산연령인구는 50년 뒤엔 현재의 절반에도 미치지 못할 것으로 보인다.

인구 구조에 맞춰 노동시장 구조도 개편해 나가야 할 시점이 온 것이다. 당장 노동 가능인구를 확대할 수 없는 상황에서 최선의 방법은 정년 연장이다. OECD는 최근 발간한 「2024 한국경제보고서」에서 "노동 수명을 연장하고 노인 고용을 늘리면 국내총생산(GDP)과 재정 성과가 크게 향상될 것"이라고 조언했다. 일본처럼 법정 정년을 5년 늘린 65세로 연장한다면 일하는 인구 100명이 부양하는 고령인구의 수를 의미하는 '노년부양비' 증가속도가 9년 늦춰진다는 연구도 있다.

이미 일하는 노인은 급증하는 추세다. 통계청에 따르면 2024년 1~6월 70대 이상 취업자 수는 전년보다 15만 명 급증한 192만 5,000명에 달했다. 문제는 노인 일자리의 질이다. 중장년층은 퇴직 후 상대적으로 저숙련·저임금 일자리에 종사하는데 이 경우 노인 노동력은 경제성장에 유의미한 영향을 미치기 어렵다. 기업에서는 벌써 묘안이 나오는 중이

보건복지부 발표에 의하면 2024년 7월 기준 폐지를 주워 팔며 생계를 이어가는 노인이 전국에 1만 4,831명 있는 것으로 조사됐다. 이는 65세 이상 전체 노인의 0.15% 수준이다.

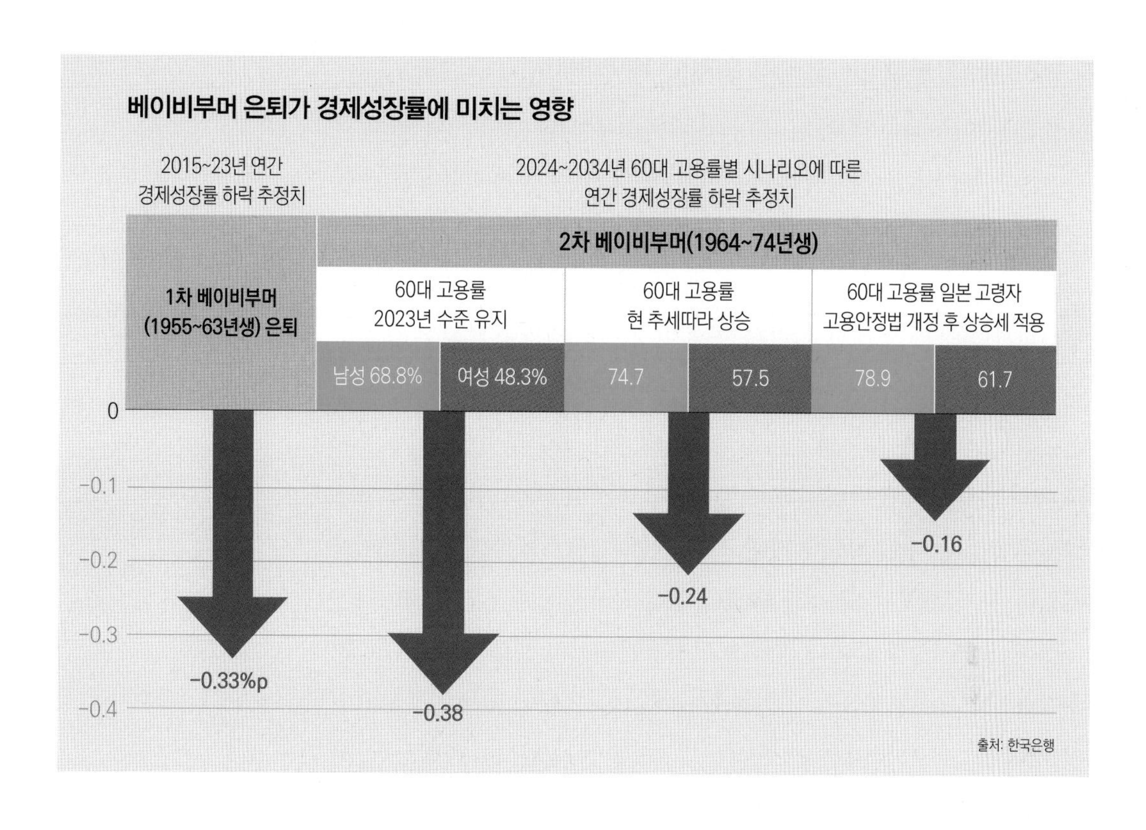

다. 최근 현대자동차 노사는 단체교섭에서 '숙련 재고용 제도(촉탁계약직)' 확장을 합의했다. 정년(만 60세) 이후 기술직(생산직) 근로자의 촉탁계약 기한을 현재 1년에서 1년을 더 추가해 총 2년으로 확장하는 방식이 여기에 포함됐다. 촉탁계약직은 정년퇴직한 근로자를 신입사원과 비슷한 임금을 지급하고 재고용하는 제도다. 회사 입장에선 인건비를 줄이면서도 숙련 기술자를 놓치지 않을 수 있고 근로자도 퇴직 후 급격한 소득 감소를 막을 수 있다.

법적 제도 보완도 동반되고 있다. 박홍배 더불어민주당 의원은 법적 퇴직 연령을 현행 60세에서 2033년까지 65세로 단계적으로 상향 조정하는 고령자고용법 개정안을 제안했다. 그는 개정안에 부칙을 마련해 법 시행일로부터 2027년까지는 정년을 '63세'로, 2028년부터 2032년까지는 '64세', 2032년 이후에는 '65세'가 되도록 했다. 고등교육을 받은 비중이 높아지는 1970년 이후 출생자들이 고령인구가 되는 10년 후에는 고령 노동인력의 질도 사뭇 달라져 재교육 등으로 일부 노동시장 참여가 늘어날 것으로 기대된다.

뉴시니어의 등장…… 高학력·高자산 '베이비부머'의 고령화

모든 노인이 늙고 약한 건 아니다. 베이비부머(1955~1963년생) 세대의 고령화로 우리나라에는 전례 없이 높은 교육 수준과 경제력을 보유한 노인 세대가 구축되고 있다.

하나은행 하나금융경영연구소가 발표한 「시니어케어 시장의 확대와 금융회사의 대응」(2023)에 의하면 75세 이상 시니어 계층이 보유한 자산은 2022년 기준 전체 가계 자산의 27%를 차지한다. KB국민카드에 따르면 2023년 50대 이상의 매출액은 5년 만에 39% 증가하며 같은 기간 40대 이하 매출 증가율(13%)을 크게 앞질렀다. 특히 65세 이상의 카드 이용금액은 2019년 대비 81% 증가해 모든 연령 중 가장 가파른 증가율을 보여줬다. 자기부양능력을 갖춘 뉴시니어(New Senior) 시대가 열린 것이다.

실버산업도 성장 중이다. 한국보건산업진흥원의 실태조사에 따르면 우리나라의 고령친화산업 시장 규모는 2021년 기준 제조업이 약 22.3조 원, 서비스업이 약 50.0조 원으로 총 72.3조 원(금융산업 제외)에 달한다. 제조업은 의약품·의료기기·식품·화장품, 서비스업은 요양·여가·주거·금융 등의 분야가 해당된다. 서울 시내 주요 백화점은 저층부에 고가의 시니어 브랜드가 대거 입점된 상태다. 영양제 등 건강보조식품 시장도 매해 커지고 있다.

자기부양이 가능한 노인의 삶은 이제 '시간의 질'에 따라 달라진다. 일상에서 노동 시간이 사라진 노인은 대부분의 시간을 여가로 채운다. 이제 이들의 과제는 과거에 비해 줄어든 이동 동선과 사회관계망에서 고립되지 않는 삶을 영위하는 것이다. 노인의 사회적 연결은 지역 사회가 담당해야 한다. 어린이나 청장년층이 함께 이용할 수 있는 공간이나 프로그램을 통해 세대 간 교류를 위한 다양한 프로그램이 필요하다.

디지털을 통한 연결 역시 노년층의 수요도 상당히 높다. 경기도 부천시 노인복지과가 2021년 수행한 조사 결과에 따르면 경로당 이용자들이 배우기를 원하는 항목 1위는 '스마트폰(48%)'으로 '혈압·혈당 등 건강(35%)', '한글(34%)'을 넘어섰다. 각 지역의 노인복지관, 경로당 노인교실, 읍면 사무소 등에서 진행되는 디지털 기기 활용 수업들도 인기다. 교육은 스마트폰 활용 교육, 키오스크, AI 스피커 활용 등으로 구성된다. 노인

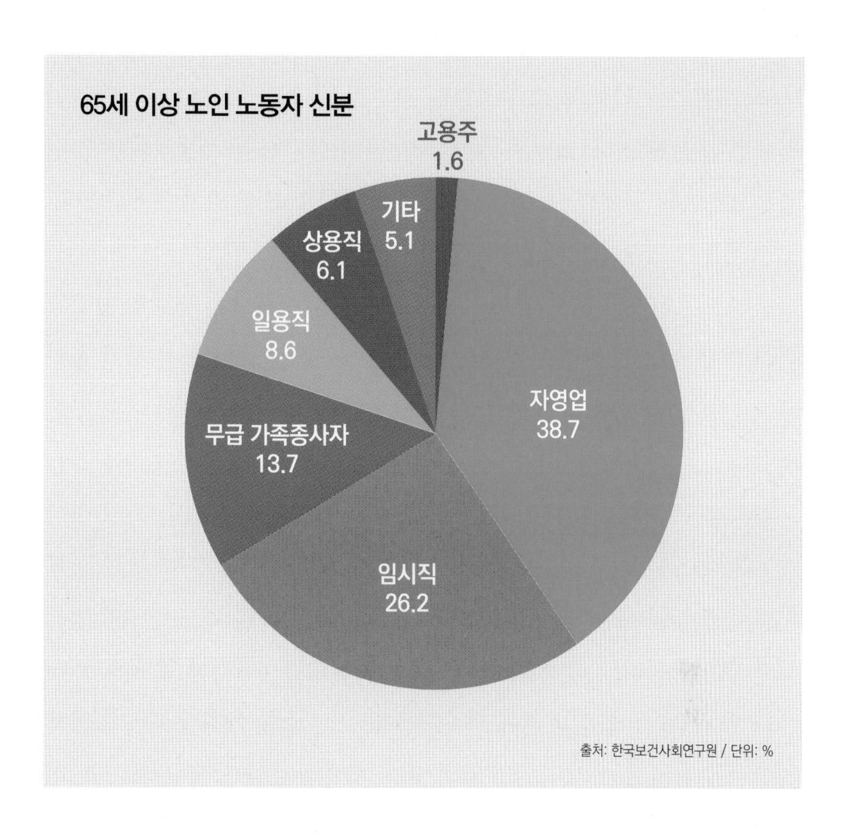

복지관에 직접 키오스크를 설치해 노인이 직접 체험해보는 교육도 늘어나는 추세다.

취약한 노인 공격하는 '혐오'

2024년 충북 제천시에서는 공공 수영장을 '노(NO) 시니어존'으로 만들어야 한다는 주장이 나오며 사회적 노인 혐오 문제를 수면으로 올렸다. 이 수영장을 이용하던 67세 이용자가 수영 도중 의식을 잃는 일이 발생했는데 이를 이유로 노인 출입을 금지하자는 지역 여론이 형성된 것이다. 카페나 일부 헬스클럽에서도 노시니어존을 선언하는 곳은 늘어나는 중이다. 신체적 노화, 인지 능력 저하 등 노인의 취약함은 그들을 혐오 대상으로 몰아가는 요인이 되었다. 혐오세력은 항상 가장 약한 곳을 공격한다. 한국 사회에서 '65세 이상'은 환영받지 못하는 존재다.

'연금충(蟲)', '틀딱충' '딸피' 등의 노인 혐오 표현도 만연해지는 추세다. 국가인권위원회(인권위)가 전국의 65세 이상 노인 1천 명과 19~64세 청·장년 5백 명을 대상으로 한 설문조사에서 19~39세 청년층 80.4%는

'우리 사회가 노인에 대한 부정적인 편견이 있고 이 때문에 노인인권이 침해된다'고 답했다. 노인과 청년의 갈등이 심각하다고 생각하는 청년층은 81.9%에 달했다. '노인 복지 확대로 청년층 부담 증가가 우려된다'고 응답한 수치도 77.1%로 나타났다. 인권위가 2021년 실시한 '온·오프라인 혐오표현 인식조사'에 따르면 오프라인 실생활에서 경험한 혐오표현의 대상은 '노인'이라는 응답이 69.2%로 가장 높았다. 특정 지역 출신(68.9%), 여성(67.4%)보다 노인을 향한 혐오가 더 만연하게 드러나고 있는 것이다.

혐오는 폭력으로 이어진다. 폐지를 줍는 할머니에 욕설을 하며 바닥에 내동댕이친 50대 남성, 길거리에서 할아버지뻘 되는 70대 노인을 무차별 폭행한 30대 여성 등의 기사를 우리는 종종 접한다. 노년층의 범죄 불안감도 상당히 높다. 일상 범죄 두려움 정도를 1~10점 척도(매우 안전하다~매우 불안하다)로 살펴본 결과 60대 이상(6.18점)은 20대(5.79점)에 비해 높은 수준으로 일상의 불안감을 표했다. 서울시여성가족재단이 조사한 「서울시민의 범죄 두려움 현황 및 영향 요인」(2024)에 의하면 노인의 불안감이 높은 것은 은퇴 후 사회경제적 지위가 약화되고, 건강이 나빠지면서 범죄로부터 안전하지 못하다는 두려움이 증가하기 때문으로 분석된다.

노년층의 실수는 혐오의 불쏘시개가 된다. 2024년 7월 발생한 시청역 역주행 사고의 운전자는 68세의 노인이다. 이 사고로 9명의 사망자가 나왔다. 가해자는 역주행을 주장했지만 수사 결과 사고 원인은 가속페달 오조작 때문이다. 운전자는 법적 판단에 따라 처벌받게 될 예정이다. 그러나 사고의 사회적 처벌은 모든 고령자에게 돌아가는 모습이다. 노년층의 운전면허를 회수해야 한다는 여론이 들끓고 있다. '어르신, 꼭 운전을 하셔야겠어요?'라는 자극적인 제목의 보도도 나왔다. 그러나 나이가 들었다는 이유로 면허증을 반납할 경우 도서·산간 지역에 거주하는 이들의 이동권은 즉각 박탈되고 만다. 생계를 위해 운전이 불가피한 경우도 있다. 서울시 마을버스 운전자의 42.9%가 65세 이상이다. 대안을 논의해야 할 순간을 혐오로 덮으면 고령층의 삶은 앙상해질 수밖에 없다.

보험연구원(KIRI)은 「고령사회의 노인혐오」(2020) 연구에서 일본 사례를 언급하면서 고령자의 지역사회와 세대 간 유대감 강화·고용 안정성 제고가 노인 혐오를 해결할 수 있는 방안이 될 수 있다고 제안했다. 고령화를 먼저 겪은 일본은 2010년 전후 '혐로사회(嫌老社會)'라는 신조어가 생기기까지 했다. 핵심은 정책이었다. 일본은 고령자 고용안정법을 개정해 기업이 65세까지 노동자의 고용을 보장하게 했다. 또 '지역포괄케어' 정책을 통해 노인이 사는 주택과 자택을 중심으로 의료(병원, 약국 서비스)·요양(목욕도움, 재활훈련 등)·생활지원(안부확인 등)의 돌봄 체계를 구축했다. 노인을 쓸모없는 존재, 보호가 필요한 대상으로 치부하는 시각에서 벗어나게 하면 차별과 배제는 줄어든다.

인식 변화도 중요하다. 대통령 직속 국민통합위원회 산하 '노년의 역할이 살아있는 사회' 특별위원회는 노년을 부양의 대상이나 약자로 바라보는 사회적 인식을 긍정적으로 개선하는 사회적 캠페인 추진을 제안하기도 했다. 동시에 언론·미디어 속 노인혐오·차별 요소도 자정해 나가야 한다고 당부했다.

초고령사회를 앞두고 노인들이 사회 속에서 좀 더 효과적으로 생명활동을 할 수 있도록 사회를 바꾸는 건 시급한 과제라 할 수 있다. 노인의 사회적 활동이나 참여의 기회를 늘려야 한다. 또 노인기초연금의 확대나 기본소득 등을 통해 수명 양극화를 완화하는 일은 사회의 건강한 노화를 위해 필수적이다. 나이를 이유로 무대에서 밀어내는 건 개인이나 국가적으로도 낭비다.

* ISSUE

11

이커머스 대란

김경미

중앙일보 기자

2008년 《머니투데이》에서 기자 생활을 시작했고 2011년 《중앙일보》에 입사했다. 경제부, 사회부, 정치부, IT산업부 등을 거쳐 현재 산업부에서 유통·바이오기업을 취재하고 있다. JTBC, 중앙선데이, 차이나랩, 헤이뉴스, 더중앙플러스 등 다양한 플랫폼의 보도 방식을 경험한 것이 큰 자산이다. 『차이나 인사이트 2021』(공저), 『AI 임팩트』(공저)를 집필했다.

TEMU
Temu
TMON
티몬
A.
옥션
SSG
SSG
G
market
지마켓
W
위메프

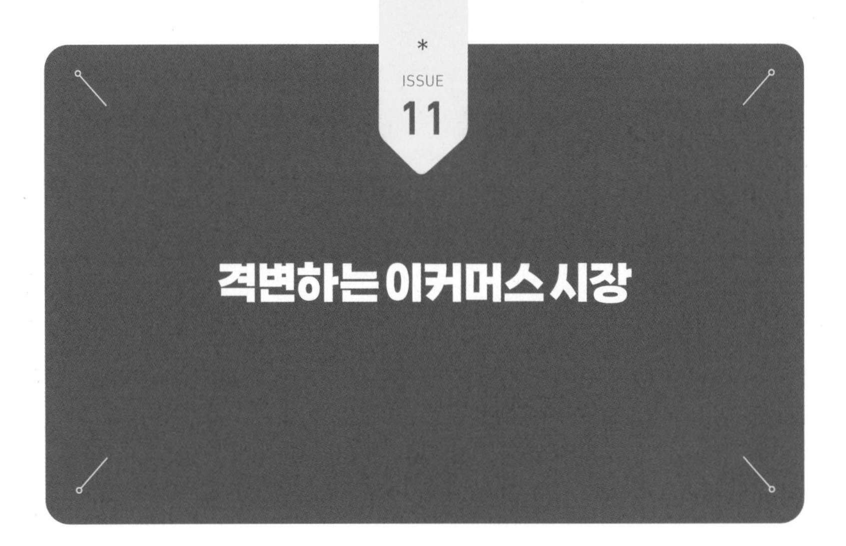

글로벌 이커머스(전자상거래) 시장이 C커머스(차이나 이커머스)의 공세에 긴장하고 있다. '세계의 공장' 중국이 자국 플랫폼을 통해 직접 판매 전선에 나서면서다. C커머스의 대표 주자로 불리는 '알테쉬(알리익스프레스·테무·쉬인)'는 미국, 유럽, 동남아시아를 거쳐 한국 시장에 공격적으로 진출했다. 지배적 사업자가 되기 위해 출혈 경쟁을 이어오던 국내 이커머스 업체들은 경기 침체와 소비 둔화로 이미 어려움을 겪고 있었다. 이에 더해 초저가로 무장한 C커머스의 등장은 K커머스 업계에 큰 충격을 주고 있다.

아마존 등 글로벌 이커머스 업체들은 중국 플랫폼 기업에 대항해 차별화 전략을 펼치고 있다. 미국·유럽 정부도 자국 유통 생태계를 보호하기 위해 관세 장벽을 강화하고 안전 검사를 강화하는 등 대응책 마련에 한창이다. 한국 정부는 국내 유통 플랫폼과 중소 제조업체들의 우려에 어떠한 전략을 준비하고 있을까. K커머스 업체들이 안팎에 닥친 위기에 맞서 준비한 대응책은 무엇일까.

'알테쉬'의 공습

중국 이커머스 업체들은 전 세계 소비자에게 가장 많은 사랑을 받고 있는 미국 아마존을 위협하며 급속도로 성장하고 있다. 시장조사업체

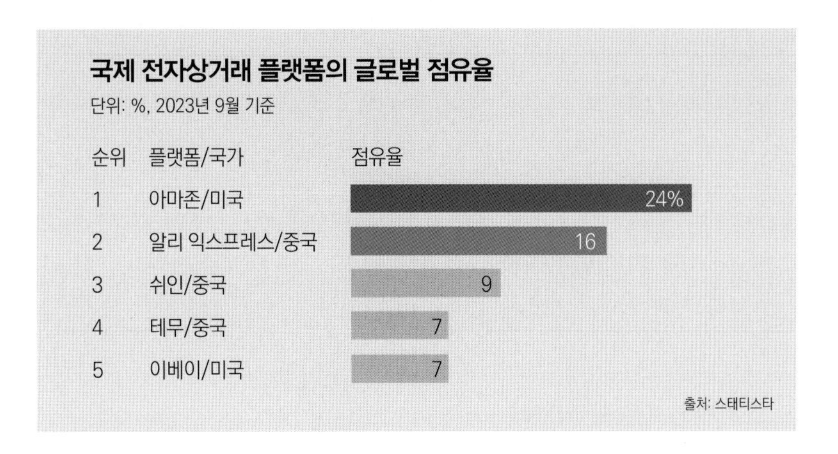

스태티스타가 집계한 글로벌 이커머스 플랫폼 시장점유율을 살펴보면 미국 아마존(24%), 중국 알리익스프레스(16%)·쉬인(9%)·테무(7%)가 나란히 상위권 순위를 달리고 있다(2023년 9월 기준). '알테쉬' 3사의 점유율을 합하면 아마존을 앞선다.

세계 최대 소비 시장 미국에서도 C커머스의 약진은 눈에 띈다. 예전부터 강세를 보이던 중국 알리바바의 글로벌 이커머스 플랫폼 알리익스프레스 외에 테무·쉬인도 크게 성장했다. 테무는 중국의 3대 이커머스 기업으로 꼽히는 핀둬둬가 지난 2022년 해외 소비자를 겨냥해 만든 플랫폼으로 미국에서 가장 많이 다운로드된 쇼핑 앱 1위에 오르며 아마존

2024년 7월 서울 성동구 성수동에 문을 연 중국 패스트패션 업체 '쉬인' 오프라인 팝업 이미지. 쉬인이 한국에서 팝업스토어를 연 것은 이번이 처음이다.
© 쉬인

을 바짝 뒤쫓고 있다. 의류와 액세서리를 주로 판매하는 쉬인은 스웨덴의 H&M과 스페인의 자라를 뛰어넘는 패션 플랫폼으로 성장했다. 저렴한 가격으로 MZ세대의 사랑을 받으며 미국에서 두 번째로 많이 다운로드된 쇼핑앱이 됐다. 쉬인은 설립 14년차인 지난 2023년 1천억 달러(약 133조 6,300억 원)의 기업가치를 인정받았는데 이는 H&M과 자라의 기업가치를 합한 것보다 더 큰 규모다.

초저가의 비밀은 직거래

중국 이커머스 플랫폼의 가장 큰 경쟁력은 압도적으로 저렴한 가격이다. 그간 각국의 중간 유통업자를 거쳐 현지에 팔려나가던 '메이드 인 차이나' 제품을 C커머스가 직접 취급한 덕분이다. 국경을 자유롭게 넘나들며 상품을 거래하는 크로스보더 이커머스를 통해 소비자들은 해외에서 직접 상품을 구매(직구)하고, 생산자들은 해외에 직접 상품을 판매(역직구)하는 것이 가능해졌다.

특히 테무는 중국 내 제조공장과 소비자 사이의 중간 상인까지 없애 가격을 더욱 낮췄다. 공장에서 생산된 제품을 테무가 보관하고 있다가 직접 판매, 배송하는데 같은 제품을 만드는 경쟁사가 입점을 원할 경우 입찰을 통해 더 싼 업체의 제품만 판매한다. 테무를 통해 전 세계 50여 개 국가에 제품을 판매하고 싶다면 항상 초저가를 유지해야 한다. 저렴한 제품을 배송비 없이 무료로 받아보기 위해 소비자가 모여들고, 이들을 겨냥해 더 싼 가격에 제품을 공급하는 제조사들이 경쟁을 벌이는 선순환이 이어지고 있는 셈이다.

소비자를 향한 공격적 마케팅

C커머스 업체들은 마케팅에도 공격적으로 나서고 있다. 테무는 2023년 틱톡, 페이스북, 인스타그램 등 SNS와 각종 온라인 광고에 약 17억 달러(약 2조 3,485억 원)를 투입했다. 전년 대비 10배가량 늘어난 규모다. 신규 가입 시 제공하는 경품과 금액권, 로그인을 할 때마다 제공하는 할인 쿠폰 등 회원 대상 프로모션에도 약 1,500만 달러(약 207억 2,250만 원)를 투입했다.

테무는 미국 최대 인기 스포츠 행사인 프로풋볼리그(NFL) 결승전 슈퍼볼에 2년 연속 광고를 내보냈다. 사진은 해당 광고의 한 장면. © 테무

테무는 미국 최대 스포츠 행사인 프로풋볼리그(NFL) 결승전 '슈퍼볼'에 2년 연속 광고를 내보냈다.《월스트리트저널》에 따르면 테무는 2024년 2월 슈퍼볼 경기에서 한 건당 약 700만 달러(약 96억 7,050만 원)가 드는 30초짜리 광고를 6번 노출했다. 미국 아마존, GM과 함께 2024년 슈퍼볼에서 가장 많은 광고비를 집행한 기업으로 꼽힌다.

천문학적 광고비를 지출하는 사례는 다른 중국 이커머스 플랫폼에서도 찾아볼 수 있다. 스태티스타에 따르면 2023년 알리바바는 알리익스프레스를 포함한 이커머스 계열사 광고에 약 91억 위안(약 1조 7,618억 원)을 집행했다. 쉬인도 그해 광고비로 10억 달러(약 1조 3,815억 원) 이상을 지출한 것으로 알려졌다.

중국 정부의 전략

중국 이커머스 업체들의 공세는 기업만을 위한 결정이 아니다. 이들 플랫폼은 내수 침체를 극복하고 경기 부양을 고민하는 중국 정부의 수출 첨병이기도 하다. 세계 각국 소비자가 중국 이커머스 플랫폼을 많이 이용할수록 중국 전역에 위치한 생산 공장의 가동률은 올라가기 마련이다. 현재 중국은 내수 소비가 위축되며 모든 산업이 과잉 생산 상태다. 알테쉬의 공격적인 해외 공략은 중국 정부 차원의 수출 전략으로도 볼 수 있다.

C커머스가 한국을 향해 공격적인 행보를 보이는 것도 이 같은 전략

의 일환이다. 약 97%의 모바일 기기 보급률을 자랑하는 한국은 현재 세계에서 네 번째로 큰 이커머스 시장이다. 중국과 가까운 지역 중 동남아시아보다 구매력이 높으면서, 일본보다 이커머스에 익숙하다. 한국의 이커머스 거래량은 이미 동남아시아 6개국(인도네시아, 태국, 말레이시아, 싱가포르, 필리핀, 베트남)의 거래량을 넘어섰다. 스태티스타는 2023년 한국의 이커머스 보급률을 53.2%로 보고 있으며 5년 뒤인 2029년에는 63.7%에 이를 것으로 전망했다.

배우 마동석이 출연한 알리익스프레스 광고. © 알리익스프레스

게다가 한국은 전국 단위 택배망이 거미줄처럼 잘 퍼져 있고 소비자들은 트렌드와 품질에 민감하다. 쿠팡이 우세이긴 해도 압도적 1위 업체가 없다는 장점이 있다. 물류 운송 역시 국내를 대상으로 하는 것이 훨씬 유리하다. 중국 산둥성 웨이하이(威海)에서 상품을 포장해 발송하면 해운으로는 다음날, 항공 운송으로는 당일 한국에 도착한다. 알리와 테무, 쉬인이 한국을 글로벌 경쟁력을 시험할 무대로 생각하는 이유다.

한국에 공들이는 C커머스

현재 한국 시장은 중국의 가성비 있는 공산품과 경쟁할 만한 제품군이 거의 없다. 알테쉬는 의류, 생필품, 전자기기 등을 국내 온라인 쇼핑몰에서는 찾아 볼 수 없는 가격으로 판매하고 있다. 최근 소비자들 사이에서는 네이버와 쿠팡에서 사고 싶은 제품을 찾은 뒤 이를 그대로 알리익스프레스와 테무에서 검색하는 경우도 늘고 있다. '국내 쇼핑몰에서 사도 어차피 중국산'이라는 인식이 퍼진 결과다.

시장조사업체 와이즈앱·리테일·굿즈에 따르면 알리익스프레스의 월간 활성 이용자 수(MAU)는 약 874만 명으로 쿠팡(약 3,210만 명)에 이어 2

위다. 테무는 약 657만 명으로 4위를 기록하며 11번가(약 738만 명)를 맹추격 중이다. 알리익스프레스는 한국 이커머스 시장에서 영향력을 확대하기 위해 적극적으로 나서고 있다. 국내에 3년간 11억 달러(약 1조 5,196억 원)를 투자해 온라인 소비자의 절반 이상(약 1,700만 명)을 이용자로 확보하겠다는 계획을 갖고 있다. 2025년에는 한국에 물류센터를 건립해 현재 3~5일가량 소요되는 배송 시간을 단축하겠다는 목표를 세웠다.

중국산 제품뿐 아니라 국내 기업이 제조한 상품도 판매하기 위해 한국 상품 전용관인 'K베뉴' 코너도 운영하고 있다. K베뉴 입점 기업을 유치하기 위해 기존 이커머스 플랫폼이 받고 있는 5~7% 가량의 수수료도 받지 않고 있다. 여기에 한국 입점업체들을 향해 적극적인 역직구 전략도 제시하고 있다. K베뉴에서 판매하는 상품은 국내 이용자뿐만 아니라 미국·일본·프랑스·스페인의 알리익스프레스 이용자에게도 노출되기 때문이다. 알리익스프레스는 K베뉴 상품의 판매 지역을 점진적으로 확대하겠다는 계획이다.

또 알리익스프레스는 모기업 알리바바가 운영하는 중국 티몰과 타오바오, 동남아 라자다 등 다른 이커머스 플랫폼에서도 K베뉴 입점 업체들의 상품을 판매할 수 있도록 추진하기로 했다. 현재 알리바바가 진출한 국가는 180여 개국이다. 알리익스프레스가 신규 물류센터를 건립하면 국내 직구와 오픈마켓 사업뿐 아니라, 해외 역직구 사업 활성화를 위해 기지로 사용할 것으로 전망된다.

한국의 제조기업들은 최근 K열풍으로 글로벌 이커머스의 뜨거운 관심을 받고 있다. K뷰티를 대표하는 한국산 화장품이 인기를 얻자 미국 아마존의 자회사인 아마존 글로벌셀링 코리아는 국내 뷰티 브랜드를 대상으로 입점 유치를 강화하고 있다. 2024년 7월에 열린 아마존 유료 회원 대상 최대 할인 행사 '아마존 프라임 데이'에서는 K뷰티가 뷰티 카테고리 대표 상품으로 판매되기도 했다. 알리익스프레스는 K뷰티에 집중하는 아마존과 비교해 더 다양한 분야에 관심을 갖고 있는 것이 특징이다. 중국산 저가 제품을 판매하는 플랫폼이라는 이미지를 벗기 위해 화장품, 식음료를 비롯해 디지털, 가전까지 한국 상품 판매에 적극적이다.

국내 이커머스는 비상

알리익스프레스의 이 같은 발표에 대해 국내 온오프라인 유통업체들은 긴장하고 있다. 유통시장 주도권이 중국 플랫폼에 넘어갈 수 있다는 우려가 나오고 있다. 알리바바그룹의 시가총액은 약 3백조 원 규모로 미국 아마존에 이어 글로벌 2위 수준이다. 2024년 2분기 매출은 334억 7,000만 달러(약 46조 2,388억 원), 영업이익은 49억 5,200만 달러(약 6조 8,411억 원)다. 타오바오와 티몰, 클라우드, 해외 커머스 등 주요 사업 가운데 해외 사업 매출은 가장 가파른 상승세를 보이고 있다.

적자 늪에 빠져 있는 국내 유통 이커머스 업계에선 긴장감이 감돌고 있다. 쿠팡(31조 원)을 비롯해 이마트(29조 원) 등 국내 유통업계에선 연간 매출로 알리바바그룹의 분기 매출 수준을 달성한 곳이 아직 없다. 2023년 10년 만에 첫 연간 흑자를 달성한 쿠팡은 2024년 1분기 당기순이익 적자, 2분기 영업적자(342억 원)를 냈다. 11번가는 2023년 8,655억 원의 매출을 냈지만 영업손실(257억 원)을 기록했다. G마켓, 옥션, SSG닷컴, 롯데온, 컬리 등 주요 이커머스도 연간 적자 상황이다.

국내 이커머스 업체는 인적 쇄신, 비용 절감 등 생존을 위한 전략 마련에 골몰하고 있다. 신세계그룹은 2024년 이커머스 계열사인 G마켓과 SSG닷컴 대표를 모두 교체하는 강수를 뒀다. G마켓 새 수장으로 알리바바코리아 출신 정형권 대표를 선임하고, 네이버, 쿠팡 출신 임원진을 영입하는 등 외부 인력을 수혈하고 조직 개편도 진행했다. G마켓과 SSG닷컴은 신세계 편입 이후 처음으로 희망퇴직을 실시했다.

롯데쇼핑 이커머스 사업부문인 롯데온도 최근 임직원 희망퇴직을 공지했다. 2020년 롯데온 출범 이후 첫 희망퇴직이다. 회사 측은 내실을 위한 인력 재편이라고 설명하고 있다. 상반기에는 물류비 절감을 위해 구매 상품을 2시간 이내 배송하는 롯데마트몰 '바로배송' 서비스도 중단했다. 해를 넘겨 매각을 추진 중인 11번가는 2023년 11월과 2024년 초 희망퇴직을 실시한 데 이어 서울역 앞 본사를 경기 광명시로 이전했다. 매각을 위한 군살빼기 일환으로 인건비·임대료 감축 목적이다. 외형 성장에 집중해온 국내 이커머스 업체들이 더 이상 손실을 방관하기 어려운 상황이다.

티메프 사태의 시작

적극적인 인수합병(M&A)으로 외형 확장에 속도를 내던 큐텐그룹은 주요 계열사인 티몬과 위메프 판매자의 대금을 정산하지 못해 기업 회생 절차에 돌입하기도 했다. 큐텐은 2003년 국내 최초의 오픈마켓 G마켓을 창업한 구영배 대표가 싱가포르에 설립한 글로벌 이커머스 업체다.

구 대표는 2009년 G마켓을 미국 이베이에 5,500억 원을 받고 매각했다. 매각 당시 이베이는 구 대표에게 10년간 경업(경쟁사업) 금지 조항을 요구했고 구 대표는 이에 합의했다. 이에 따라 구 대표는 한국에서 이커머스 사업을 할 수 없어 2010년 싱가포르로 건너가 큐텐을 세웠다. 겸업 금지 기간이 끝난 2019년엔 큐텐과 큐익스프레스 한국 법인을 설립했고 티몬과 위메프 인수에 나섰다.

큐텐은 2022년 티몬을 인수한 후 이듬해 위메프와 인터파크 커머스를 잇따라 인수했다. 2024년에도 공격적 인수전에 나서 AK몰과 미국 이커머스 플랫폼인 위시를 사들였다. 인수 당시 티몬과 위메프는 자산보다 부채가 많은 완전자본잠식 상태였다. 2022년 기준 티몬의 유동부채는 7,193억 원으로, 유동자산 1,309억 원의 5배가 넘었다. 위메프 역시

티몬·위메프 판매대금 정산 지연 사태가 발생한 서울 강남구 티몬 본사 건물의 모습.

2023년 기준 유동부채 3,098억 원으로, 유동자산 617억 원의 5배를 넘어섰다. 부실한 기업을 잇따라 인수한 배경에는 큐텐의 자회사이자 물류회사인 큐익스프레스를 미국 나스닥에 상장하겠다는 구상이 있었다. 인수한 기업들의 재무상황이 열악하지만, 상장을 통해 자금을 끌어모으겠다는 구상이었다. 실제로 큐익스프레스는 올 하반기 상장을 목표로 골드만삭스를 주관사로 선정한 바 있다.

하지만 큐익스프레스 상장만을 목표로 인수한 부실 기업들의 상황은 날로 악화했다. 티몬은 물건 판매 후 매월 말 기준 40일 이내에 셀러들에게 정산금을 지급했다. 예를 들어 5월 1일 티몬에서 팔린 상품은 월말 기준 40일이 지난 7월 10일이 정산 기일이다. 70일 동안 정산금을 티몬이 보유하다가 수수료를 떼고 셀러들에게 지급하는 것이다. 위메프는 판매월 말일 기준 두 달이 지난 후 7일에 정산한다. 업계에서는 이런 정산 시스템을 두고 돌려막기식으로 운영한 것이라고 분석한다. 매월 거래액을 늘려 가면 적자가 나도 정산금을 지급할 수 있기 때문이다.

이 같은 전말이 드러나자 티메프 사태 피해자들이 모인 검은우산 비상대책위원회는 서울중앙지검에 구 대표를 비롯해 류광진 티몬 대표, 류화현 위메프 대표, 김동식 인터파크커머스 대표 등 4명을 대상으로 사기, 횡령, 배임 혐의로 고소 및 고발장을 제출했다. 정부는 이번 사태로 인한 입점업체와 소비자의 피해 규모를 1조 3,000억 원으로 추산하고 있다.

한편 서울회생법원은 최근 티몬과 위메프의 기업 회생절차 개시를 결정했다. 기업회생절차는 법원에서 지정한 제3자가 자금을 비롯한 기업 활동의 전반을 대신 관리하는 제도다. 회생절차 개시 결정에 앞서 티몬은 일부 직원들에게 권고사직을 통보하는 등 대대적인 조직개편을 단행하며 자구책을 마련하는 모습을 보이기도 했다.

도미노처럼 확산된 티메프 사태

티몬·위메프 사태로 이커머스 업계의 재무 건전성에 대한 불신이 커지면서 다른 이커머스 기업들의 매각·투자 유치 계획도 난항을 겪고 있다. 11번가는 2023년 11월 최대 주주 SK스퀘어가 주식매수청구권(콜옵션) 행사를 포기하며 매물로 나왔다. 한때 큐텐을 비롯해 알리익스프레스, 오아시스 등이 인수 후보로 거론됐지만 마땅한 주인을 찾지 못했다. 두 차례 희망퇴직을 실시했지만 수익성 개선도 쉽지 않을 전망이다. 11번가는 2023년 영업손실 1,258억 원을 기록하는 등 2020년부터 4년간 적자를 이어오고 있다.

투자 유치에 나선 신세계그룹 SSG닷컴도 처지는 비슷하다. 2023년 두 번째 상장 시도가 무산되며, 연말까지 재무적투자자(FI)의 투자금 회수(엑시트)를 도와야 하는데 선뜻 지분 인수 의향을 보이는 투자자가 나타나지 않고 있어서다. 금융업계 관계자는 "고금리로 인수합병(M&A) 시장 자체가 어려워진 상황에서 말 많은 이커머스 업계에 진입할 투자자가 있을지 의문"이라고 설명했다.

IPO 재도전 의사를 밝혔던 컬리와 오아시스도 역풍을 피하지 못하고 있다. 2023년 이들 기업은 글로벌 경기 침체로 적정 몸값을 받기 어려워지자 IPO 문턱에서 상장 계획을 자진 철회·연기했었다. 티몬·위메프 사태로 투자 심리가 악화되며 2024년에도 기대했던 수준의 기업가치를 인정받기는 어려울 전망이다.

정부가 이커머스 플랫폼에 대한 규제를 예고하며 이들 기업의 재무제표에도 적신호가 켜졌다. 이커머스 업계에 따르면 컬리는 판매일의 익월 말일에 정산하던 판매 대금을 2024년 초부터 최대 두 달 뒤에 지급하는 것으로 변경했다. 현금 보유 기간을 늘려 유동성을 확보하고 이자 수익을 늘리기 위해서다. 이 같은 효과가 복합적으로 작용해 컬리는 2024년 1분기 영업이익 5억 원을 기록하며 창사 이후 첫 흑자 전환했다.

긴 정산주기로 이득을 보던 쿠팡 역시 타격을 받을 수 있다. 이커머스 업계에 따르면 쿠팡의 판매대금 정산 주기는 30~60일로, 티몬(40일), 위메프(37~67일)와 비슷한 수준이다. 구매 확정 후 1~2영업일 이후에 정산하는 네이버, G마켓, 옥션, 11번가보다 길다. 다만 쿠팡은 전체 판매의 10%만 이 같은 오픈마켓으로 운영하고 있다. 그간 자율규제에 맡겼던 이커머스 플랫폼 정산 주기가 법제화할 경우 쿠팡의 실적에도 악영향을 줄 수 있다는 전망도 나온다. 국회에서는 일명 '티메프 방지법(전기통신사업법 일부개정법률안)' 등 관련 법안이 잇따라 발의되고 있지만 이번 사태와 무관한 국내 플랫폼 기업만 규제하게 될 것이라는 비판도 있다.

국내 이커머스, 빠른 배송으로 승부

토종 이커머스 업체들은 C커머스의 공세를 막고 시장에서 우위를 차지하기 위해 물류망을 정비하고 빠른 배송 서비스에 집중하고 있다. 국내 이커머스 업계에서 시장점유율이 50%가 넘는 절대 강자가 나오지 않았고, 국내 이커머스 업계 여건상 중국 판매자들의 초저가 전략을 따라 잡기는 쉽지 않기 때문이다.

자체 물류망을 통해 빠른 배송을 제공해 온 쿠팡은 전국 물류망에 3조 원을 추가 투입하기로 했다. 지난 10년간 물류망 구축에 들인 비용(6조 2,000억 원)의 절반 가까운 금액을 3년 동안 집중 투자해 주문 다음날 배송을 보장하는 '로켓배송' 서비스 지역을 확대하겠다는 계획이다. 전국 시·군·구 260곳 중 182곳(70%)에 해당하는 '쿠세권(로켓배송이 가능한 지역)'을 2027년까지 230곳(88%) 이상으로 늘리겠다는 목표다.

신세계그룹은 CJ그룹과 손잡고 물류 경쟁력을 강화하고 있다. G마켓은 CJ대한통운과 함께 저녁 8시 이전 주문 물량을 다음 날까지 배송하는 '스마일 배송'을 운영 중이며, 최근에는 배송 지연 시 보상금 1천 원을 지급하는 '스타배송'도 시작했다. 택배 도착 보장률을 높여 소비자의 만족을 높이기 위해서다. 11번가와 한진택배는 자정 이전에 주문하는 경우 다음 날까지 배송하는 '슈팅배송' 서비스를 운영 중이며 네이버는 네이

서울 시내를 달리는
쿠팡 배송 차량.

버풀필먼트얼라이언스(FNA)를 구축해 스마트스토어에 입점한 중소셀러가 배송을 빠르게 처리할 수 있도록 물류업체를 연결해주고 있다.

미국·유럽 정부의 대응

C커머스의 공격적인 행보는 국내 이커머스 업체뿐 아니라 국내 공급망 전체에 영향을 미치고 있다. 우선 중국에서 물건을 떼어다 파는 온라인 도소매상, 공산품 제조업체들이 차례로 타격을 입게 될 것이라는 전망이 나온다. 중소기업중앙회 조사에 따르면 국내 중소기업 320개 중 15%는 "알리익스프레스, 테무, 쉬인 등 중국 이커머스 업체로 인해 매출이 줄었다."고 답했다.

한국보다 앞서 C커머스의 공습을 겪은 미국·유럽 등은 적극적인 규제 정책으로 이들을 견제하고 있다. 세계 각국은 생산 경로가 불확실한 상품들이 무차별적으로 공급되고 있다는 점에서 가장 큰 우려를 표하고 있다. 가품(짝퉁)이나 성인용품, 마약성 식음료 등 불법적인 제품의 유통 통로로 활용될 뿐 아니라 나라별로 판매를 금지했거나 인증하지 않은 제품까지 손쉽게 구매 가능하다는 점을 큰 문제라고 보고 있다. 하지만 이를 막을 대책이 사실상 없다는 것도 큰 고민거리다. 미국에서만 5천만 명이 넘는 고객들이 매일 수백만 개의 상품을 주문하는데, 세관에서 그 많은 국제 저가 소포들을 일일이 걸러내기는 불가능하다.

이 때문에 미국은 관세법상 면세 기준을 강화하는 방식으로 대응에 나서고 있다. 미국은 8백 달러 이하 수입품에는 관세를 부과하지 않는다. 쉬인과 테무는 이런 점을 노리고 미국에 물류센터를 두지 않고 중국에서 배송하는 방식으로 관세를 피해왔다. 2023년 미국 얼 블루머나워 민주당 하원의원은 중국 이커머스를 관세법상 '최소 기준 면제' 대상에서 제외하는 내용을 담은 법안을 발의했다. '위구르 강제노동방지법(UFLPA)'을 내세워 수입을 원천 차단하는 방안도 고심하고 있다.

2024년 3월 유럽연합(EU) 집행위원회는 알리익스프레스의 디지털서비스법(DSA) 위반 여부에 대한 조사에 착수했다. 2023년 8월 시행된 DSA는 유해하거나 불법인 콘텐츠를 유통한 플랫폼에 책임을 묻는 법안이다. EU는 알리가 허위 의약품과 건강식품을 팔면서도 제대로 관리하지 않는다고 보고 있다. DSA는 위반 업체에 대해 글로벌 매출의 최대 6%까지 과징금을 부과할 수 있다. 2022년 알리바바그룹의 글로벌 전자상거래 매출을 기준으로 하면 최대 7,700억 원을 부과할 수 있다. 프랑스 하원은 환경오염 우려를 앞세워 세계 최초로 패스트 패션 소비를 줄이기 위한 제재법안을 가결했다. 글로벌 1위 패션플랫폼으로 성장한 쉬인을 견제하기 위한 고육책이다.

국내 유통업계 "차이나 커머스도 규제해야"

국내 업체들은 소비자 보호를 위해 정부가 적극 나서야 한다는 입장이다. 규제를 빗겨간 중국 이커머스 업체의 성장이 자칫 유통시장을 훼손할 수 있다는 우려 때문이다. 이들 업체는 외국 기업이라 국내 전자상거래법이나 표시광고법 적용 대상에서 빠져있었다. '광고' 표기 없이 광고성 휴대전화 문자메시지, 앱 푸시, 이메일 등을 보내거나 앱을 설치할 때 카메라, 사진, 위치정보 등에 대한 접근 권한 고지를 시행하지 않기도 했는데, 이런 부분은 정보통신망법에 저촉되지만 외국 기업이라 규제할 법적 근거가 없었다. 가품 문제도 논란이 됐다. 화장품, 의류, K팝 굿즈 등을 중심으로 한국 브랜드와 지식재산권(IP) 침해 사례가 지속적으로 발생했기 때문이다.

정부는 이 같은 의견을 받아 들여 2024년 3월 '해외 온라인 플랫폼 관련 소비자 보호 대책'을 발표하고 제재 방안을 마련하고 있다. 우선 공정거래위원회는 해외 온라인 플랫폼에 대해서도 국내법이 차별 없이 집행될 수 있도록 전자상거래법을 개정해 일정 규모 이상의 해외 사업자가 국내 대리인 지정을 의무화하는 방안을 추진 중이다. 또 중국 이커머스 플랫폼이 위해식품이나 가품, 성인용품을 판매하거나 개인정보를 침해하는 사례가 발생하지 않도록 관리 감독을 강화하기로 했다.

환경부는 해외 온라인 플랫폼을 통해 구입하는 해외 직구 제품에 대해 안전성 조사를 실시하고 유해 물질이 검출된 69개 제품에 대해 판매를 금지하도록 했다. 문제가 된 제품은 여성용 팔찌, 접착제, 방향제 등으로 발암 물질 등 국내 안전기준에서 허용되지 않는 물질들이 초과 검출됐다. 공정거래위원회는 알리익스프레스와 테무의 허위 광고도 조사하고 있다. 상품을 판매하면서 80~90%대 할인율을 제시했지만 실제로는 한 번도 판매한 적 없는 가격을 기준점으로 놓고 할인율을 부당하게 광고했다고 보고 있다.

알리익스프레스는 고객센터 서비스 강화, 가품 의심 상품 환불 정책 등을 통해 정부 제재에 대응한다는 방침이다. 유해 물질이 포함된 제품 판매 논란에 대해서도 소비자들의 우려를 인지하고 제품 안전 보호조치에 최선을 다하겠다는 입장이다. 유통업계 관계자는 "해외 플랫폼의 문제를 방치할 경우 소비자뿐만 아니라 입점한 중소상공인, 국내 유통업체까지 피해가 갈 수 있다."며 "적절한 법 개정을 통해 부정행위를 견제할 대응책을 마련해야 한다."고 말했다.

ISSUE

12

부자 감세

김승훈

전 서울신문 기자

경북 김천 출생으로 고려대 국문과를 졸업했다. 동국대 국제정보보호대학원에서 사이버포렌식학(금융범죄·자금세탁방지) 석사 과정을 수료했다. 《서울신문》에서 사회부, 산업부, 문화부, 사회2부, 경제부, 정치부 등을 거쳤다. 저서로 『김 기자 어떻게 됐어?』, 『세상을 읽다 시사이슈11 시즌1』, 『세상을 읽다 시사이슈11 시즌2』, 『청소년이 꼭 알아야 할 시사이슈 2024』 등이 있으며, 번역서로 『비욘드 코로나 뉴 비즈니스 생존전략』, 『모두가 알고 싶은 원소란 무엇인가』 등이 있다.

39050
493
16700
42
419
91400
44600
447
25700
115
67800
157
953
00500
90
117500
100000
561000
117000
83
220500
560000
245
450500
220000
13
450000
24
312500
7
312000
14400
14350
20
57100
57000
465
37850
215
37800
두산

*

ISSUE

12

세제 개편 논란 '중산층 부담 경감' vs '부자 감세' 그리고 세수 펑크

상속세, 금융투자소득세(금투세), 종합부동산세(종부세). 불로소득에 부과되는 대표적인 세금 3가지다. 이들 불로소득에 세금을 얼마나 부과해야 할까. 한쪽(정부·여당)에선 '중산층 세 부담 경감'을 내세우며 완화하거나 폐지해야 한다고 주장한다. 과세 기준이 되는 부동산 같은 자산 가격이 급등하면서 중산층의 세 부담 고통이 커졌기 때문에 이를 덜어줘야 한다는 논리다. '투기 목적이 아니라 평생을 살아온 집인데 그저 집값이 올라 종부세 폭탄을 맞았다', '상속세가 가업 승계의 가장 큰 걸림돌이 된다', '1,400만 개미 투자자들이 피해를 본다' 등의 말이 회자되면서 완화·폐지론에 군불을 땠다.

다른 한쪽(야권·시민단체)에선 '부자 감세'라며 반대한다. 소득이 있는 곳에 과세해 분배 정의를 실현하는 세금인 데다 소수 부자들에게만 부과되기 때문에 중산층이 혜택을 보지 않는다고 반박한다.

상속세 '세율·과표·공제' 일괄 개편

정부는 24년 7월 25일 '2024년 세법 개정안'을 발표했다. 25년 만의 세법 개정이다. 개정안의 핵심은 상속세 완화와 금투세 폐지다. 정부의 상속세 개편안은 일괄 개편이다. 세율, 과세표준(과표), 공제까지 모두 조정했다. 최고세율을 50%에서 40%로 10%포인트 낮추고, 과표도 구간별 세 부담을 줄였다.

상속세는 현재 ▲1억 원 이하 10% ▲1억~5억 원 이하 20% ▲5억~10억 원 이하 30% ▲10억~30억 원 이하 40% ▲30억 원 초과 50%의 세율이 각각 적용된다. 이를 ▲2억 원 이하 10% ▲2억~5억 원 이하 20% ▲5억~10억 원 이하 30% ▲10억 원 초과 40%로 조정했다. 가장 낮은 상속세율 10% 적용 과표 구간을 1억 원에서 2억 원으로 높이고, '30억 원 초과 50%' 구간을 없앴다. 결과적으로 개정안에 따라 10억 원 초과 상속 땐 40% 최고세율만 남게 됐다. 현재 상속세 세율과 과표구간은 1999년 최고세율을 45%에서 50%로 늘리고, 최고세율 과표구간을 '50억 원 초과'에서 '30억 원 초과'로 조정해 2000년부터 적용한 것이 지금까지 이어지고 있다. 상속세 공제와 관련해선 자녀 공제를 1인당 5천만 원에서 5억 원으로 10배 상향했다. 배우자 공제 5억~30억 원(법정 상속지분 한도), 일괄 공제 5억 원은 현행대로 유지했다.

두 자녀에 17억 아파트 물려줘도 '세금 0원'

개편안대로 자녀가 있다면 10억 원이 넘는 고가 아파트를 상속할 때도 상속세를 거의 다 공제받을 수 있다. 예를 들어 상속액 17억 원을 배우자와 자녀 2명이 상속받을 경우, 상속세를 한 푼도 내지 않아도 된다. 기존에는 일괄공제(5억 원)에 배우자공제(5억 원)를 더하면 총 10억 원을 공제받아 과표 7억 원에 대해 1억 5천만 원을 내야 했다. 기초공제(2억 원)에 자녀공제(5천만 원×2명)를 합한 금액(3억 원)이 일괄공제(5억 원)보다 적기 때문에 대부분 일괄공제를 택했다. 자녀를 7명 넘게 둬 자녀공제액이 3억 5천만 원(5천만 원×7명)을 넘는 경우가 아니라면 자녀공제와 기초공제를 따로 받기보다는 일괄공제로 5억 원을 공제받는 쪽이 나았던 것이다.

하지만 정부안대로 자녀공제액이 5억 원으로 확대되면 일괄공제 대신 기초공제 2억 원에 자녀 공제 10억 원(2명)을 선택하고 배우자공제 5억 원까지 더해 17억 원까지 공제받을 수 있어 상속세를 내지 않아도 된다. 평균적인 수준의 서울 아파트라면 상속세를 내지 않아도 된다는 의미다. 리서치 업체 부동산R114에 따르면 서울 아파트의 평균 가격은 12

억 9,967만 원(6월 14일 기준)이다.

정부는 이번 상속세 과표·세율 조정에 따라 8만 3,000명이 2조 3,000억 원가량 부담을 덜 것으로 보고 있다. 자녀공제에 따른 경감 효과까지 4조 원 정도의 세 감소가 예상된다.

윤석열 대통령은 국무회의에서 "2024년 세법개정안은 우리 경제의 역동성을 높이고, 민생안정을 지원하는데 중점을 두고 있다."며 "경제성장과 시대 상황을 반영하지 못한 채 25년 동안 유지되고 있는 상속세의 세율과 면제 범위를 조정하고, 자녀공제액도 기존 5천만 원에서 5억 원으로 대폭 확대해 중산층 가구의 부담을 덜어드리겠다."고 했다.

한국, 상속세 OECD 최상위권

정부는 최대주주에게 붙는 20% 할증도 폐지했다. 한국의 상속세 부담 수준은 경제협력개발기구(OECD) 가운데 최상위권이다. 대한상공회의소(대한상의)에 따르면 OECD 회원국의 최고 상속세율 평균은 15%로 한국(50%)에 크게 못 미친다. OECD 회원국 가운데 한국보다 최고 상속세율 비율이 높은 국가는 일본(55%)뿐이다. 특히 한국은 최대주주로부터

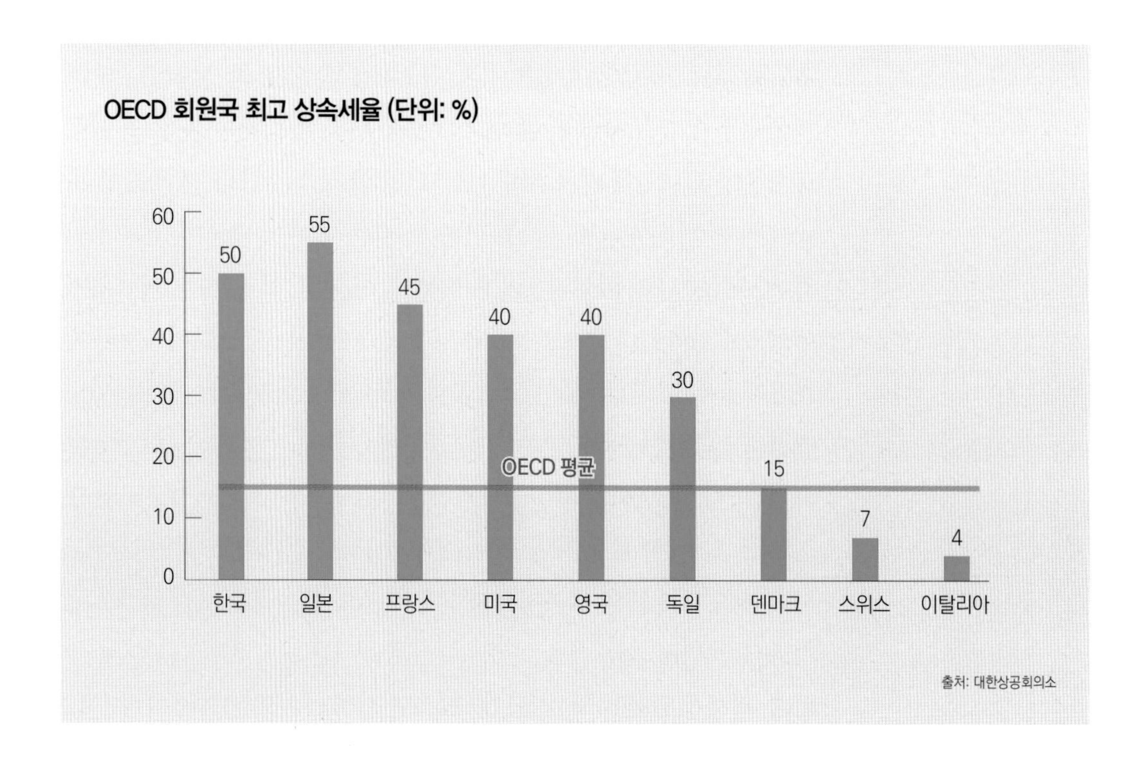

주식을 상속받을 경우 할증이 붙어 '최고세율 60%'가 적용되는데 이 경우 OECD 회원국 중 가장 높은 상속세율이 된다. 대한상의는 "과중한 상속세는 소득 재분배 효과보다 기업 투자와 개인 소비를 위축시켜 경제 성장을 제약하는 요인이 된다."고 지적했다.

실제 상속세 문제로 어려움을 겪은 기업도 적지 않다. 한샘, 락앤락, 농우바이오 등은 상속세 부담을 우려해 대주주가 승계를 포기하고 해외 사모펀드에 기업을 넘겼다. 2024년 1월 11일에는 홍라희 전 삼성 리움 미술관 관장과 이부진 호텔신라 사장, 이서현 삼성복지재단 이사장 등 삼성가(家) 세 모녀가 상속세 마련을 위해 삼성전자를 포함한 계열사 지분 약 2조 7,000억 원을 처분하기도 했다.

윤 대통령은 2024년 1월 17일 한국거래소에서 열린 민생토론회에서 "소액주주는 주가가 올라야 이득을 보지만, 대주주 입장에서는 주가가 너무 올라가면 상속세를 어마어마하게 물어야 된다."면서 "결국 주식시장 발전을 저해하는 과도한 세제는 중산층과 서민에게 피해를 준다."고 했다. 대주주가 주가 상승을 부담으로 여기는 탓에 국내 주식시장의 만성적 저평가 양상이 나타났다는 의미다. 재계는 환영했다. 한국경제인협회는 "상속세제의 전면적 개편은 기업 경영의 불확실성을 완화하고 기업가 정신을 고취해 우리 경제의 역동성을 높이는 데 기여할 것"이라고 호평했다. 대한상공회의소도 "최대주주 할증 과세를 폐지하고 상속세 최고세율을 50%에서 40%로 내린 것은 그동안 경제계가 지적한 이중과세 문제를 해소하고 경제 현실을 따라가지 못하는 세제의 불합리성을 개선하는 효과가 클 것"이라고 평가했다.

통계청에 따르면 한국의 1인당 국내총생산(GDP)은 2000년 1만 2,260달러(약 1,630만 원)에서 2022년 3만 2,886달러(약 4,400만 원)로 2.68배 늘어났다. 이에 따라 같은 기간 상속세를 내야 하는 상속인 비율도 0.66%에서 4.53%로 증가했다.

부자 감세 종결판

반면 시민사회계는 감세로 소득 재분배 효과가 축소될 것이라고 우려했다. 경제정의실천시민연합, 참여연대 등은 정부의 세제개편안에 대해

'부자 감세의 종결판'이라며 강력 비판했다. 이들은 "정부는 상속세·증여세에 대한 감세가 마치 중산층과 서민을 위한 세제 개편인 것처럼 국민과 여론을 호도하고 있다."고 목소리를 높였다.

세제 개편이 중산층 감세와 거리가 멀다는 비판이 나오는 것은 감세 효과가 대체로 서울 고가 아파트 보유자 등 주로 자산가들이나 기대할 수 있기 때문이다. 부동산R114에 따르면 최근 서울 아파트 평균 가격은 13억 원 수준인 반면, 지방은 3억 5,000만 원 수준으로 가격차가 9억 5,000만 원 수준에 달한다. 현행 세법에 따르면 지방 아파트 보유자는 일괄공제로도 상속세를 면할 수 있어 개편의 필요성이 크지 않다.

참여연대 조세재정개혁센터는 24년 8월 2일 상속세 최고세율 인하에 대해 찬성보다 반대가 많다는 여론조사 결과를 내놓기도 했다. 리서치뷰에 의뢰해 7월 29~31일 전국 18세 이상 성인남녀 1천 명을 대상으로 실시한 ARS 여론조사(표본오차는 95% 신뢰수준에서 ±3.1%포인트)에 따르면 상속세 최고세율 인하에 찬성하느냐는 물음에 응답자의 44%가 부정적이라고 답했다. 긍정 답변(42%)이나 보통(15%)보다 많았다.

2023년 기준, 자산 상위 10%는 약 10억 원을 보유한 사람들이다. 상속세 개정안이 시행되면 수혜를 받는 것은 상위 10%보다 위쪽의 사람들이 받게 된다는 의미다. 2023년 최고세율(50%)을 적용받아 상속세를 낸 이들은 전체 피상속인의 6.3%(1,251명)에 불과한데, 이들이 낸 세금의 비중은 80.7%(9조 9,158억 원)였다. 이들이 상속세 감세의 최대 수혜자가 될 것이라는 관측이다.

부동산 가격 차이와 함께 자산 격차가 갈수록 벌어지는 점도 부자 감세에 대한 우려를 키우고 있다. 통계개발원의 '한국의 사회동향 2023'에 따르면, 우리나라는 소득 상위권인 '소득 5분위'가 보유한 순자산이 최하위권인 '소득 1분위'의 것보다 6배 이상 많았으며 그 격차는 갈수록 벌어지고 있다. 소득분위는 국민 소득이 높고 낮음에 따라 ▲5분위 최상위 20% ▲4분위 상위 21~40% ▲3분위 상위 41~60% ▲2분위 상위 61~80% ▲1분위 상위 81~100% 등 5구간으로 분류된다. 통계에 따르면 5분위와 1분위의 격차는 2017년 6.2배에서 2020년 6.7배로 꾸준히 상승했다. 이 격차는 2021년 6.1배로 잠시 주춤했다가 2022년 6.5배로

9월 23일 국회 소통관에서 기자회견을 열고 금투세 시행을 촉구한 야4당(조국혁신당, 진보당, 기본소득당, 사회민주당).
© 참여연대 홈페이지

다시 높아졌다. 통계개발원은 이러한 순자산 격차가 한국 사회의 주요 자산으로 꼽히는 부동산 가격과 연동된 것으로 분석했다. 부동산 가치가 22.8% 오를 동안 소득 1분위의 자산은 절반 수준인 11.0% 증가하는 데 그쳤다.

'뜨거운 감자' 금투세

윤 대통령이 새해 벽두 금투세 폐지를 쏘아올리면서 금투세는 '뜨거운 감자'가 됐다. 윤 대통령은 2024년 1월 2일 한국거래소가 개최한 '2024년도 증권·파생상품시장 개장식'에서 금투세 폐지를 공식화했다. 윤 대통령은 "국내 증시의 장기적 상승을 위해 내년(2025년) 도입 예정인 금투세 폐지를 추진하겠다."며 "과도한 과세가 선량한 투자자들에게 피해를 주고 시장을 왜곡한다면 시장원리에 맞게 개선해야 한다."고 밝혔다. 윤 대통령은 대선 후보 시절부터 자본시장 규제 혁파로 코리아 디스카운트(국내 증시 저평가) 문제를 해소하겠다며 금투세 폐지를 공약으로 내걸었었다.

정부·여당은 윤 대통령과 보조를 맞춰 금융시장 활성화와 경제성장 선순환을 위해 2025년 시행 예정인 금투세 폐지를 주장하고 있다. 반면 야권은 금투세는 상위 1%만 내는 세금이기에 '금투세 폐지=초부자 감세'라며 금투세 폐지에 반대하고 있다.

금융투자소득세 개요

과세 대상	주식, 펀드, 파생상품 등의 금융상품에 투자해 실현된 수익
기본 공제	• 국내 상장주식과 공모주식형 펀드: 5천만 원 • 해외주식, 비상장주식, 채권 등: 250만 원
과세율	• 3억 원 이하: 22%(금융투자소득세 20%+지방소득세 2%) • 3억 원 초과: 27.5%(금융투자소득세 25%+지방소득세 2.5%)
과세 방법	반기 원천징수
과세 체계	손익통산·손실이월공제 도입

금투세란

"주식, 채권, 펀드, 파생상품 등 금융상품 투자를 통해 얻게 되는 수익이 연간 5천만 원을 넘을 경우 수익금의 22~27.5%(지방세 포함)의 세금을 원천징수한다."

금투세의 핵심 내용이다. 국내 상장 주식과 관련 펀드 등의 양도차익으로 인한 금융소득이 5천만 원을 넘을 경우 과세된다. 개인투자자만 세금을 낸다.

세율은 소득 '3억 원'을 기준으로 차이가 난다. 3억 원 이하면 22%, 3억 원을 초과하면 27.5%다. 소득이 3억 원 이하면 5천만 원을 공제한 후 금투세 20%와 지방소득세 2%가 합해져 총 22%의 세율이 적용된다. 3억 원을 초과하면 5천만 원 공제 후 27.5%의 합산세율이 적용된다. 해외주식, 비상장주식, 채권, 파생상품의 경우 금융소득이 250만 원을 넘기면 과세 대상이 된다.

예를 들면, 국내 상장 주식 2억 원, K-OTC(장외주식시장) 주식 3억 원, 국내주식형 공모펀드 -5천만 원, 국내주식형 ETF -1천만 원이라면 이를 모두 합한 4억 4,000만 원에 대해 세금이 부과된다. 5천만 원을 공제한 나머지 금액에 대해 27.5%의 세율이 적용돼 9,075만 원의 세금을 내야 한다.

서학개미는 더 큰 타격을 입는다. 해외주식 3억 원, 채권 1억 원, 파생결합증권 2억 원, 파생상품 -1억 6,000만 원이라면 국내 주식과 마찬가지로 수익은 4억 4,000만 원으로 같지만 과세 금액은 1억 381만 2,500원이 된다. 기본 공제액이 250만 원에 불과해 내야하는 세금이 더 많아지기 때문이다.

자본시장 선진화 위해 도입

금투세는 문재인 정부 때 본격 논의됐다. 당시 여당인 민주당은 2018년 12월 자본시장 활성화 특위를 출범시켰다. 핵심 키워드는 '소득 있는 곳에 과세한다'였다. 금융투자협회도 앞장섰다. 금융투자협회는 증권사·자산운용사 등 업계 이익을 대변하는 단체다. 명분은 금융세제 선진화, 자본시장 선진화였다. 조세 형평성을 높이고, 상품별로 제각각인 과세 체계를 바로잡겠다는 취지였다. 2020년 12월 여야 합의로 국회를 통과했다. 예정대로였다면 2023년 1월 1일 시행됐어야 했지만 조세 저항을 우려한 여야가 2025년 1월로 2년간 유예하는 법안을 통과시켰다.

법 통과 당시 쟁점은 금투세가 아니었다. 주식 투자로 돈을 벌든 잃든 무조건 내야 했던 증권거래세가 과하다는 여론이 비등했다. 업계도 주식 매도 때 개인은 물론 기관에도 부과하는 증권거래세를 폐지하는 게 목적이었다. 업계는 금투세를 도입하는 대신 증권거래세를 단계적으로 없애는 '패키지 딜'을 성사시켰다. 하지만 막상 법 시행 일자가 다가오자 증권가와 개인 투자자들의 여론이 나빠지기 시작했다. 여당은 물론 야당도 이 법을 강행하는 게 쉽지 않아졌다.

금투세 찬반 3대 쟁점

금투세 찬반 쟁점은 크게 세 가지다. 첫째, 1,400만 개인 투자자들에게 미치는 영향이다. 찬성론자들은 금투세 대상자가 상위 1%의 극소수이기 때문에 금투세 폐지는 '부자 감세'라며 반대한다. 금투세로 개미 투자자들이 직접 세 부담을 느끼는 경우는 없을 것이라고도 한다.

기획재정부는 2008~2018년 11년간 11개 증권사의 주식 거래 내역을 분석한 결과 금투세 과세 대상 개인 투자자는 약 15만 명이라고 추정했다. 우리나라 주식 투자자를 1,400만 명으로 본다면 금투세 부과 대상자는 전체 투자자의 1% 수준이다. 금융투자협회에 따르면 2019~2021년 주식으로 5천만 원 이상 수익을 낸 투자자는 연평균 6만 7,000명으로, 전체 투자자의 0.9%에 불과하다.

주식으로 5천만 원 이상 수익을 내기 위해선 막대한 시드머니가 필요하다는 점을 고려할 때, 소위 '슈퍼 개미'라고 불리는 큰손 투자자에게만 세금이 적용된다는 의미다. 실제 과세 대상인 연 5천만 원 이상 수익을 올리려면 적어도 5억 원 이상을 굴려야 한다. 5억 원 이상 상장 주식을 보유한 개인은 2023년 말 기준 전체의 1%인 14만 명 선이다.

금투세 도입 반대론자들은 개인 투자자들에게 미치는 '간접 피해'를 우려한다. 슈퍼 개미들이 금투세 때문에 한국 증시를 빠져나가면 결국 증시 변동성이 커져 개인 투자자도 피해를 보게 된다는 논리다. 상위 1% 주식 부자가 갖고 있는 주식이 우리나라 전체 상장 주식의 약 20~30% 정도 되는데, 이들이 국내 증시를 떠나면 주가가 폭락하고 당연히 개인 투자자들이 피해를 입는다고 강조한다.

둘째, 국내 증시 충격 여부다. 반대론자들은 금투세가 도입되면 국내 자본 시장 매력도가 떨어져 '큰손'들이 한국 주식 시장을 이탈해 주가가 폭락할 것이라고 주장한다. '큰손'들이 국내 증시에 큰 영향을 미치는데, 이들이 투자 수익의 22%(지방소득세 포함) 이상을 세금으로 납부해야 하기 때문에 국내가 아닌 해외 투자로 눈을 돌릴 확률이 크다는 설명이다.

이는 세율 차이 때문이다. 예를 들어 미국은 주식 거래로 발생하는 양도소득세 최고세율이 22% 수준이다. 공제금액은 250만 원이다. 반면 한국은 최고세율이 27.5%다. 공제금액은 한국이 크긴 하지만 수익이 3억 원을 넘으면 낮은 세율의 시장을 이용하는 것이 이득이다. '큰손'은 한국보다 미국 주식에 투자하면 절세 측면에서 유리한 셈이다. 송언석 국민의힘 의원은 "한국 증시보다 미국 증시, 즉 '국장보다 미장'이라는 용어가 있고, 미국 증시로 대이동이 나타나는 상황에서 금투세 시행은 자본 유출을 폭발시키는 트리거가 될 수밖에 없다."고 했다. 이복현 금융감독원장도 "금투세가 시행되면 해외 주식 쏠림이 심화하고, 장기 투자 대신 단기 매매가 촉발되는 요인이 될 것"이라며 "그간 우리 자본 시장이 금투세 도입 당시에는 예측이 어려웠던 역동적인 변화를 경험한 만큼, 그 동안의 환경 변화와 시장에 미칠 영향, 투자자의 심리적 동기 등에 대해 면밀한 검토를 거칠 필요가 있다."고 했다.

반면 찬성론자들은 '과도한 공포감'이라고 반박한다. 금투세 시행이 4년 전인 2020년부터 예정돼 있었기 때문에 금투세 도입 영향이 증시에 이미 반영돼 있다는 주장이다. 진성준 더불어민주당 정책위의장은 "외국인이나 큰손 투자자가 증시를 이탈한다는 주장은 과도한 공포 조장"이라며 "외국인 투자자들은 거주지 본국에서 세금을 내고, 50억 원 이상 투자하는 큰손들도 이미 양도소득세를 내고 있기 때문에 금투세 때문에 증시를 이탈할 이유가 없다."고 했다.

의제취득가액 제도 등 금투세 도입 시 발생할 수 있는 충격을 줄일 '완충 장치'들도 있다. 의제취득가액 제도는 금투세 시행 전까지 누적된 미실현 이익에 대해선 비과세하는 것을 말한다. 쉽게 말해, 지금까지 번 금액은 리셋하고 금투세가 적용되는 시점부터 세금을 매긴다는 뜻이다.

금투세는 이월공제라는 '당근책'도 두고 있어 세 부담이 조정된다. 이월공제는 5년 동안 모든 투자 손실과 이익을 감안해 세 부담을 조정하는 제도다. 이월공제가 적용되면 한 해 이익이 나도 5년 간 손실분까지 감안해 과세액을 정하기 때문에 세금을 내지 않을 수도 있다.

셋째, '이중과세' 문제다. 앞서 언급했듯 정치권은 당초 금투세 도입을 전제로 증권거래세를 인하했다. 증권거래세는 0.23%에서 2023년 0.2%, 2024년 0.18%까지 내려갔으며, 2025년 0.15%로 떨어진다. 0.15%는 농어촌특별세(농특세) 명목으로 부과되는 것이기 때문에 사실상 증권거래세는 폐지되는 것과 마찬가지다. 민주당은 "금투세가 도입되면 증권거래세를 0.15%로 낮출 수 있어 일반적인 개미 투자자들에게는 더 이익이 되는 제도로 설계돼 있다."고 설명한다. 소득이 발생한 곳에 과세한다는 것은 한국 사회 근간을 이루는 기본 원칙이다. 금투세는 이런 원칙을 적용받지 않는 사각지대 문제를 개선한다. 금투세 제도 도입 당시에도 "금

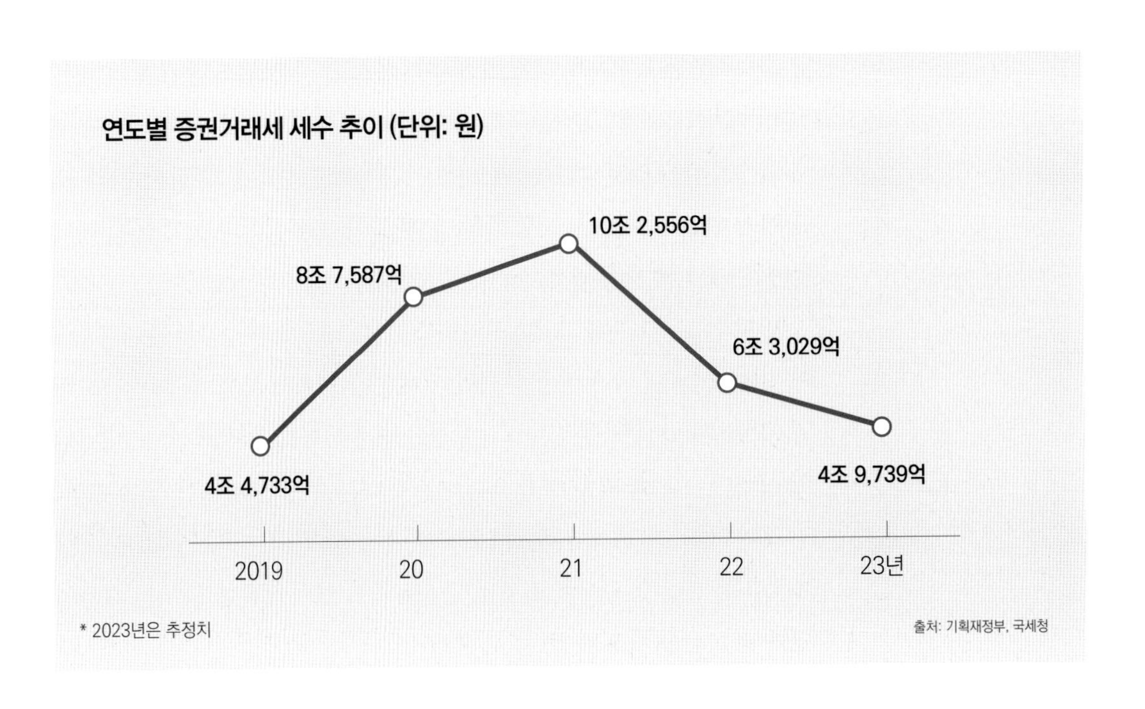

투세를 도입하면 기존 과세제도의 문제점이 상당부분 해소될 것"이라고 기대됐다.

하지만 반대론자들은 0.15%가 남아 있기 때문에 엄연한 이중과세라고 항변한다. 증권 거래 과정에서 농특세를 걷는 것이 적절하냐는 비판도 나온다. 농특세는 농어민 지원에 쓰이는 세금이지만 증권거래세, 종합부동산세 등 전혀 상관없는 세목과 연계해 걷는 데다 농가소득은 해마다 늘고 있어 폐지 목소리가 높다. 통계청 농가경제 조사에 따르면 농가소득은 2022년 기준 평균 4,615만 원이다. 2012년 3,103만 원이었던 점을 고려하면 10년 새 48.7% 상승했다.

금투세가 국내 개인 투자자들에게만 적용돼 외국인·기관과 형평성에 맞지 않다는 문제점도 제기되고 있다. 외국인과 기관도 금투세 적용 대상은 아니지만 세금은 낸다. 하지만 외국인은 이중과세방지협정에 따라 한국이 아닌 자국 정부에 세금을 낸다. 미국은 보유 기간 1년 이상 장기 투자 양도차익에 대해서는 보다 낮은 세율이 적용된다. 기관은 영업이익과 금융투자소득 등을 합산해 법인세를 낸다. 금투세 도입으로 향후 증권거래세가 완전 폐지되면 외국인 등의 특정 세력은 한국 주식시장에서 일종의 '비과세' 혜택을 누리게 되는것이다.

민주당, 금투세 폐지로 선회

이러한 논쟁 중에 이재명 더불어민주당 대표는 2024년 11월 4일 금투세 폐지를 공식화했다. 이 대표는 '주식 시장의 어려움과 투자자들 우려'를 폐지 이유로 들었다. 두 차례 유예 끝에 2025년 1월 시행 예정이던 금투세는 결국 폐지 수순을 밟게 됐다.

이 대표는 국회에서 열린 최고위원회의에서 "아쉽지만 정부와 여당이 밀어붙이는 금투세 폐지에 동의하기로 했다."며 "원칙과 가치에 따르면 고통이 수반되더라도 (금투세 도입) 강행이 맞겠지만, 현재 대한민국 주식 시장이 너무 어렵고 여기에 투자하고 주식 시장에 기대고 있는 1,500만 투자자들의 입장을 고려하지 않을 수가 없다."고 설명했다. 금투세를 예정대로 시행했다가 개미 투자자들의 우려처럼 주식 시장이 나빠지면, 민주당이 후폭풍을 온몸으로 감당해야 하는 상황에 직면할 수 있다는 현실적인 고려를 감안했다는 의미다.

이 대표의 결정은 대권 후보 행보에 가깝다는 평가다. '보수 실용주의'를 내세워 외연을 확장, 차기 대선을 도모하기 위한 행보라는 평이다. 이 대표는 2024년 9월 방송 인터뷰에서 자신을 '보수에 가까운 실용주의자'라고 표현하며, 금투세 도입이 시기상조라고 주장했다. 최근엔 당 안팎에서 분출하는 윤 대통령 탄핵 촉구와 거리를 둔 채 경제인과의 접촉

더불어민주당 이재명 대표가 2024년 11월 4일 당 최고위원회에서 금투세 폐지 동의를 발표하고 있다. 국민의힘 한동훈 대표도 이에 대해 "합리적인 판단"이라고 반겼다.

을 늘리는 등 '우클릭' 행보를 이어가고 있다. 국민의힘은 "이제라도 동참한다니 다행"이라며 환영했고, 투자자들도 '한국 증시 저평가(코리아 디스카운트)' 원인이 해소됐다며 반겼다.

반면, 이 대표가 자신의 정치적 이익을 위해 진보 진영의 고유한 가치를 훼손했다는 비판도 만만치 않다. 4년 전 민주당이 주도해 입법한 금투세를 입증도 되지 않은 국내 증시 충격과 정부·여당의 반발 등을 핑계로 시행도 하기 전에 손바닥 뒤집듯 엎은 것은 윤석열 정부의 부자 감세 기조를 비판해온 민주당의 자기모순이자 정체성 훼손이란 지적이 주를 이룬다.

금투세 도입에 앞장섰던 경제정의실천시민연합·민주사회를위한변호사모임 복지재정위원회, 민주노총, 참여연대 등 시민단체는 "신뢰도, 강령도, 정체성도 훼손한 채 금투세 폐지를 결정한 민주당과 이 대표를 규탄한다."고 목소리를 높였다. 조국혁신당은 "민주당이 만들고자 하는 세상은 불합리한 세제를 그대로 둔 채 자본 이득에 눈감아주는 그런 세상인가."라며 "2년 연속 대규모 세수 펑크로 경보가 울리고 증권거래세도 폐지되는 마당에 금투세까지 폐지하면 이 대표의 대표 철학인 기본소득 정책은 어떻게 추진하겠다는 것인가."라고 날을 세웠다. 진보당도 "금투세 폐지의 혜택은 상위 1%의 슈퍼 개미가 누리게 된다."며 "자산 불평등과 양극화가 심각한 상황에서 또 한 번의 부자 감세를 시행한 것"이라고 지적했다.

종부세, 정권 따라 엎치락뒤치락

다주택자 중과세율 폐지를 중심으로 거론됐던 종부세 개편과 윤석열 정부가 출범 때부터 추진해온 유산취득세 도입은 이번 개정안에서 빠졌다. 서울과 수도권을 중심으로 집값이 빠르게 상승하는 가운데 종부세 완화가 집값 상승을 부채질할 수 있다는 우려가 작용했기 때문이다.

정부 입장에서는 종부세를 완화하거나 없앨 경우 줄어드는 세수도 큰 부담이다. 종부세는 지방교부세법에 따라 '부동산교부금'으로 전액 지방으로 빠져나간다. 지방자치단체로부터 줄어드는 부동산교부금을 보전해달라는 요구가 나올 수밖에 없다. 2023년 귀속 종부세 납세 인원은 49만 5,000명으로 전년보다 78만 8,000명(61.4%)이 감소했고, 결정세액은 4조 2,000억 원 수준인데 세수가 더 줄어들 수 있다는 우려다.

유산취득세는 전체 유산이 아니라 상속인이 물려받는 유산 취득분에만 세금을 매기는 방식이다. 상속재산 전체를 기준으로 과세하는 현행 유산세 방식보다 세 부담이 줄어들기 때문에 상속세 과세 방식을 유산세에서 유산취득세로 전환해야 한다는 목소리가 꾸준히 제기돼 왔다. 다만, 유산취득세 전환을 위해서는 상속세 및 증여세법을 대대적으로 손보는 방대한 개정 작업이 필요한 만큼 정부의 장기 과제로 남게 됐다.

종부세는 2005년 노무현 정부 때 도입됐다. 노무현 정부는 계속해서 오르는 집값을 잡기 위해 보유세와 재산세를 높이려 했다. 하지만 지방세인 재산세는 지방자치단체가 결정세액의 절반 수준까지 낮출 수 있어 기대 효과를 거두기 어렵다는 분석이 나오자, 중앙정부가 관리하는 새로운 국세인 종부세를 만들기로 결정했다. 노무현 정부는 2003년 10월 29일 종부세 신설을 골자로 한 부동산 대책을 발표하고 법령 마련에 착수, 2005년 1월 종부세법을 제정했다.

제도 시행 초기에는 반발이 거세지 않았다. 종부세 타깃이 '다주택을 소유한 부동산 투기꾼'이었기 때문이다. 공시지가 9억 원 초과 주택도 별로 없는 데다, 부과 기준도 '개인별 합산'이어서 대상자도 많지 않은 편이었다. 하지만 2005년 3월 이후 집값이 급등하면서 상황이 바뀌었다. 노무현 정부는 2005년 '8·31 대책'을 통해 대상 주택을 공시지가 6억 원 초과로 확대하고, '세대별 합산 부과'로 강화했다. 그러나 시장 반응은 정부 기대와 달랐다. 1가구 1주택 장기보유자 등을 중심으로 조세저항 움직임이 거세게 나타났다. 이는 노무현 정부와 민주당에 치명타가 됐다. 2006년 지방선거 참패, 2007년 말 대선 패배, 2008년 4월 총선 대패 등으로 이어졌다. 헌법재판소는 2008년 11월 "종부세법 자체는 합헌이지만 세대별 합산 조항은 위헌이고, 장기 1주택 보유자에 대한 과세는 헌법불합치"라고 판결했다.

이명박 정부가 들어서면서 종부세는 완화의 길을 걷게 됐다. 이명박 정부는 세대별 합산 방식을 다시 개인별 합산으로 바꿨다. 1주택자의 경우 9억 원 초과부터 과세 대상이 되게 하는 등 기준도 완화했다. 세율도 1~3%에서 0.5~2.0%로 내렸다. 1주택자에 대한 세액공제와 공정시장가액비율 80%도 새로 도입했다. 세액공제의 경우 1주택자 중 만 60세 이상은 10%, 만 65세 이상은 20%, 만 70세 이상은 30%까지 세액공제를 해줬다. 보유 기간에 따라 5~10년 미만 보유자는 20%, 10년 이상 장기 보유자는 40%까지 세액도 깎아줬다.

공정시장가액비율은 과세표준을 정할 때 적용하는 공시가격 비율이다. 즉 주택 공시가격이 9억 원일 때 6억 원을 공제한 뒤 나머지 3억 원에 대해 80%까지만 적용해 과세표준액(2억 4,000만 원)을 정하는 식이다. 박근혜 정부도 이 같은 종부세 기조를 이어갔다.

2017년 5월 출범한 문재인 정부는 종부세를 다시 강화했다. 세율을 대폭 높이고 과세 기준이 되는 주택 공시가격도 끌어올렸다. 세율 조정은 두 차례 진행됐다. 2019년 세율이 0.5~2.7%로 상승했다. 3주택 이상 보유했거나 조정대상지역에 2주택을 보유한 경우 0.6~3.2% 세율이 적용됐다. 2021년에 다시 1주택자와 비조정대상지역 2주택자는 0.6~3.0%, 다주택자는 1.2~6.0%로 세율이 올라갔다. 이명박 정부 시절 2%였던 종부세 최고세율이 6%까지 뛰었다.

종부세 납부 대상 3년 새 2배가량 증가

종부세는 1% 미만 초고가 주택이나 다주택 보유자에게 징벌적 세금을 부과하는 '부자세' 개념이었다. 진보 정권의 대표 부동산 정책으로 그간 민주당 내에서는 종부세가 성역처럼 여겨져 왔다.

하지만 2018년부터 공시가격, 종부세율, 공정시장가액비율 등이 높아지면서 종부세 납부 대상이 급증했다. 2015년 28만 5,000명 수준이었던 종부세 납부 대상은 ▲2019년 59만 2,008명 ▲2020년 74만 3,568명 ▲2021년 101만 6,655명 ▲2022년 128만 2,943명으로 3년 새 2배가량 증가했다. 2023년에는 정부가 공정시장가액비율을 대폭 낮춰주면서 종부세 부과 대상이 49만 9,000명으로 줄기는 했지만, 종부세 도입 후 20

년 동안 집값이 크게 뛰면서 20~30평대 주택 한 채를 보유한 1주택자까지 세금을 내게 됐다. 당초 취지가 퇴색됐다는 지적과 함께 종부세 개편 요구 목소리가 나온 배경이다.

세제 개편 논의가 활발해진 원인은 종부세를 부자 과세로 규정하고 '감세 불가'를 내세웠던 야당에서 종부세 완화 목소리가 나왔기 때문이다. 박찬대 민주당 원내대표는 "아무리 비싼 집이라도 1주택이고, 실제 거주한다면 종합부동산세 과세 대상에서 빠져야 한다."고 했다. 문재인 정부 때 양도소득세·종부세·취득세 등의 세금을 징벌적으로 부과한 점을 들어 "균형 잡히지 않은 일방적인 조세 정책이었다."고도 했다. 고민정 의원의 '총체적인 종부세 재설계론'도 맞물리며 논의가 확대됐다. 야당이 기존 입장을 바꾼 이유는 서울을 비롯한 수도권 표심을 의식했기 때문이라는 분석이 지배적이다. 결국 앞에서 밝힌 대로 이재명 대표가 종부세 폐지를 발표하기에 이르렀다. 하지만 반대 여론도 여전히 만만찮다. 김은정 참여연대 협동사무처장은 "종부세 개악은 심화하는 자산 불평등을 악화시킬 뿐 아니라 지방자치단체 재정 운영의 어려움을 초래할 것"이라고 했다.

'세수 펑크', 원인은 경기 부진 VS 부자 감세

2023년에 이어 2024년에도 정부 예상보다 세금이 훨씬 적게 걷혔다. 2년 연속 세수가 펑크나면서 감세 논쟁도 다시금 불거졌다. 정부·여당은 세금 부족을 '경기 부진' 때문이라고 주장한 반면 야권은 '부자 감세' 탓이라고 맞섰다.

10월 28일 기획재정부 발표에 따르면 2024년 세금 부족분은 29조 6,000억 원이다. 정부는 세수 결손을 메꾸고자 외환시장 안정을 위해 쌓아둔 여윳돈인 외국환평형기금(외평기금) 4조~6조 원, 청약통장 납입금 등으로 조성한 주택도시기금 2조~3조 원, 여유 자금을 관리하고 국채 발행·상환에 사용되는 공공자금관리기금 4조 원 등 각종 기금에서 최대 16조 원을 갖다 쓰기로 했다. 국세의 일부를 지방자치단체와 지방교육청으로 보내는 지방교부세와 지방교육재정교부금 중 6조 5,000억 원도 집행하지 않는 방식으로 사실상 감액하기로 했다. 또

2024년 예정된 총 지출 656조 6,000억 원 가운데 7조~9조 원쯤은 실제 사용되지 않아 불용(不用) 처리될 것이라고 봤다. 2023년에도 역대 최대 규모인 56조 원대의 세수 결손이 발생해 외평기금 등으로 돌려막기를 했다.

정부는 세수 부족 이유로 경기 부진에 따른 법인세 감소 등을 들었다. 한국의 국내총생산(GDP) 대비 법인세 비중은 5.4%로 경제협력개발기구(OECD) 평균인 3.8%보다 훨씬 높은데, 반도체 시황 악화로 삼성전자와 SK하이닉스의 법인세가 0원이 되면서 세수 부족으로 이어졌다는 논리다. 반면 야권은 감세 정책이 반복되는 세수 부족에 더 큰 영향을 미쳤다고 반박한다. 지난 2년간 윤석열 정부 세법 개정에 따른 감세 규모는 63조 2,000억 원(누적법 기준)이다. 이명박 정부(45조 8,000억 원) 때보다 감세 규모가 크다. 박근혜 정부와 문재인 정부 때는 세수가 각각 18조 3,000억 원, 1조 4,200억 원 증가했다.

현 정부의 주요 세목별 감세 규모를 보면 법인세가 27조 2,000억 원으로 가장 컸다. 소득세(19조 3,000억 원), 종부세(7조 9,000억 원), 증권거래세(7조 2,000억 원)가 뒤를 이었다. 야권은 "지난 2년간 대기업, 고액자산가들이 주로 부담하는 법인세, 양도세, 종부세, 상속세, 여유가 있는 계층이 내는 세금은 60조 원 가량 줄어든 반면 서민과 중산층이 내는 근로소득세와 부가가치세는 6조 4,000억 원 올랐다."고 주장했다.